房地产法律实务直通车

解读物业管理
常见疑难法律问题

杨晓刚　编著

中国建筑工业出版社

图书在版编目（CIP）数据

解读物业管理常见疑难法律问题／杨晓刚编著．
北京：中国建筑工业出版社，2016.1
（房地产法律实务直通车）
ISBN 978-7-112-18769-0

Ⅰ.①解… Ⅱ.①杨… Ⅲ.①物业管理-法规-中国-问题解答 Ⅳ.①D922.181.5

中国版本图书馆CIP数据核字（2015）第279322号

  物业管理规范化日益受到重视，物业管理水平也日渐提高。在业主普遍关心物业管理质量和水平的同时，物业公司提高自身管理水平和精细化程度的需求也进一步加大，同时，物业管理双方产生的问题和纠纷也层出不穷。作者团队从这些年公众咨询的众多法律问题中精选出大家提问最多的问题，分门别类，详细解答，汇集成此书，内容贴合生活，文笔生动，解释全面，这样一旦遇到类似的情况，就可以按图索骥，方便地找到答案了。

责任编辑：赵晓菲 毕凤鸣
书籍设计：锋尚制版
责任校对：赵 颖 张 颖

房地产法律实务直通车
解读物业管理常见疑难法律问题
杨晓刚 编著

*

中国建筑工业出版社出版、发行（北京西郊百万庄）
各地新华书店、建筑书店经销
北京锋尚制版有限公司制版
北京云浩印刷有限责任公司印刷

*

开本：787×1092毫米 1/16 印张：20 字数：345千字
2016年5月第一版 2016年5月第一次印刷
定价：50.00元
ISBN 978-7-112-18769-0
（28035）

版权所有 翻印必究
如有印装质量问题，可寄本社退换
（邮政编码 100037）

目 录

一 业主篇

01 业主在物业管理活动中享有哪些权利，履行哪些义务？ / 2
02 业主是否有权更换物业公司？ / 3
03 业主能自行管理小区吗？ / 5
04 房屋转让后，新业主应当与物业公司签订物业服务合同吗？ / 6
05 业主对小区共有部分的权利、义务是什么？ / 7
06 小区配套设施不完善，如何解决？ / 8
07 小区哪些面积属于公用建筑分摊面积？ / 10
08 小区绿地归谁所有？ / 12
09 露台归单个购房业主，还是归全体业主共有？ / 15
10 开发商有权将商品房楼顶平台卖与某业主吗？ / 16
11 小区地下室属于谁所有？ / 17
12 地下室属于人防工程吗？ / 19
13 人防工程的所有权归谁所有？ / 20
14 公房出售给个人后，房屋共用部分、共用设施损坏由谁修理？ / 23
15 物业管理区域共用部位如何向业主移交？ / 24
16 业主自封阳台对吗？ / 26
17 业主占用共用走廊，对吗？ / 27
18 房屋漏水，责任谁担？ / 29
19 管道漏水，物业公司担责吗？ / 30
20 业主房屋出现霉点，责任谁承担？ / 32
21 业主房屋出现裂缝，物业公司应当维修吗？ / 34

22 楼上漏水给楼下业主造成损失，责任谁承担？ / 35
23 空调滴水影响他人休息，谁负责任？ / 36
24 业主家中供暖设备跑水，物业公司承担责任吗？ / 38
25 噪声扰民，物业公司赔偿吗？ / 39
26 开发商安装的空调噪声严重超标怎么办？ / 41
27 小区电梯事故产生纠纷，如何处理？ / 43
28 商品房专项维修资金的所有权归谁，应当如何支配使用？ / 46
29 业主房屋转让，专项维修资金如何处理？ / 48
30 出售公房如何交纳专项维修资金？ / 50
31 装饰装修房屋，应当告知物业公司吗？ / 51
32 业主向物业公司提出中止供暖，应当交纳供暖费吗？ / 53
33 如何区分开发商保修期限？ / 54
34 小区业主的住宅可以商用吗？ / 57
35 一层业主是否能私开小卖部？ / 59
36 一层业主是否交纳电梯费？ / 61
37 小区广告收益，业主应该主张权利吗？ / 63
38 业主对物业公司不满，如何通过诉讼维权？ / 64
39 什么是业主决定共同事项公共决策平台？ / 66
40 业主一卡通的主要功能有哪些？ / 68
41 业主需要在一卡通中交存物业费吗？ / 70
42 如何处理业主与物业公司之间发生的矛盾？ / 72
43 业主晨练过程中，因市政路旁大树枯枝砸伤，物业公司需要赔偿吗？ / 74
44 业主在园区公共绿地里种菜，物业公司有权管理吗？ / 76
45 顶层业主新房屋顶漏水，物业公司需要赔偿吗？ / 78

二　业主大会、业主委员会篇

46 首次业主大会如何成立？ / 82
47 业主大会的权利范围有哪些？ / 85

48 业主大会解聘、选聘物业公司应当如何进行？ / 86

49 物业管理规约的制定、修改及生效如何操作？ / 88

50 临时管理规约与管理规约有何不同？ / 89

51 如何选举业主委员会？ / 91

52 业主委员会的权利范围有哪些？ / 92

53 一个物业管理区域内，可以成立业主委员会的数量是多少？ / 93

54 业主委员会委员变更如何办理？ / 95

55 业主委员会成立前，物业公司如何使用住宅专项维修资金？ / 97

56 业主委员会有经营权吗？ / 99

57 业主委员会委员有权委托他人行使职权吗？ / 100

58 业主委员会委员有工资吗？ / 102

59 业主委员会与物业公司的关系是什么？ / 105

60 物业公司的相关措施，需要经业主委员会同意吗？ / 108

61 业主委员会能独立承担民事责任吗？ / 111

62 业主委员会如何处理业主与物业公司的矛盾？ / 114

63 业主权益受损能起诉业主大会、业主委员会吗？ / 116

64 业主委员会可以代表业主起诉物业公司吗？ / 119

65 业主委员会有权起诉业主吗？ / 120

66 业主大会、业主委员会的决定，业主不认可怎么办？ / 122

三 物业公司篇

67 谁有资格从事物业管理？ / 126

68 物业公司的资质问题如何区别？ / 128

69 前期物业公司的确立需要做什么？ / 131

70 物业管理区域怎样划分？ / 132

71 物业服务合同与业主管理规约有何区别？ / 133

72 物业管理合同的履行与终止条件是什么？ / 134

73 物业服务合同无效的原因有哪些？ / 137

74 物业公司有权单方撤出园区吗？ / 139
75 物业服务协议到期未签订新合同应该怎么办？ / 140
76 物业公司有权将物业管理服务转委托给其他公司吗？ / 142
77 物业公司工作人员与资格证书的关系是什么？ / 145
78 物业公司利用物业管理区域共用部分获得收益，归谁所有？ / 146
79 物业公司的包干制与酬金制有何区别？ / 148
80 物业公司收支状况，应当向业主公开吗？ / 149
81 物业服务收费标准应当公示吗？ / 151
82 物业公司应公开物业服务收支情况吗？ / 152
83 物业公司如何进行有效的公示？ / 153
84 物业公司的保洁工作与物业服务质量是如何规定的？ / 155
85 物业公司与小修服务是什么关系？ / 157
86 业主私自饲养宠物，物业公司如何处理？ / 159
87 物业公司对业主饲养动物，有权进行干涉吗？ / 161
88 业主在住宅区共用部位乱堆乱放，物业公司怎么处理？ / 162
89 物业公司有权拆除业主搭建的违章建筑吗？ / 164
90 业主私搭乱建，物业公司可以要求拆除吗？ / 166
91 业主装修房屋时，物业公司的权利与义务是什么？ / 169
92 物业公司能收取装修管理费吗？ / 170
93 物业公司有权占用小区公共场所、设施，从事经营活动吗？ / 171
94 物业公司有权强制停水、停电吗？ / 173
95 物业公司有权张贴胜诉判决书吗？ / 175
96 物业公司有权改变共用部位、共用设施设备的用途吗？ / 176
97 物业公司应当设置哪些突发事件处置预案 / 178
98 出现紧急情况时，物业公司人员能采取破门而入的措施吗？ / 180
99 相邻关系引发纠纷，物业公司承担责任吗？ / 181
100 物业公司代收、代缴费用的规定有哪些？ / 183
101 物业公司在什么情况下能使用专项维修资金？ / 184
102 物业公司在专项维修资金使用过程中的作用与义务是什么？ / 186
103 物业公司如何控制试用期内的用工风险？ / 187
104 物业公司对社会保险纠纷的注意事项有哪些？ / 188

目录

105 物业公司地下空间、有限空间作业的注意事项有哪些？ / 190

四 人身财产安全篇

106 业主在小区内遭受侵害，谁应承担责任？ / 194
107 业主小区内遇害，物业公司该不该担责任？ / 196
108 业主小区遭殴打，保安人员未救助，物业公司承担责任吗？ / 198
109 业主家中遇害，谁有权起诉物业公司？ / 199
110 保安人员打伤业主，如何承担责任？ / 200
111 业主家中被盗，物业公司承担责任吗？ / 202
112 物业公司禁止业主自封阳台，罪犯入室盗窃，谁来承担责任？ / 204
113 发生刑事案件，保安人员未及时赶到现场，承担责任吗？ / 206
114 小区共用设施导致业主受伤，责任谁来承担？ / 207
115 业主被车位锁绊倒受伤，物业公司承担责任吗？ / 210
116 物业公司的秩序维护的职责范围是什么？ / 212
117 小区公共财产发生丢失，物业公司需要赔偿吗？ / 213
118 发生火灾等紧急情况，物业公司如何处理？ / 215
119 小区存在安全隐患，物业公司的防范责任有哪些？ / 217
120 业主之间打架受伤，要求物业公司赔偿，有依据吗？ / 220
121 楼房脱落水泥块伤人，物业公司承担责任吗？ / 221
122 地面光滑业主摔伤，物业公司承担责任吗？ / 223
123 高空抛落矿泉水瓶砸伤人，谁应承担责任？ / 225

五 物业费用篇

124 物业管理费的构成包括哪些内容？ / 228
125 物业公司的服务、管理标准如何界定？ / 229

126 物业管理费从何时开始交纳？ / 231
127 未签订合同是否交纳物业管理费？ / 233
128 前期物业管理服务阶段，业主需要交纳物业费吗？ / 235
129 业主没有实际居住房屋，交纳物业管理费吗？ / 237
130 因开发商的遗留问题，业主能拒付物业管理费吗？ / 238
131 业主对拆迁安置房屋位置不认可，能拒交物业管理费吗？ / 240
132 开发商迟延办理产权证书，业主能拒交物业费吗？ / 241
133 开发商建造瑕疵，物业公司难收物业费怎么办？ / 243
134 开发商未出售的房屋，交纳物业管理费吗？ / 244
135 开发商要为空置的房屋交纳物业管理费吗？ / 246
136 业主、房屋使用人谁承担物业管理费？ / 247
137 房屋使用人有义务交纳物业费吗？ / 249
138 房屋买卖后，未到物业公司办理变更手续，谁交物业费？ / 250
139 新业主应该承担原业主以前拖欠的物业管理费吗？ / 252
140 部分业主不交费，其他业主怎么办？ / 253
141 室内设备维修不及时，业主能拒付物业费吗？ / 254
142 物业公司有权单方增加物业管理费吗？ / 256
143 公共区域、公共设施的电费、电梯费，由谁来承担？ / 258
144 公有住房转让，物业费、供暖费由谁承担？ / 259
145 物业公司起诉业主交纳物业费用，双方如何举证进行责任分配？ / 261
146 物业公司起诉业主索要物业管理费的诉讼时效是多久？ / 262
147 拖欠物业费的诉讼，业主怎样收集证据？ / 271
148 法院已判决业主向物业公司交纳物业费，业主怎么办？ / 273
149 物业公司起诉业主交纳物业费，业主可以反诉吗？ / 274
150 法院能判决欠费业主交纳违约金吗？ / 275
151 什么情况下，法院判决业主可以减免物业费？ / 276

六　停车服务管理篇

152　购买地下停车位，业主拒交停车费怎么办？　/　280

153　利用人防工程的停车位，收益归谁？　/　281

154　地上车位所占土地产权归谁？　/　283

155　共有道路两侧的停车位，物业公司有权收取费用吗？　/　285

156　物业公司有权缩小小区花坛，改建为停车场吗？　/　286

157　物业公司与业主签订的停车合同，如何定性？　/　287

158　停车协议期限届满业主未再续签，车辆在小区内出现问题如何解决？　/　289

159　停车协议签订一年，但业主却不按时交费，物业公司怎么办？　/　292

160　针对停车服务，物业公司收取的是管理费、租赁费还是占地费？　/　293

161　物业公司收取停车费用，能认为物业公司对车辆具有保管责任吗？　/　295

162　业主车胎被扎，物业公司担责任吗？　/　297

163　物业公司对停车卡、停车证如何管理？　/　299

164　停车场应当安装监控设备吗？　/　301

165　停车警示标志如何摆放，物业公司可以免责吗？　/　302

166　物业公司设置停车管理员，却未安排人员在岗，存在隐患吗？　/　304

167　巡逻保安人员是否可以兼作车辆管理员，出现车辆损害，物业公司可以免责吗？　/　305

168　业主要求物业公司返还停车收益，有法律依据吗？　/　307

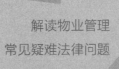

解读物业管理
常见疑难法律问题

一　业主篇

　　本章系作者日常实践经验所遇到问题的解析。本章涉及的问题均根据《物权法》、《物业管理条例》及相关的法律法规，向大家介绍法律意义上的业主，从业主购买房屋、入住、日常生活过程中，对自有房屋及园区配套所享有的权利，同时应当承担的义务具体解答。在业主行使房屋所有权及主张物业管理权的过程中，如何能更加方便快捷地解决实际的问题，同时保证自己在行使权利过程中，不侵害相邻业主或其他第三方的利益。通过问题的解析，有利于理清业主在园区物业服务、管理中的权利、义务。

01 业主在物业管理活动中享有哪些权利，履行哪些义务？

焦点问题

1. 业主的概念
2. 物业管理活动的概念
3. 权利和义务的具体内容

专家答疑

《物业管理条例》第六条："房屋的所有权人为业主。"也即，购买房屋的人通常被称为业主。

《物业管理条例》第二条："物业管理，是指业主通过选聘物业服务企业，由业主和物业服务企业按照物业服务合同约定，对房屋及配套的设施设备和相关场地进行维修、养护、管理，维护物业管理区域内的环境卫生和相关秩序的活动。"

业主在物业管理活动中，享有下列权利：（1）按照物业服务合同的约定，接受物业管理企业提供的服务；（2）提议召开业主大会会议，并就物业管理的有关事项提出建议；（3）提出制定和修改业主公约、业主大会议事规则的建议；（4）参加业主大会会议，行使投票权；（5）选举业主委员会委员，并享有被选举权；（6）监督业主委员会的工作；（7）监督物业管理企业履行物业服务合同；（8）对物业共用部位、共用设施设备和相关场地使用情况享有知情权和监督权;(9)监督物业共用部位、共用设施设备专项维修资金(以下简称专项维修资金)的管理和使用;(10)法律、法规规定的其他权利。

业主在物业管理活动中,履行下列义务:(1)遵守业主公约、业主大会议事规则;(2)遵守物业管理区域内物业共用部位和共用设施设备的使用、公共秩序和环境卫生的维护等方面的规章制度;(3)执行业主大会的决定和业主大会授权业主委员会做出的决定;(4)按照国家有关规定交纳专项维修资金;(5)按时交纳物业服务费用;(6)法律、法规规定的其他义务。

温馨提示

业主作为物业管理区域的真正主人,应充分发挥其主人翁的精神,积极利用法律赋予的权利,既要维护好自己的合法权益,履行相应的义务,又要做好对业主委员会、物业服务企业的监督工作。当然,权利、义务不分家,在享有权利的同时,也要承担必须的法定责任,而履行义务是为了更好的享有权利。

02 业主是否有权更换物业公司?

焦点问题

1. 物业公司的选择、确定
2. 我国法律的规定
3. 业主如何更换物业公司

专家答疑

目前,新建小区的物业公司由房地产开发商委托后,进驻小区提供物业服务、管理。业主入住时,由业主与该物业公司签订协议,交纳相应物业费用后，再由该物业公司配合业主办理入住手续，对此，业主缺乏任何的选择性。对协议也无权作任何修改。笔者认为，上述确定物业公司的过程，违反了我国《消费者权益保护法》第九条规定："消费者享有自主选择商品或者服务的权利。消费者有权自主选择提供商品或者服务的经营者，自主选择商品品种或者服务方式，自主决定购买或者不购买任何一种商品、接受或者不接受任何一项服务。消费者在自主选择商品或者服务时，有权进行比较、鉴别和挑选。"

此外，业主与物业公司签订的协议、规约属于格式合同，如有免除物业公司责任、加重业主责任或排除业主主要权利的条款，则该条款违反了我国《合同法》的规定，不具有任何法律效力。

广大业主入住小区后，全体业主可以通过召开业主大会的形式，更换、选聘新的物业公司，我国《物业管理条例》第十一条规定："下列事项由业主共同决定：选聘和解聘物业服务企业；"第二十六条规定："前期物业服务合同可以约定期限；但是，期限未满，业主委员会与物业服务企业签订的物业服务合同生效的，前期物业服务合同终止。"

因此，业主大会选聘新的物业公司后，由业主委员会与新的物业公司签订物业服务合同，合同签订后，业主入住时，开发商确定的物业公司应当撤离小区，与其签署的协议自行终止。同时，原物业公司应当与新物业公司办理交接手续，将设备设施图纸、业主名册等资料交付给新物业公司。

温馨提示

新的物业公司由业主选聘，而其为小区提供物业服务时，应该在兼顾自己利益的同时多为小区业主考虑，并自觉接受业主的批评、监督、指导和建议。需要注意的是，新老物业公司交接时，可以由第三方物业服务评估监理机构完成共用设施设备的交接查验，以便更好地完成交接行为，这不仅是对业主负责，也是对物业公司负责。

03 业主能自行管理小区吗？

焦点问题
1. 业主自治的法律依据
2. 业主采用何种方式自治
3. 业主自治机构如何开展工作

我国《物权法》第八十一条规定："业主可以自行管理建筑物及其附属设施，也可以委托物业服务企业或者其他管理人管理。"因此，业主作为小区的主人，有权决定小区由谁进行管理、服务以及管理、服务的内容、标准等。目前，业主自行管理小区仍缺乏相应的法律、法规、政策文件作为操作依据。

下面，笔者简单谈一下北京某小区的管理模式：该小区业主与物业公司矛盾日久，业主70%左右不交物业费，后物业公司以经营困难为由，单方撤离了小区。后业主成立了业主委员会并予以备案，业委会成立不久，业委会主任通过各楼层召集人和联系人向全体业主发放了调查表，商讨小区的物业管理模式，调查表中有几种选择，包括：（1）原物业公司继续管理；（2）招标选择物业公司进行管理；（3）业主自治管理。结果，绝大多数业主选择了业主自治管理的模式。由于业主委员会属于业主自治组织，尚缺乏相应经营权，很多时候对外签订合同，出具发票受到限制。

后该小区业委会通过书面业主大会的形式，成立了某小区服务中心有限公司，公司的股东是全体业主，股东代表由全体业委会委员担任，业委会主任担任总经理。公司每季度向全体业主公布财务账目，每年向全体业主做预决算报告。通过业主自治模式，对小区进行管理后，由于收益属于股东，即小区全体业主，所以物业费大幅度降低，业主交纳物业费的积极性明显提高。由于自治模式化解了业主与物业公司的矛盾，在收费、支出方面非常透明，使业主真正有了小区主人的感觉。

> **温馨提示**
>
> 　　实行业主自治，极大的调动了业主的参与积极性，业主利用各种专长，为小区建言、出力。业主主动爱护自己的家园，人人成了秩序维护员，小区越来越好。应当指出，业主自治的物业管理模式，将来会成为物业管理的主要方式。当然实行此种模式，也同样面临业主的权益受到外来侵害，物业管理方是否承担责任、如何承担责任？业主侵占共有部分，物业管理方如何尽到职责？业委会成员擅自支出费用，如何处理等问题，需要不断通过法律、法规、政策文件和业主大会议事规则、管理规约予以完善。

04　房屋转让后，新业主应当与物业公司签订物业服务合同吗？

焦点问题

1. 新业主应与物业公司签订物业服务合同
2. 如果没有签订，新业主与物业公司的法律关系

专家答疑

　　所谓新业主，就是房屋产权人将房屋销售给他人，办理完成房屋过户登记手续后，新的房屋产权人即为新业主。从取得新的房屋产权证书，新业主即享有业主权利，并承担业主义务。当然，如果他人是依据司法文书取得房屋产权，即从司法文书生效之日，新的房屋产权人即为新业主。

　　物业服务合同是双务合同，双务合同是指双方当事人都享有权利和承担义务的合同。双方的债权债务关系呈对应状态，即每一方当事人既是债权人又是债务人。新业主应当与物业公司签订物业服务合同。只有签订了书面合同，才能将业主与物业公司的权利和义务划分清楚；同时，业主与物业公司签订的书面合同，是业主和物业公司出现纠纷或界定物业公司是否提供了合格服务的依据，也是业主是否履行了相应义务的依据。

如果新业主没有与物业公司签订合同，也应交纳物业费用。《北京市高级人民法院关于审理物业管理纠纷案件的意见（试行）》第二十四条规定："物业管理企业与业主委员会虽未签订书面的物业服务合同，但业主事实上接受了物业服务的，物业管理企业可以要求业主交纳相应的物业服务费用。"

新业主仅应就其买房并取得房屋所有权证书后的物业费用，承担交纳义务，购买房屋之前的物业费用与新业主无关。

温馨提示

虽然业主可以不与物业公司签订物业服务合同，但事实告诉我们，合同是一种保障，也是一种制约，不签订合同就是自动放弃监督、管理物业的权利。同时，未签订书面合同，新业主也要承担义务，即应当向物业公司交纳物业费用。

05 业主对小区共有部分的权利、义务是什么？

焦点问题

1. 小区共有部分的范围
2. 我国物权法的规定
3. 业主对小区共有部分的权利、义务

专家答疑

建筑区划内的住宅的共有部分主要包括公共场所、物业服务用房、住宅基础、承重墙体、柱、梁、楼板、屋顶以及户外的墙面、门厅、楼梯间、走廊通道、道路、电梯、天线、照明、消防设施、绿地、道路、路灯、沟渠、池、井、非经营性车场车库、公益性文体设施和共用设施设备使用的房屋等。

我国《物权法》第七十条规定："业主对建筑物内的住宅、经营性用房等专有部分享有所有权，对专有部分以外的共有部分享有共有和共同管理的权利；"第七十二条规定："业主对建筑物专有部分以外的共有部分，享有权利，承担义务；不得以放弃权利不履行义务。"

需要强调的是，业主购买商品房时分摊的公用建筑面积的房屋、设备间、走廊等自然属于业主共有，此外，小区有些共有部分，虽未作为公用建筑面积进行分摊，但也属于业主共有，如道路、绿地、物业服务用房、公共场所、设施等。小区专有部分以外的共有部分属业主共有，业主有权进行管理、使用。如利用电梯轿厢进行广告发布，所获得的费用归业主所有；还有，业主有权决定公共场所的使用，物业公司不得单方处置等。同时，业主对共有部分有维修、维护的义务，如小区道路发生塌陷，专项维修资金不足时，就需要业主续筹费用，由物业公司进行修复。

某小区物业公司在小区规划内的道路两侧划定车位，对此业主提出了异议，认为物业公司无权单方处置道路的使用，更无权就此停车位收取车辆占地费用。但是物业公司却不予理睬。后小区业主起诉至人民法院，法院判决要求物业公司停止侵权行为，恢复原状，并退还已收取的业主费用。

温馨提示

根据我国《物权法》的规定，小区共有部分属于业主共有，单一业主或物业公司均无权自行处置，否则即构成侵权。共有部分的收益属于全体业主所有，业主可以利用该收益进行共有部分的维修、维护，也可以折抵下一年度的物业服务费用。共有部分改建、重建时，应当遵循的原则是：（1）召开业主大会，并经专有部分占建筑物总面积2/3以上的业主且占总人数2/3以上的业主同意；（2）未同意的业主的意见，应当予以重视，否则，该业主有权请求人民法院撤销业主大会的决定。

06 小区配套设施不完善，如何解决？

焦点问题

1. 开发商应当完善小区配套设施
2. 房屋逾期交付使用的，需承担违约责任

小区配套设施中包括基础设施,主要是水、电、气、热等,比如排水管线、供水管线、燃气的管线、供热的热力站管线等设施。如果新建小区规划中有教育、文化、体育活动、医疗服务等公共服务设施、场所,也应属于配套设施范畴。

2007年3月1日,《北京市新建商品住宅小区住宅与市政公用基础设施公共服务设施同步交付使用管理暂行办法》(以下简称《办法》)正式实施。该《办法》规定,新建小区规划中有绿化、商业、学校、医院等居住公共服务设施的,必须在全面建成后开发商才能真正将房屋交付业主。同时,该《办法》第十条规定:"房地产开发企业在预(销)售商品房时应当公示建设方案,并将建设方案和本办法第十三条内容作为合同约定的房屋交付条件写入商品房预(销)售合同"。

如北京某小区业主张某购买房屋后,开发商承诺的学校被出租给某公司,进行餐饮服务,张某代表广大业主与开发商多次交涉,毫无结果。此后,张某依据商品房买卖合同、沙盘照片、工程规划许可证、规划要点通知书等材料,将开发商告上法院,要求开发商承担未按时交付配套设施的违约责任,并要求继续履行商品房买卖合同,将配套实施的功能予以恢复。后北京某区人民法院判决支持了业主张某的诉讼请求,判决开发商恢复配套设施。

因此,业主与开发商签订的房屋买卖合同,以及相应楼书、购房手册等具有合同性质的文件中,开发商承诺配套设施的交付时间的,应当在上述时间内交付配套设施。否则,开发商应当承担相应违约责任,给业主造成损失的,还应当承担损失。

> **温馨提示**
>
> 业主购买房屋后，不仅购买的是房屋室内部分的居住权，还包括居住环境权，而小区配套设施的完善，正是业主居住环境权的体现。业主购买房屋时，有权要求开发商提供相应建设方案，以保障知情权。同时，业主加强搜集证据的意识，可通过拍照、录音、录像的形式，确认购买房屋时的相关情况。
>
> 根据《北京市商品房销售面积计算及公用建筑面积分摊暂行规定》："售房单位在预售商品房前，应向商品房预售管理部门提交预售商品房的面积测量报告。预售商品房设计方案变更涉及预售房屋面积的，应重新提交面积测量报告。""售房单位在销（预）售商品房时，在销（预）售合同（含补充协议）中应明确商品房销售面积、分摊的公用建筑面积及公用建筑部位。""建设项目部分竣工，售房单位申请对已竣工商品房销售面积进行计算，因分摊的部分公用建筑或参加分摊的其他商品房尚未竣工，需要以规划批准的建筑面积为依据的，经房管部门同意，并需书面承诺：先按预售合同的约定，用先行计算的商品房销售面积与购房者结算房款。在建设项目全部竣工后，与测绘部门最终实测的结果相比，面积增加的，应维持已结算的房价不变；面积减少的，售房单位应按实际售价退款。"根据这一规定，房屋建筑面积要测量两次：一次在预售前，一次在竣工后。

07 小区哪些面积属于公用建筑分摊面积？

焦点问题

1. 公用建筑分摊面积的定义
2. 小区内哪些面积属于公用建筑分摊面积
3. 公用建筑分摊面积是否交纳物业服务费

公用建筑分摊面积，指每套（单元）商品房依法应当分摊的公用建筑面积。在日常使用中，一般也简称公摊面积或公摊。公用建筑面积是指由整栋楼的产权人共同所有的整栋楼公用部分的建筑面积。包括：电梯井、管道井、楼梯间、垃圾道、变电室、设备间、公共门厅、过道、地下室、值班警卫室等，以及为整幢服务的公共用房和管理用房的建筑面积，以水平投影面积计算。公用建筑面积还包括套与公共建筑之间的分隔墙，以及外墙（包括山墙）墙体水平投影面积一半的建筑面积。独立使用的地下室、车棚、车库、为多幢服务的警卫室、管理用房，以及作为人防工程的地下室都不计入公有建筑面积。公用建筑面积和分摊的公用建筑面积的产权归整栋楼购房人共有，购房人按照法律、法规的规定对其享有权利，承担责任。

购房者应分摊的公用建筑面积是多少呢？各套（单元）的套内建筑面积乘以公用建筑面积分摊系数，是购房者应合理分摊的公用建筑面积。

将整栋建筑物的公用建筑面积除以整栋建筑物的各套套内建筑面积之和，是建筑的公用建筑面积分摊系数。整栋建筑物的建筑面积扣除整栋建筑物各套（单元）套内建筑面积之和，并扣除已作为独立使用空间销售或出租的地下室、车棚及人防工程等建筑面积，即为整栋建筑物的公用建筑面积。

物业费是依据房产证上载明的面积为标准收取的。由于公摊面积是列入房屋产权登记面积当中的，所以公摊面积也要交纳取暖费、物业费等相关费用。

温馨提示

根据《北京市商品房销售面积计算及公用建筑面积分摊暂行规定》，分摊的公用建筑面积主要包括以下两大部分：大堂、公共门厅、走廊、过道、公用厕所、电（楼）梯前厅、楼梯间、电梯井、电梯机房、垃圾道、管道井、消防控制室、水泵房、水箱间、冷冻机房、消防通道、变（配）电室、煤气调压室、卫星电视接收机房、空调机房、热水锅炉房、电梯工休息室、值班警卫室、物业管理用房等以及基本功能上为该建筑服务的专用设备用房；套与公用建筑空间之间的分隔墙及外墙（包括山墙）墙体水平投影面积的一半。不应计入公用建筑空间的主要有：仓库、机动车库、非机动车库、车道、供暖锅炉房、作为人防工程的地下室、单独具备使用功能的独立使用空间；售房单位自营、自用的房屋；为多幢房屋服务的警卫室、管理（包括物业管理）用房。此外，其他购房人受益的其他非经营性用房，需要进行分摊的，应在销（预）售合同中写明房屋名称、需分摊的总建筑面积。

08　小区绿地归谁所有？

焦点问题

1. 住宅小区的绿地归谁所有
2. 如何划分小区的共有绿地和可转让绿地
3. 业主与开发商签订的商品房买卖合同约定特定绿地专有权是否具有法律效力
4. 专有绿地的性质能否由买受人自行改变
5. 物业公司是否有权改变小区绿地的规划用途

专家答疑

　　2007年10月1日起实施的《物权法》第七十三条规定："建筑区划内的绿地，属于业主共有，但属于城镇公共绿地或者明示属于个人的除外"，因而物业管理区域内的绿地为小区全体业主共同共有。

　　一般情况下，城镇绿地可划分为城镇公共绿地、小区共有绿地及开发商转让给个人的小区专有绿地（可转让绿地，转让的结果为专有绿地）。城镇公共绿地容易区分，该部分绿地受明确的规划条件约束，建成后的设施要由规划部门验收和确认；共有绿地和可转让绿地则难以区分，目前也无相关的配套规定，各地也有不同的做法。

对可转让绿地的区分，不应以该绿地是否用于计算绿地率作为区分的标准。绿地率指的是居住区用地范围内各类绿地的总和占居住区用地的比率，其所指的绿地包括公共绿地、宅旁绿地、配套公建所属绿地和道路绿地，其中包括了满足当地植树绿化覆盖要求，方便居民出入的地上或半地下建筑的屋顶绿地。从概念上判断，计算绿地率的绿地范围，已包括了宅旁绿地，而宅旁绿地往往正是被转让于该住宅买受人的绿地。所以计算绿地率的绿地不一定属于共有绿地。同样，对开发商将所有绿地都用于销售的担忧也是不足为虑的。由于公共绿地的配套为法律所强制（根据《城市居住区规划设计规范》要求，居住区内公共绿地的总指标，应根据居住人口规模分别达到：组团不少于 $0.5m^2/$ 人，小区（含组团）不少于 $1m^2/$ 人，居住区（含小区与组团）不少于 $1.5m^2/$ 人，并应根据居住区规划布局形式统一安排、灵活使用），因此，也并不需要担心开发商不建配套公共绿地。

《物权法》关于绿地权属规范要求绿地转让需"明示"。明示，是否需要"广而告之"，如在销售广告或楼书等宣传资料中明示，或在所有销售合同中明示，还是只要在与买受人的合同中做出明确的约定？我们以为，既然开发商有权处分，就无须征得其他主体同意或认可；绿地权属规范中的"明示"，应指有合同明确约定由特定对象买受或明确约定赠予某特定对象或有其他转让约定即可，并不要求为全体业主所共知。

但是，建筑区划内的共有绿地属于开发商已明确承诺或在合同中明确约定的共有配套设施，其建设成本已分摊于房屋价款中，为全体业主共有，概言之，并非所有的"明示属于个人的"绿地均可合法转让给个人所有，对于侵犯业主共有权的约定，业主有权要求确认转让无效并要求恢复为全体业主共有；倘若开发商只需在特定业主之间进行"明示"，如果其他业主认为开发商处分了共有绿地，侵犯了全体业主的共有利益，业主该如何维权呢？如果开发商违反已确定的绿地规划分类情况下处分共有绿地时，相关部门已颁发权利证书的，其他业主依据已批准的规划方案可以主张撤销，并可另行追究开发商的违约责任，此时，买受人也可以欺诈为由主张撤销绿地买卖合同。

买受人应根据合同约定使用绿地，买受人无权擅自改变绿地功能。其可以在不改变绿地性质的前提下做修缮或整改，但若需改变绿地性质必须重新取得规划部门的审批认可，并补缴因改变绿地用途的土地使用权出让金。

根据《物业管理条例》第五十条"物业管理区域内按照规划建设的公共建筑和共用设施，不得改变用途。业主依法确需改变公共建筑和共用设施用途的，应当在依法办理有关手续后告知物业服务企业；物业服务企业确需改变公共建筑和共用设施用途的，应当提请业主大会讨论决定同意后，由业主依法办理有关手续"的规定，物业公司不能擅自改变小区绿地的用途。

温馨提示

小区绿地指的是小区范围内所有专门被用作种植绿化植物的土地，比如我们经常能看到的小区草坪。但是这样的划分是从一般情况考虑，事实上在现实生活中，小区绿地的范围远远大于这种定义。从相关技术规范、法规可以看出，居住区用地范围内各类绿地主要包括公共绿地、宅旁绿地、配套公建所属绿地和道路绿地等。其中，公共绿地，又包括居住区公园、小游园、组团绿地及其他的一些块状、带状公共绿地。

依据上述对土地使用权和建筑物区分所有权的介绍，我们应当明确区分所有的建筑物的土地权属仅仅是使用权，而不是所有权，不能笼统地确定谁对区分所有建筑物的绿地具有所有权，而只能是对于绿地上的植物才享有所有权。所以，在区分所有建筑物的绿地上，有三个权利：第一个权利是国家所有权，在我国，城市土地归国家所有；第二个权利是土地使用权，也就是区分所有建筑物地基的建设用地使用权，开发商建筑房屋、购房者购房取得区分所有权，对于建筑物所依附的土地都只享有使用权而不具有所有权；第三个权利是绿地植物的所有权，仅仅包括地上植物的所有权。因此，在区分所有的建筑物中，其所使用的土地都是国家所有，取得的只是国有土地使用权。区分所有建筑物区域内的绿地，其土地的权利也当然是国有土地使用权，只有其绿地上的植物，区分所有权人才享有所有权。就建筑物区分所有权而言，所谓的绿地，既包括绿地的土地使用权，也包括绿地的附着物的所有权。

09　露台归单个购房业主，还是归全体业主共有？

焦点问题

1. 露台具体指哪部分
2. 露台归业主共有
3. 对露台享有共有权的是整幢住宅楼的全体业主还是单个购房业主

专家答疑

　　露台通常指住宅中的屋顶平台或由于建筑结构需求而在其他楼层中做出的大阳台，由于它面积一般较大，上面又没有屋顶，所以称露台。

　　建筑区划内的住宅的共有部分和共有设施设备属全体业主所有。主要包括公共场所、物业服务用房、住宅基础、承重墙体、柱、梁、楼板、屋顶以及户外的墙面、门厅、楼梯间、走廊通道、道路、电梯、天线、照明、消防设施、绿地、道路、路灯、沟渠、池、井、非经营性车场车库、公益性文体设施和共用设施设备使用的房屋等。

　　如露台未计入房屋套内建筑面积，那么它作为住宅楼业主专有部分以外的区域，属于业主共有。一般情况下，露台往往属于下一层业主的屋顶，换言之，它属于两层业主之间房屋的楼板，住宅楼的基础部分应属业主共有。某一位或几位业主无权对其占有、使用。

　　根据原建设部《商品房销售面积计算及公用建筑面积分摊规则》(试行)的规定，业主购房应分摊的公共面积，是以整幢楼的公用建筑面积进行计算，所以如露台面积计入公用建筑面积，自然属于该幢楼的业主共有。如露台没有计入公用建筑面积予以分摊，如何认定其所有权呢，属于业主共有，还是属于开发商所有？对此问题应当理解为，整幢住宅楼销售完毕后，开发商不对该住宅楼享有任何权利，其作为住宅基础、屋盖部分自然归业主共有。

　　此外，开发商在开发房屋时，将一些露台封闭至房屋范围内，作为独立的空间，以促销手段销售给业主，此行为违反了我国《物权法》的规定，应当允许其他业主使用该露台。

> **温馨提示**
>
> 通常情况下，露台分两种，一种是顶层的屋面即整栋楼的屋盖，从设计规范要求来看，应为消防通道；后一种的某一楼层或房屋范围内露台，可作为独立使用空间。但是无论哪种露台，均由整栋楼全体业主共同享有、共同使用，任何个人均不得独占。

10 开发商有权将商品房楼顶平台卖与某业主吗？

焦点问题
1. 楼顶平台产权是否属于该栋楼宇的全体业主
2. 开发商是否有权单方处置商品房楼顶平台
3. 楼顶平台出现漏雨等情况，由该栋楼宇的业主共同出资维修

专家答疑

根据《中华人民共和国物权法》第七十条、第七十一条规定："业主对建筑物内的住宅、经营性用房等专有部分享有所有权，对专有部分以外的共有部分享有共有和共同管理的权利。业主对其建筑物专有部分享有占有、使用、收益和处分的权利；"第七十三条规定："建筑区划内的绿地，属于业主共有，但属于城镇公共绿地或者明示属于个人的除外。建筑区划内的其他公共场所、公用设施和物业服务用房，属于业主共有"，此外，2009年10月1日起实施的《最高人民法院关于审理建筑物区分所有权纠纷案件具体应用法律若干问题的解释》第三条规定："建筑物的基础、承重结构、外墙、屋顶等基本结构部分属于业主共有部分"。

由于楼顶平台产权属于该栋楼宇的全体业主，开发商无权单方处置楼顶平台，例如开发商不得在楼顶平台加建花园、设置广告牌匾等。如开发商单方处置楼顶平台，就侵犯了该栋楼宇全体业主的利益，对此，业主有权要求开发商予以拆除恢复原状，并赔偿经济损失。如开发商单方处置楼顶平台时，将楼顶防水层

破坏，导致顶层业主家中出现渗漏、屋顶墙体开裂，开发商应当予以修复，并承担赔偿责任。楼顶平台亦不属于顶层业主所有或由其独自加建使用，北京人济山庄顶层业主利用楼顶平台设置假山、房屋等属于违章建筑，亦予以拆除。

除上述人为损坏的情况，楼顶平台出现漏雨、开裂时，维修费用由该栋全体业主按照各自拥有物业建筑面积的比例分摊。此种情况，该项已过房屋质期保修期时，可由物业服务企业应当按规定向所在地的房屋管理部门申请专项维修资金予以维修。对此，物业服务企业不得以任何理由拒绝申请上述维修资金。

> **温馨提示**
>
> 如开发商将楼顶平台建造房屋后予以出售，该房屋买卖合同应当属于无效，购买该房屋的购房人可以要求开发商退款，并予以赔偿损失。此外，对于开发商在楼顶的违规建造行为，业主也可向所在地规划管理部门举报，要求规划管理部门予以制止，并责令其限期拆除，如开发商不予拆除的，规划管理部门可以予以罚款，强制拆除。

11 小区地下室属于谁所有？

焦点问题

1. 小区地下室的产权是否为业主所有
2. 小区地下室的产权是否归开发商所有
3. 小区地下室的产权是否为国家所有

专家答疑

长期以来，我们代理了很多关于住宅小区地下室确认房屋所有权的案件，一般都是由小区业主委员会将提供物业服务的物业公司告上法庭，认为物业公司利用属于全体业主共有的地下室进行经营，收益却不知去向，物业公司的行为侵犯了全体业主合法的财产收益，要求确认小区地下室的产权属于全体业主所有，物业公司应当停止经营行为，并将地下室的产权移交给全体业主，并赔偿相应的损失。一般在这种情况下，法院都会将开发建设该项目的开发商牵涉进来，这样能更好的分清三方的权属、责任。那么，小区地下室的经营权和产权究竟归谁所有？谁可以合法对其收益呢？

我们认为：关于地下室的产权归属，应当从地下室的建设、销售、分摊及是否属于人防工程进行分析，而不应该简单的从一个角度来确定是开发商所有或全体业主共有、单个业主所有等。如果在商品房销售时，地下室不属于人防工程，未在业主购房面积中进行分摊，其所有权是属于建设单位即开发商所有；如果在商品房销售时，在开发商与业主签订的《商品房买卖合同》中，地下室的面积已分摊，那么产权属于全体业主所有；如果地下室中又关于人防工程的配建，那么对于配建的人防工程原则上是属于国家所有，但是其经营权、收益权属于投资建设单位所享有。

根据《北京市商品房销售面积计算及公用建筑面积分摊暂行规定》第六条："不应计入的公用建筑空间：（1）作为人防工程的地下室、仓库、机动车库、非机动车库、车道、供暖锅炉房、单独具备使用功能的独立使用空间。（2）售房单位自营、自用的房屋。（3）其他购房人受益的非经营性用房，需要进行分摊的，应在销（预）售合同中写明房屋名称、需分摊的总建筑面积"的规定，作为人防工程地下室的房屋一般情形，是不计入分摊的，那么对这样的地下室，业主是无权要求退还或者要求享有经营权、无偿行使使用权的。

温馨提示

根据《北京市商品房销售面积计算及公用建筑面积分摊暂行规定》第五条"可分摊的公用建筑面积：（1）大堂、公共门厅、走廊、过道、公用厕所、电（楼）梯前厅、楼梯间、电梯井、电梯机房、垃圾道、管道井、消防控制室、水泵房、水箱间、冷冻机房、消防通道、变（配）电室、煤气调压室、卫星电视接收机房、空调机房、热水锅炉房、电梯工休息室、值班警卫室、物业管理用房等以及其他功能上为该建筑服务的专用设备用房。（2）套与公用建筑空间之间的分隔墙及外墙（包括山墙）墙体水平投影面积的一半"的规定，一般情况下，地下室是不进入分摊的，那么地下室应当根据建设单位当初规划的用途、形式进行管理，同时所有权也是根据当初的规划来确定最终的归属。

12 地下室属于人防工程吗?

> **焦点问题**
> 1. 人防工程的法律地位
> 2. 人防工程的用途分类
> 3. 地下室是否属于人防工程,其产权属于谁所有

人防工程是指为保障战时人民防空组织指挥、人员与物资掩蔽、医疗救护而单独修建的地下防护建筑,以及结合地面建筑修建的战时可用于防空的地下室。人防工程是防备敌人突然袭击,有效地掩蔽人员和物资,保存战争潜力的重要设施;是坚持城市战斗,长期支持反侵略战争直至胜利的工程保障。人防工程按平时用途分为地下宾馆、地下商场、地下餐厅、地下文艺活动场所、地下教室、办公室、实验室、地下医院、地下生产车间、仓库、电站、水库、地下过街道、地下停车场、地下车库等。对于城市新建民用建筑,按照国家有关规定修建战时可用于防空的地下室。该城市新建民用建筑若根据当地城市规划的需要必须配建人防工程地下室的,则由县级以上人民政府对需要配建的人民防空工程予以批准,开发商建成后的地下室属于人防工程,必须符合人防工程的质量标准和防护标准,一般由国家人民防空主管部门进行管理。对于应当配建而未配建人防工程的城市新建民用建筑,县级以上人民政府人民防空主管部门对当事人给予警告,并有权要求予以修建,同时还可对责任人进行罚款。

目前我国对人防工程的产权归属并未明确规定,一般情况下是谁管理谁收益,一般由人防主管部门受政府委托行使管理职能。由此可知,如果该城市新建民用建筑在开发建设时,并未配建人防工程的要求,那么开发商建成的地下室其产权自然属于开发商所有。所以,不是所有的地下室都属于人防工程。

> **温馨提示**
>
> 　　根据我国《人民防空法》第二条规定"人民防空是国防的组成部分"和我国《物权法》第五十二条规定"国防资产属于国家所有",通常情况下,我们会理解成人防工程的产权是属于国家所有,但目前国家对人防工程的权属并未在我国《人民防空法》中予以明确。又根据我国《人民防空法》第五条有关"国家鼓励、支持企业事业组织、社会团体和个人,通过多种途径,投资进行人民防空工程建设;人民防空工程平时由投资者使用管理,收益归投资者所有",一般都有开发企业进行管理和维护。同时,现阶段,各地在办理人防工程产权时,大部分都是向房屋登记管理机关申请,但房屋登记管理机关又不具有登记地面建筑物以外的建筑物的职能,因为防空地下室是建在地表以下,房屋登记管理条例根本就未曾涉及和规范到该项内容,所以,房屋登记管理机关行使防空地下室的产权登记管理无法可依。
>
> 　　综上,在实践中我们应根据地下室的性质来确认其权属,同时可能会存在同是地下室,虽有不同的权属,但同样可以享受使用和收益权的权利。

13　人防工程的所有权归谁所有?

焦点问题

1. 人防工程根据出资者的类型,可以分为几类
2. 人防工程的面积是否进单个业主的公摊面积
3. 人防工程的所有权是归全体业主所有还是开发商所有
4. 人防工程的所有权和使用权、收益权是否可以分开
5. 人防工程的所有权到底归谁所有

专家答疑

　　一提到人防工程,大家都能想到其主要作用是为了保障战时人员与物资

掩护、人民防空指挥、医疗救护等而单独修建的地下防护建筑，以及结合地面建筑修建的战时可用于防空的地下室。那么法律、法规对于目前居住小区内人防工程的权属问题到底是怎样规定的呢？由于《物权法》对居民小区关于人防工程的权属未作明确规定，使得各小区人防工程产权归属成为一个敏感的话题，针对这种现象，现实中处理的方式各式各样。

人防工程根据投资来源，可分为公共人防工程和单位人防工程。凡是由国家财政资金支持建设的人防工程均为公共人防工程，其所有权归国家所有；凡由单位进行投资、开发建设的人防工程，其使用权、收益权是归单位所有。人防工程的规划、配建，都是按照国家有关规定和城市人防工程规划结合民用建筑，按照一定的比例和数量进行建筑。对于由单位进行投资、建设的人防工程产权的归属，目前国家并无明确的法律规定。那么对于单位自建的人防工程，在业主购买房屋时，是否进公摊面积呢？

根据《人民防空工程平时开发利用管理办法》第3条的规定，我国地下人民防空工程实际上实行所有权与占有权及经营权分开，资产的占有权及经营权可根据市场规则进行转让，但其所有权应归属国家所有。此外根据原建设部《商品房销售面积计算及公用建筑面积分摊规则》规定："可分摊的公用建筑面积包括：大堂、公共门厅、走廊、过道、公共厕所、电（楼）梯前厅、楼梯间、电梯井、电梯机房、垃圾道、管道井、消防控制室、水泵房、水箱间、冷冻机房、消防通道、变（配）电室、煤气调压室、卫星电视接收机房、空调机房、热水锅炉房、电梯工休息室、值班警卫室、物业管理用房等以及基本功能上为该建筑服务的专用设备用房；套与公用建筑空间之间的分隔墙及外墙（包括山墙）墙体面积水平投影面积的一半。"由此可知，人防工程是不计入业主购房时的公摊面积，全体业主是不能以共有部分对人防工程主张共有权。

目前我国法律、法规对有关人防工程的建设、占有、管理、使用、转让等均作了相关规定，但对人防工程国有资产的所有权归属的规定并不十分明确，只是规定人防工程平时可由投资者使用管理，收益也归投资者所有，对人防工程国有资产的转让方面的规定相对比较原则，缺乏确定性。

鉴于这种现状，人防工程的产权不归小区全体业主所有，也不归开发商所有，如果是由开发商投资建设的，那么开发商对人防工程享有使用权、收益权，但是没有处分权。

> 💡 温馨提示

　　根据《中华人民共和国人民防空法》第五条："国家对人民防空设施建设按照有关规定给予优惠。国家鼓励、支持企业事业组织、社会团体和个人，通过多种途径，投资进行人民防空工程建设；人民防空工程平时由投资者使用管理，收益归投资者所有"和第二十五条："人民防空主管部门对人民防空工程的维护管理进行监督检查。公用的人民防空工程的维护管理由人民防空主管部门负责。有关单位应当按照国家规定对已经修建或者使用的人民防空工程进行维护管理，使其保持良好使用状态"的规定，人防工程如果属于国家投资、建设的，其产权属于国家所有。

　　又根据《关于平时使用人防工程的暂行规定》中规定："人防工程作为国家战备资产，平时应列入各部门国有资产管理范围，由各部门人防办实行集中管理。凡使用人防工程的单位，必须向所在部门人防办提出申请，与部门人防办签订安全使用人防工程协议书和有偿使用协议书，领取中央国家机关人防办统一制发的使用证书，并报中央国家机关人防办备案"。1997年7月1日开始施行的《中华人民共和国人民防空法》中规定："人民防空工程平时由投资者使用管理，收益归投资者所有"，1998年5月1日起施行的《北京市人民防空工程建设与使用管理规定》的第六条规定："本市鼓励支持企业事业组织、社会团体、个人建设和使用人防工程。人防工程平时由投资者使用管理，收益归投资者所有"及《人民防空工程平时开发利用管理办法》第三条的规定："我国地下人民防空工程实际上实行所有权与占有权及经营权分开，资产的占有权及经营权可根据市场规则进行转让，但其所有权应归属国家所有"。

　　对于投资者自建的人防工程，应由投资者报人防工程管理部门审查批准并办理有关证照，收益归投资者所有这一原则。

14 公房出售给个人后,房屋共用部分、共用设施损坏由谁修理?

> **焦点问题**
> 1. 公房出售给个人后,房屋的产权归谁所有
> 2. 公房共用部分、共用设施的产权归谁所有
> 3. 公房的共用部分、共用设施损坏由谁来维修

公有住房,一般是指城镇居民按照国家和本市城镇住房制度改革政策的规定,购买并领取了房改成本价或标准价房屋所有权证的住房。对于购买上市的公有住房,购买后的公房性质等同于商品房,其产权属于购买人所有,购买人也是法律意义上的业主。业主作为房屋所有权人,对该房屋享有占有、收益、使用、处分的权利。根据《公有住宅售后维修养护管理暂行办法》第四条:"本办法所称住宅的自用部位和自用设备,是指户门以内的部位和设备,包括水、电、气户表以内的管线和自用阳台。住宅的共用部位,是指承重结构部位(包括楼盖、屋顶、梁、柱、内外墙体和基础等)、外墙面、楼梯间、走廊通道、门厅、楼内自行车存车库等。住宅的共用设施设备,是指共用的上下水管道、落水管、邮政信箱、垃圾道、烟囱、供电干线、共用照明、天线、暖气干线、供暖锅炉房、高压水泵房、消防设施和电梯等"。

其实,业主在购买该房屋专有部分的同时,也购买该房屋配套的共用部位、共用设施设备,对该共用部位、共用设施设备享有管理、合理使用的权利,同时也承担相应的维修、养护的义务。根据《公有住宅售后维修养护管理暂行办法》第六条规定:"公有住宅出售后,住宅的共用部分和共用设施设备的维修养护由售房单位承担维修养护责任,"第七条规定:"住宅共用部分和共用设施设备的维修养护费用,可以由售房单位按规定比例向购房人收取,维修养护费用不足时,暂由原售房单位负担"的规定,共同居住一幢楼

房的任何一层居民对楼顶均无专有权,对楼顶的归属和维修按照"权利与义务相一致"原则,坚持共用共有、共同使用、共同保护、共同维修的原则。

因此,对楼顶的损坏维修,应由该共用部位、共用设施设备的产权人即楼内所有业主按规定向原售房单位交纳共同负担的养护费用后,共同协商提请原售房单位去维修。当然,如果是个人人为损坏的,则应由损坏人负责维修。

温馨提示

根据《物权法》第九条:"不动产物权的设立、变更、转让和消灭,经依法登记,发生效力;未经登记,不发生效力,但法律另有规定的除外"和第三十九条"所有权人对自己的不动产或者动产,依法享有占有、使用、收益和处分的权利"的规定,对于按照合法手续购买的公有住房,其产权应当属于购买人所有。同时根据《物权法》第七十条:"业主对建筑物内的住宅、经营性用房等专有部分享有所有权,对专有部分以外的共有部分享有共有和共同管理的权利"和"第七十二条业主对建筑物专有部分以外的共有部分,享有权利,承担义务;不得以放弃权利不履行义务。业主转让建筑物内的住宅、经营性用房,其对共有部分享有的共有和共同管理的权利一并转让",业主对专有部分之外的共用部位、共用设施设备承担共同的维修、保养责任,其可以共同委托专有机构如物业公司进行日常的管理服务,其费用应当从公共维修资金中列支。

15 物业管理区域共用部位如何向业主移交?

焦点问题

1. 物业管理区域内共用部位的产权属于谁所有
2. 物业管理区域内共用部位由谁行使管理权
3. 物业管理区域共用部位如何向业主进行移交

一 业主篇

住房和城乡建设部实施的《住宅专项维修管理办法》第三条规定："住宅共用部位，是指根据法律、法规和房屋买卖合同，由单幢住宅内业主或者单幢住宅内业主及与之结构相连的非住宅业主共有的部位，一般包括：住宅的基础、承重墙体、柱、梁、楼板、屋顶以及户外的墙面、门厅、楼梯间、走廊通道等"，因此，上述共用部位的产权应属全体业主共有。

根据《土地管理法》、《城市房地产管理法》和《城市房地产交易管理条例》的有关规定："土地使用权转移的，该土地上的建筑物及附着物的所有权随土地使用权的转移而转移"，全体业主购买了商品房及土地使用权时，位于该土地之上的全部没有独立产权的建筑物及附着物的所有权也就随之转移给全体购房者（即全体业主）。即使开发商没有销售完所有房屋而享有对部分房屋的所有权，也不能擅自将小区的共用部位转让给他人。

对于已经成立业主大会的物业项目，对于物业管理区域内的共用部位可由经业主大会授权的业主委员会代表全体业主进行交接；未成立业主大会的，可由全体业主授权的业主代表进行交接。全体业主可以委托选聘的物业服务企业进行交接，也可以按照《北京市物业服务第三方评估监理管理办法》（京建发［2010］383号）委托物业服务评估监理机构进行物业项目交接查验评估，并出具物业项目交接查验报告。

物业管理区域内共用部位由接受方进行管理、维修、养护，所需费用从物业管理费中支出。

温馨提示

根据《北京市物业管理办法》第四十五条"本办法所称物业共用部分，是指物业管理区域内业主专有部分以外按照规定由业主共同管理的建筑物、构筑物及配套设施设备和相关场地"的相关规定，目前关于物业共用部分并无确切的名称、范围规定，在实践操作中经常会遇到该物业共用部分产权的问题。

根据《物业管理条例》第二十七条明确规定:"业主依法享有的物业共用部位、共用设施设备的所有权或者使用权,建设单位不得擅自处分",对于物业管理区域内属于全体业主共有的部位,其他任何单位、个人都无权进行处分。

《物业管理条例》第二十八条:"物业服务企业承接物业时,应当对物业共用部位、共用设施设备进行查验"和第二十九条:"在办理物业承接验收手续时,建设单位应当向物业服务企业移交下列资料:

(一)竣工总平面图,单体建筑、结构、设备竣工图,配套设施、地下管网工程竣工图等竣工验收资料;

(二)设施设备的安装、使用和维护保养等技术资料;

(三)物业质量保修文件和物业使用说明文件;

(四)物业管理所必需的其他资料。

物业服务企业应当在前期物业服务合同终止时将上述资料移交给业主委员会"的规定,物业公司在承接新项目或开发商委托的物业公司撤出时,应当按照法律规定对相应的设施、设备进行查验、交接,确定双方的权益,以免在日后出现不必要的麻烦。

16 业主自封阳台对吗?

焦点问题

1. 业主封闭阳台的原因
2. 有些物业公司为什么阻止业主封闭阳台
3. 业主自行封闭阳台后,需要拆除吗

专家答疑

业主购买商品房后,往往出于居住使用、安全考虑对房屋进行装修,同时,也会对阳台进行封闭,但每户业主封闭阳台时,由于使用材料、样式不同,造成小区楼宇外观不协调,对小区整体美观带来一定影响。

而往往业主入住时,签订或签字确认的《物业服务协议》、《业主手册》、

《业主规约》等合同、文件中，对业主单方封闭阳台有禁止性规定。因此，为了小区美观，有些小区物业公司阻止或要求业主立即拆除封闭的阳台。

有些小区物业公司与业主之间就此问题产生对立，甚至有些物业公司自行组织人员进行强行拆除。

北京某区人民法院曾审理一起物业公司起诉业主要求业主拆除封闭阳台案件，物业公司在起诉书中称，为了小区整体环境美观，根据《业主手册》、《业主公约》的约定，业主不得单方对阳台进行封闭，否则物业公司有权要求其拆除，恢复原状。而业主辩称，封闭阳台是为了防止安全隐患，避免居室被盗。《业主手册》、《业主公约》中约定属于霸王条款，不应具有法律效力。

法院经审理后认为，业主购买房屋后，对阳台享有专有权，其封闭阳台，不影响小区美观且对防盗、居住安全有益。《业主手册》等文件约定的内容，亦不能侵犯业主的对在家阳台享有的权利。因此，法院判决业主有权自行封闭阳台，从而驳回了物业公司的起诉。

需要强调的是，业主封闭阳台时，不得侵犯其他相邻业主的利益，如，不得将阳台外端加高、加宽，超出阳台外端平面。否则，相邻业主有权起诉要求其拆除该封闭阳台，停止侵权行为。

温馨提示

业主有权自行封闭阳台，在不侵犯相邻业主权益，且对小区整体环境、美观不构成实质影响的情况下，物业公司不得进行干涉。因此，业主在封闭自家阳台时要注意此点，否则物业公司有权制止。而《业主手册》和《业主规约》中侵犯业主权益的条款不具有法律效力。

17 业主占用共用走廊，对吗？

焦点问题

1. 业主有权占用共用走廊吗？
2. 业主委员会和物业公司的权利、义务
3. 业主侵权，物业公司是否有权提起诉讼

我国《物权法》第七十条规定："业主对建筑物内的住宅、经营性用房等专有部分享有所有权,对专有部分以外的共有部分享有共有和共同管理的权利",由于小区共有部分并非某一业主所有,而是属于广大业主所有,因此,某一业主占用包括共用走廊在内的共有区域,侵犯了其他业主对共有部分的共有权利。例如:将鞋柜安置在共用走廊边、在楼道共有部分加装防盗门、占用共用露台等。这里,我们还要说明的是,如果某业主占用共用走廊,业主委员会、物业公司均应当予以劝阻、制止,对拒不改正的,物业公司应当将情况报告给政府城市管理监察大队。

《物权法》第八十三条规定:"业主大会和业主委员会,对任意弃置垃圾、排放污染物或者噪声、违反规定饲养动物、违章搭建、侵占通道、拒付物业费等损害他人合法权益的行为,有权依照法律、法规以及管理规约,要求行为人停止侵害、消除危险、排除妨害、赔偿损失。业主对侵害自己合法权益的行为,可以依法向人民法院提起诉讼",可见,对于业主侵权行为,有权提起诉讼的主体是业主大会、业主委员会、业主。

物业公司作为被委托人,对物业小区进行服务、管理。如果某业主私搭乱建,侵犯其他业主的共有权,如果物业公司对此提起诉讼,应当依据《物业管理规约》的约定或业主大会、业主委员会的授权进行。如果《物业管理规约》中没有约定,业主大会、业主委员会也没有授权,物业公司对侵权业主没有起诉的权利,即不能成为诉讼主体。

温馨提示

2008年1月1日实施的《北京住宅物业服务等级规范(一级)(试行)》第一条第十款规定:"对区域内违反治安、规划、环保等方面法律、法规的行为,应及时劝阻,报告主管部门,也可依据管理规约等约定提起诉讼;"第二条第七款规定:"对危及房屋结构安全的行为及时告知和劝阻,对拒不改正的,要报告行政主管部门"。

18 房屋漏水，责任谁担？

> **焦点问题**
> 1. 房屋质量问题，由谁承担维修责任
> 2. 业主装修导致卫生间防水层破坏，业主应自行修复
> 3. 楼上业主家中跑水，导致楼下屋顶漏水，责任谁承担

业主购买房屋，即与房屋开发单位形成房屋买卖关系。开发建设单位在出售房屋后，承担房屋的瑕疵担保责任。保修期内，房屋出现质量问题，开发单位应当无偿予以修复。根据原建设部下发的《商品住宅实行住宅质量保证书和住宅使用说明书制度的规定》："房地产开发企业对住宅的墙面、厨房和卫生间地面、地下室、管道渗漏保修期不低于1年"，业主购买房屋后，如果开发单位提供的《住宅质量保证书》中对保修期限没有延长，则开发单位应当按照上述规定的最低保修期限，承担保修责任，同时，物业公司应当积极采取措施，防止业主家中出现人身、财产等情况，且对业主房屋出现的质量问题应及时报告给开发单位，要求其予以修复。

业主装修时，应当按照物业公司出具的装修手册等文件要求进行装修，如果业主装修时，破坏、改变了卫生间、厨房防水层，导致楼下业主天花板渗漏的，楼上业主应当承担维修责任。如果在房屋质量保修期内，房屋内墙面、厨房和卫生间地面、地下室、管道由于质量问题出现渗漏、跑水，造成自家财产和楼下业主财产遭受损失，应由开发单位承担维修和赔偿责任。

业主家中一旦出现渗漏、跑水，应当首先通知物业公司，由物业公司采取应急措施，最大限度的降低损失和危害，并由物业公司出具渗漏、跑水原因的参考意见。业主要求开发单位维修，但遭到拒绝的，业主可以提起事诉讼后，可以要求对渗漏地面或管道的质量进行鉴定。

> **温馨提示**
>
> 通常物业公司对小区提供公共秩序维护、保洁、车辆管理等职责，这些职责涉及的是业主专有部分以外的公共区域。业主家中管道渗漏、跑水，物业公司不可能知晓，需要业主及时向物业公司报修，物业公司应当及时赶到渗漏、跑水现场，最大限度的制止跑水和降低损失。如果管道漏水严重，情况紧急，物业公司无法联系到业主，而损失又在不断的扩大的情形下，物业公司可以采取紧急避险措施业主家进行检查、维修。采取紧急避险措施时，物业公司一定要慎重，必要时可以请居民委员会人员等第三人到场。
>
> 依据《民法通则》第一百二十九条规定："因紧急避险造成损害的，由引起险情发生的人承担民事责任。如果危险是由自然原因引起的，紧急避险人不承担民事责任或者承担适当的民事责任。因紧急避险采取措施不当或者超过必要的限度，造成不应有的损害的，紧急避险人应当承担适当的民事责任"。

19 管道漏水，物业公司担责吗？

焦点问题

1. 开发商的房屋设施设备保修期限
2. 过了保修期限，业主或物业公司承担责任吗？
3. 紧急情况出现时物业公司是否可以采取紧急避险措施

专家答疑

某小区业主张某4年前购买了一套商品房，但一直未住，后卫生间水管接口处破裂，造成楼下两层住户的部分财物因浸泡受损，两户业主均提出赔偿要求。业主张某认为，自己未入住，水管破裂不是自己人为造成的，而是水管接头处老化断裂所致。因此，该漏水责任应当由开发商或物业公司承担。

业主张某的说法是否成立？根据《商品住宅实行住宅保证书和住宅使用说明书制度》的规定，房地产开发企业应当在商品房交付使用时，向购买人提供《住宅质量保证书》和《住宅使用说明书》。《住宅质量保证书》是房地产开发企业对所售的商品住宅承担质量责任的法律文件，其应当列明工程质量监督单位核验的质量等级、保证范围、保修期和保修单位等内容。开发商应当按《住宅质量保证书》的约定承担保修责任。所以，业主张某主张开发商承担责任是否成立，应当依据《住宅质量保证书》约定的管道渗漏保修期限的长短，如发生漏水事件时，尚未超过保修期，那么开发商则要承担违约责任，并予以赔偿损失。

此外，物业公司提供的服务范围包括保安、保洁、公共秩序维护、小区绿化、车辆保管等，均为小区公共领域，管道漏水发生在物业房间内，虽然不是业主人为造成的，但由于房屋所有权归业主所有，从物业公司提供服务的公共性质考虑，物业公司没有权利私自打开房间进行检查，在没有备案的情况下，也没有能力了解每位业主的房屋使用情况。因此，业主家卫生间管道漏水，物业公司不承担责任。

当然，如果业主与物业公司签订协议，物业公司收取了室内小修费，而未尽到日常维修职责，而发生漏水事件的，物业公司应当承担赔偿责任。

温馨提示

依据《民法通则》第一百二十九条规定："因紧急避险造成损害的，由引起险情发生的人承担民事责任。如果危险是由自然原因引起的，紧急避险人不承担民事责任或者承担适当的民事责任。因紧急避险采取措施不当或者超过必要的限度，造成不应有的损害的，紧急避险人应当承担适当的民事责任"。

如果管道漏水严重，情况紧急，物业公司无法联系到业主，而损失又不断扩大的情形下，物业公司可以采取紧急避险措施对业主家进行检查、维修，以维护业主的利益，但是物业公司所采取的紧急避险措施不当，由此给业主造成损害，物业公司要承担一定的责任，在合理的限度内对业主进行赔偿。

20 业主房屋出现霉点，责任谁承担？

焦点问题

1. 常见的房屋本身因建筑产生的质量问题有哪些
2. 业主房屋的保修期是多长时间
3. 当房屋出现质量问题，是由物业公司承担还是由开发商承担责任

专家答疑

　　一般居住的房屋，其因建筑本身而产生的质量问题包括：屋面漏雨；烟道、排气孔道、风道不通；室内地坪空鼓、开裂、起砂、面砖松动，有防水要求的地面漏水，导致墙面出现霉点；内外墙及顶棚抹灰、面砖、墙纸、油漆等饰面脱落，墙面浆活起碱脱皮；门窗开关不灵或缝隙超过规范规定；厕所、厨房、洗澡间倒坡积水；内墙板潜水，阳台积水；水塔、水池、有防水要求的地下室漏水；室内上下水、供热系统管道漏水、漏气、暖气不热，电器、电线、照明灯具坠落；室内外上下水管道漏水、堵塞；钢、钢筋混凝土、砖石砌体结构及其他承重结构变形、裂缝超过国家规范和设计要求，室内氨、苯、甲醛、放射性氡等有毒有害气体含量超标等。

　　这些情况的出现，或多或少导致业主不能正常使用房屋，影响业主正常的生活，给业主带来无限烦恼。通常情况下，在一个园区，开发商卖完房屋，可能已经撤离该小区，而在小区业主大多数情况下可以方便接触的只有物业公司，对业主来说物业公司是解决该建筑物质量的责任人。但是，由于房屋本身质量问题，到底由谁来承担维修责任？到底由谁负责维修呢？

　　在此问题解决前，我们先要明确该房屋的保修期问题。在正常使用下，房屋建筑工程的最低保修期限为：（1）地基基础和主体结构工程，为设计文件规定的该工程的合理使用年限；（2）屋面防水工程、有防水要求的卫生间、房间和外墙面的防渗漏，为5年；（3）供热与供冷系统，为2个采暖期、供冷期；（4）电气系统、给排水管道、设备安装为2年；（5）装修工程为2年。（6）其他项目的保修期限由建设单位和施工单位约定。

　　因业主房屋出现霉点，首先应当确定造成此现象的原因，可以委托专业

房屋质量鉴定机构进行鉴定，如果是在保修期内，因房屋建筑本身质量问题而产生的，业主可以根据合同约定开发商予以赔偿或退房等等，如果是超过了保修期限，又非物业公司故意或未履行职责造成坏损，那么需要业主自行承担维修的责任。

温馨提示

　　根据《建设工程质量管理条例》第四十条："在正常使用条件下，建设工程的最低保修期限为：（一）基础设施工程、房屋建筑的地基基础工程和主体结构工程，为设计文件规定的该工程的合理使用年限；（二）屋面防水工程、有防水要求的卫生间、房间和外墙面的防渗漏，为5年；（三）供热与供冷系统，为2个采暖期、供冷期；（四）电气管线、给排水管道、设备安装和装修工程，为2年"和"第六条建设单位和施工单位应当在工程质量保修书中约定保修范围、保修期限和保修责任等，双方约定的保修范围、保修期限必须符合国家有关规定"的规定，在房屋的保修期限内出现质量问题，业主可以要求开发商或施工单位进行维修，由此而产生的维修费用由开发商或施工单位承担。

　　另外，根据《房屋建筑工程质量保修办法》第十四条："在保修期内，因房屋建筑工程质量缺陷造成房屋所有人、使用人或者第三方人身、财产损害的，房屋所有人、使用人或者第三方可以向建设单位提出赔偿要求。建设单位向造成房屋建筑工程质量缺陷的责任方追偿"的规定，如果在保修期内因房屋质量原因造成的人员伤亡或财产损失的，由开发商承担赔偿责任；如果开发商尽到了通知义务，则由最终应该维修而没维修的责任方承担赔偿责任。业主也可以要求开发商承担责任，然后开发商向最终责任方追偿或者业主要求开发商与最终责任方共同承担连带责任。无论业主要求哪一方承担责任，业主都要切记房屋质量问题的出现必须在保修的期限内。

21 业主房屋出现裂缝，物业公司应当维修吗？

焦点问题

1. 物业管理公司工作性质
2. 业主房屋出现裂缝的原因
3. 物业服务合同的约定

专家答疑

一般的物业管理，是指业主通过选聘物业公司，由业主和物业服务企业按照物业服务合同约定，对房屋及配套的设施设备和相关场地进行维修、养护、管理，维护物业管理区域内的环境卫生和相关秩序的活动。物业公司的工作范围是对业主房屋及配套设施设备的维护，不包括业主专有的房屋本身的质量问题或自身使用过程中造成的瑕疵。

业主房屋出现裂缝，原因有多种，既可能是房屋本身质量问题，也可能是业主使用房屋方式错误。房屋质量有瑕疵导致裂缝，业主应该请求开发建设单位采取适当措施；如果属于使用方式错误，那只能由业主自己承担维修责任了。

《物业服务收费管理办法》明确了物业公司的收费只有两种形式：酬金制和包干制。无论哪种形式，除去约定的酬金和报酬，收费项目的构成只包括（1）管理服务人员的工资、社会保险和按规定提取的福利费等；（2）物业共用部位、共用施设备的日常运行、维护费用；（3）物业管理区域清洁卫生费用；（4）物业管理区域绿化养护费用；（5）物业管理区域秩序维护费用；（6）办公费用；（7）物业管理企业固定资产折旧；（8）物业共用部位、共用设施设备及公众责任保险费用；（9）经业主同意的其他费用。《办法》所规定的物业公司收费中并没有包括业主房屋自身出现问题的修理费用。

> **温馨提示**
>
> 虽然依照法律规定物业服务收费不包括物业房屋本身,但现实情况是,很多物业公司都是开发建设单位的下级公司,他们之间有着千丝万缕的联系。房屋开裂的质量问题,质保期内开发商应当承担责任。如果房屋使用已经超过保修期,业主交纳了专项维修资金,那么房屋大修、改造费用应当从准许维修资金中支付,由物业公司负责修理,但并不是要其承担责任,因此这种修理要收取相应报酬。

22 楼上漏水给楼下业主造成损失,责任谁承担?

焦点问题

1. 房屋漏水原因分类
2. 依据原因不同,责任人的划分方式
3. 业主的追偿权是否合法

专家答疑

造成房屋漏水原因可以有以下几类:(1)因房屋质量问题导致;(2)因物业公司疏于对房屋公用设施设备的维护导致;(3)业主使用房屋不当所致。

如果房屋在保修期和保修范围内,并且是由于房屋本身质量问题造成了漏水,应当由开发建设单位承担赔偿责任。《商品房销售管理办法》第三十三条明确规定了房地产开发企业应当对所售商品房承担质量保修责任。因此,业主可以根据买房时开发商提供的《住宅质量保证书》和《住宅使用说明书》中规定的保修范围在保修期限内要求开发商履行保修业务并对业主的损失承担赔偿责任。

如果房屋使用已超过保修期,业主缴纳了专项维修资金,而漏水部位又处于小区的公共部位或公共设施设备,房屋漏水的维修费用应当从专项维修资金中支付,由小区的物业服务企业负责修缮。物业公司作为小区物业的服务、管理者,通常情况下其进驻小区进行服务、管理时,面对的是已建设完毕的物业，其主要职责是对小区物业进行维护，确保其功能正常运转。如果房屋漏水是因为物业公司疏于管理、维护公共设施设备，物业公司则应承担相应的赔偿责任。

由于业主装修或对房屋设施使用不当造成房屋漏水，业主应自担责任。我国《民法通则》第一百零六条规定："公民、法人由于过错侵害国家、集体的财产，侵害他人财产、人身的，应当承担民事责任"，《住宅室内装饰装修管理办法》第三十三条规定："因住宅内装饰装修活动造成相邻住宅的管道堵塞、渗漏水、停水停电、物品毁坏等，装修人应当负责修复和赔偿；属于装饰装修企业责任的，装修人可以向装饰装修企业追偿。装修人擅自拆改供暖、燃气管道和设施造成损失的，由装修人负责赔偿"。

在实践中，楼上业主房屋漏水导致楼下业主遭受损失，楼下业主可以侵权为由直接要求楼上业主承担法律责任，或将楼上业主、开发商、物业公司共同列为被告，要求它们共同承担责任。承担责任后的楼上业主可根据漏水原因再向直接责任人追偿，以弥补自己的损失。

> **温馨提示**
>
> 房屋漏水除上述分析的单一原因外，很多漏水情况是综合原因导致。当楼下业主无法确定漏水具体原因时，可以将楼上业主、开发商、物业公司共同列为被告，要求它们承担连带责任，以合法、合理的方式维护自己的合法权益。

23 空调滴水影响他人休息，谁负责任？

焦点问题

1. 空调滴水影响他人，谁是责任人
2. 受害人的合法、合理救济途径有哪些

专家答疑

我国《民法通则》第八十三条规定:"不动产的相邻各方,应当按照有利生产、方便生活、团结互助、公平合理的精神,正确处理截水、排水、通行、通风、采光等方面的相邻关系。给相邻方造成妨碍或者损失的,应当停止侵害,排除妨碍,赔偿损失",同样,《物权法》第九十二条规定:"不动产权利人因用水、排水、通行、铺设管线等利用相邻不动产的,应当尽量避免对相邻的不动产权利人造成损害;造成损害的,应当给予赔偿"。

业主的空调滴水,影响到他人休息,并且拒不采取措施,影响到相邻关系的,应当停止侵害,排除妨碍。

《〈民法通则〉若干问题的意见》第一百零九规定:"处理相邻房屋滴水纠纷时,对有过错的一方造成他方损害的,应当责令其排除妨碍、赔偿损失",因此,受影响业主可请求法院判令对方拆除空调,并赔偿受到的损失。

同时,受损害业主也可向物业公司、业主委员会反映情况,由他们去协调处理。应当指出的是,物业公司对出现此类问题,有义务予以沟通、协调双方,要求其维修,并将处理结果告知受损害业主。如物业公司沟通未果,由受损害的业主起诉侵权方要求停止侵害,排除妨碍,并赔偿损失。

温馨提示

许多业主遇到此类情况时,通常会要求物业公司出面解决问题。当物业公司没有与对方业主就此事协商一致时,受损业主通常以物业公司没有为我服务而拒交物业费。需要说明的是,物业公司的职责除对小区的公用部位、公共设施设备以及公共秩序进行维护、管理外,对空调滴水的类似行为主要是协调、沟通,物业公司并没有强制执法权利。因此,个别业主之间的相邻权纠纷,主要责任方是相邻的业主,由业主之间通过诉讼解决。

24 业主家中供暖设备跑水，物业公司承担责任吗？

> **焦点问题**
> 1. 供暖设备跑水原因
> 2. 供暖设备是否属于小区共有设施设备
> 3. 物业公司的责任

业主家中供暖设备跑水无外乎以下原因：（1）设备质量问题；（2）平日缺乏维护；（3）曾经被拆卸过。

如果房屋在保修期和保修范围内，并且是由于供暖设备本身质量问题造成了跑水，应当由开发建设单位承担赔偿责任。《商品房销售管理办法》第三十三条明确规定了房地产开发企业应当对所售商品房承担质量保修责任。因此，业主可以根据买房时开发商提供的《住宅质量保证书》和《住宅使用说明书》中规定的保修范围在保修期限内要求开发商履行保修业务并对业主的损失承担赔偿责任。

《住宅专项维修资金管理办法》第三条："共用设施设备，是指根据法律、法规和房屋买卖合同，由住宅业主或者住宅业主及有关非住宅业主共有的附属设施设备，一般包括电梯、天线、照明、消防设施、绿地、道路、路灯、沟渠、池、井、非经营性车场车库、公益性文体设施和共用设施设备使用的房屋等"，如果业主没有另行约定，业主家中的供暖设备应属于业主的专有部分，即对供暖设备的损害，物业公司没有当然的维修业务和责任，除非另有规定和约定。

依据市政管理部门发布的供热价格明细中，业主缴纳的供暖价格包括"楼口到散热片维护费"。也即是，业主家中供暖设备出现问题，维护、维修部门是供暖单位。如果小区采用的是市政集中供暖，供暖公司就是维护单位；如果小区采用的是小区整体供暖，小区供暖单位是维修部门。

如果市政供暖公司或小区供暖单位将"楼口到散热片维护费"交由物业

一 业主篇

公司收取，将维护责任委托给物业公司，则业主家中供暖设备的问题就由物业公司负责了。

> **温馨提示**
>
> 虽然供暖单位或物业公司对家中供暖设备具有维护的职责，但业主也应自查。如果是由于业主擅自拆卸供暖设备导致漏水，供暖单位或物业公司就不会再承担相关责任。

25 噪声扰民，物业公司赔偿吗？

焦点问题

1. 噪声扰民是侵权吗
2. 噪声没有超过国家标准，是否就认为合理
3. 确定了侵权主体，业主可以要求赔偿

噪声扰民应当属于环境污染侵权行为范畴，而作为物业公司有责任改善业主的住宅环境质量，保障该楼居民良好的生活环境。

这里，我们需要注意的是业主房屋内感受到的噪声没有超过国家标准，但是该噪声已使业主感到生活、休息不适，此种情况如何处理？应当说此种情况不在少数，很多业主对此意见很大，该噪声有时还会产生共振，而这已经影响到业主生活、休息。比如，业主房屋对面物业公司安装的冷凝塔发出的轰鸣声。业主购买房屋后，享有房屋居住环境权，开发商或物业公司未经业主同意放置水泵、冷凝塔等造成噪声，破坏业主良好的居住环境，影响业主正常的生活、休息，应当停止侵害，消除影响并赔偿损失。

另外，从相互毗邻不动产所有人或使用人的相邻关系上看，一方实施的行为也应在合理范围内，如《民法通则》第八十三条规定："不动产的相邻

各方，应当按照有利生产、方便生活、团结互助、公平合理的精神，正确处理截水、排水、通行、通风、采光等方面的相邻关系。给相邻方造成妨碍或者损失的，应当停止侵害，排除妨碍，赔偿损失"。

对此问题，开发商或物业公司会提出抗辩理由，认为噪声没有超过国家标准无须赔偿，但是，开发商作为卖房人在销售房屋时，应当根据《消费者权益保护法》对可能存在影响居住环境的情况，如实告知业主，不能侵犯业主的知情权。如物业公司安置的噪声源，未告知业主，这不仅是违约行为，也是违法行为。同时，物业公司作为小区的管理者，其主要宗旨是维护业主的合法权益，为业主营造良好的居住、生活环境，而小区的噪声恰恰是对这一宗旨的违背，也侵犯了业主的相关权益，所以其应当将噪声控制在合理的范围内，避免对业主的侵害。

根据《城市区域环境噪声标准》规定，一般居民区的噪声白天不得高于50分贝，夜间不得高于40分贝，如经检测业主房屋内的噪声超过国家规定标准，开发商或物业公司即应当承担侵权责任。按照最高人民法院《关于确定民事侵权精神损害赔偿责任若干问题的解释》规定，我们可以将业主受侵害权利归纳到健康权受到侵害的范畴。

需要强调的是，如果不是由于开发商、物业公司安置的噪声源，而是由于其他业主家里的设施造成的噪声，一般情况下，如是其他业主造成的，受侵害业主可以起诉侵权业主，要求其停止侵害，赔偿损失。

温馨提示

物业公司应按照法律、法规、规章和《物业管理服务合同》、《管理规约》和《业主手册》的规定或约定，维护业主正常的、良好的生活环境。对于业主反映的影响正常生活、休息的噪声问题，应当及时协商解决，避免业主损失进一步扩大，而承担相应的法律责任。业主就噪声问题选择检测机构时，一定要请政府部门认可的，有专业检测权利的机构进行。

26 开发商安装的空调噪声严重超标怎么办?

焦点问题

1. 业主购买房屋时，对房屋配套的空调是否享有所有权
2. 业主对开发商安装的空调享有哪些权利
3. 业主对自行购买房屋中开发商安装的空调享有哪些权利
4. 业主对于开发商为自己安装的空调有严重的噪声，是要求开发商承担责任，还是要求物业公司承担责任
5. 业主对于开发商为邻居家安装的空调有严重的噪声，应如何处理

业主从开发商手里购买房屋时，按照法定程序办理入住后，该房屋及配套的专有设施、设备的所有权归业主所有。其中包括专有部位配套的空调、供暖、供冷系统设备、灯具、电器开关、相关管线等。开发商在业主办理入住之日其开始计算保修期，一般在保修期内由开发商承担维修、更换的责任，在保修期外由业主承担相应的保修、更换义务。

按照国家规定，空调不管是柜机还是挂机，当空调运转时都会产生杂音，制冷量在2000W以下的空调室内机噪声不应大于45分贝，室外机不大于55分贝；2500W～4500W的分体空调室内机噪声不大于48分贝，室外机不大于58分贝。如果超过这一标准空调质量即不合格。

对于空调有噪声这一现象，在很多小区都普遍存在，其严重影响了人们的正常生活。空调在运转时存在噪声属于空调质量有严重问题。一般情况下，业主在购买商品房办理入住后，对房屋配套的空调及相关设施、设备享有所有权。在《住宅质量保证书》中，开发商会明确告知业主自己对有关于空调及相应配套设施、设备的维修、保修期限；假设开发商在没有约定具体的维修期限时，应当将当初购买空调及相关配套的设施、设备的质量说明书一并交给业主，这样业主在入住后，如发现空调安装的程序有问题或空调本身存在质量问题，可以要求开发商或购买空调的厂家进行更换或修理，同时

开发商在接到业主维修时，应直接向购买空调的厂家进行退换或维修。

如果业主在购买新房入住后，发现隔壁或相邻业主的空调压缩机有噪声影响正常的生活时，业主有权要求其进行更换或修理。通常在此种情况下，业主之间因为彼此陌生不好沟通，业主可以告诉物业公司，物业公司可以帮助业主协调相邻业主，由相邻业主和业主之间进行协商解决此事，如果双方协商不成功的，其中受害方业主可以基于相邻的法律关系起诉因空调产生噪声的业主，保修期内业主也可以找开发商要求其予以解决，从而来维护自己的合法权益。

因此，如果业主因空调出现分贝较高的噪声而影响居住生活的，一定要分清承担责任的主体，这样才能更好、更快地解决问题。

温馨提示

根据《物业管理条例》第三十一条："建设单位应当按照国家规定的保修期限和保修范围，承担物业的保修责任"，《商品住宅实行住宅质量保证书和住宅使用说明书制度的规定》第四条："《住宅质量保证书》是房地产开发企业对销售的商品住宅承担质量责任的法律文件，房地产开发企业应当按《住宅质量保证书》的约定，承担保修责任"和第九条规定："住宅中配置的设备、设施，生产厂家另有使用说明书的，应附于《住宅使用说明书》中"；第十条："《住宅质量保证书》和《住宅使用说明书》应在住宅交付用户的同时提供给用户"的规定，业主从开发商处购买新房时，从办理入住开始，开发商应当对住宅专有部分及相应配套的设施、设备承担相应的维修、保修责任，这是开发商的法定义务。因此，业主在购买商品房时，一定要注意自己与开发商签订的房屋买卖合同及住宅质量保证书中对维保范围、维保期限的约定，以免在出现损失后，无法要求赔偿，不知道如何解决。又根据《房屋建筑工程质量保修办法》第八条："房屋建筑工程保修期从工程竣工验收合格之日起计算"和第十三条："保修费用由质量缺陷的责任方承担"及第十五条规定："因保修不及时造成新的人身、财产损害，由造成拖延的责任方承担赔偿责任"，如果业主在确定开发商应当承担责任时，开发商怠于行使自己的维保义务给业主或其他第三人造成损失的，开发商应当根据其故意或过失行为承担相应的法律责任。

一 业主篇

27 小区电梯事故产生纠纷，如何处理？

焦点问题

1. 小区居民日常使用电梯应注意哪些事项
2. 物业公司在日常管理电梯过程中，应当准备哪些紧急预案
3. 如果小区电梯出现事故，导致人员伤亡或财产损失，应如何处理

专家答疑

随着社会经济的发展，高层住宅项目也越来越多，人们使用电梯的频率也越来越高。在日常生活中，我们不管是上班、就餐、购物、回家，大多数都会使用电梯。电梯让人们的生活变得更方便、更舒适、更快捷，同时也存在着很大的安全隐患。面对我们熟悉的代步工具电梯，应当如何正确使用？出现了故障，在第一时间应当如何处理？出现事故由谁来承担赔偿责任？

住宅区的电梯，是属于全体业主共有的共用设备。一般情况下，由物业公司进行日常的维修、养护，或者由物业公司聘请专业的电梯维修公司进行日常的维修、保养工作，该笔费用是从物业费中列支。若电梯使用期限偏长，需要进行更新、改造和维修的，所需费用巨大，该小区也没有业主大会的，物业公司则征求全体业主的意见，经专有部分占建筑物总面积2/3以上的业主且占总人数2/3以上的业主同意，可以使用专项维修资金，不足部分由该栋楼的业主根据建筑面积进行分摊。根据《物业管理条例》的规定："电梯、绿化等小区的共用设施由小区物业管理单位负责管理"，这些物业存在安全隐患，危及公共利益及他人合法权益时，物业公司应当及时进行维修养护，有关业主也应积极配合。在《住宅专项维修资金管理办法》中规定："住宅专项维修资金是指专项用于住宅共用部位、共用设施设备保修期满后的维修和更新、改造的资金"，而共用设施设备是指根据法律、法规和房屋买卖合同的约定，由住宅业主或者有关非住宅业主共有的附属设施设备，一般包括电梯、沟渠、非经营性车场车库、公益性文体设施等。

一般情况下，物业公司在电梯正常使用期间，应当注意以下几点：（1）应在电梯轿厢内，设置电梯的安全管理人员，在电梯轿厢内或者出入口

的明显位置张贴安全注意事项、警示标志和有效的《安全检验合格》标志；（2）在进行电梯运行的日常巡视时，做好电梯日常使用状况记录，落实电梯的定期检验计划；（3）妥善保管电梯层门钥匙、机房钥匙和电源钥匙；（4）监督电梯日常维护保养单位定期检修、保养电梯；（5）定期检查电梯轿厢内的报警装置是否可以正常使用。业主在使用电梯时，也应当遵守电梯的管理规定，不得超载或强行扒撬电梯层门、轿门等危及电梯安全运行的行为，一旦出现紧急情况或造成第三人人身伤亡的，由业主承担责任。

在日常使用电梯的过程中，普遍出现的风险有以下几种：（1）电梯轿厢困人，电梯冲顶、蹲底，安全钳出现意外、戈引机制动器失效等；（2）门区剪切，人员伤亡；（3）小区大面积停电、电梯井道进水、火灾；（4）自然灾害导致电梯出现意外及其他可能出现突发事件，导致电梯不能正常使用。

物业公司在正常管理、运行电梯的情况下，针对电梯出现的事故，也应当制定相应的紧急预案，一旦发生事故，以便更快解决问题。其紧急预案主要有以下几点：（1）当电梯可能发生电气及机械故障时，要避免事故的延伸、发展和扩大，保证人身和设备安全，及时通知维保单位或自行安排尽快排出故障，恢复正常运行，减少对业主日常生活的不良影响；（2）在电梯事故发生后，物业公司要及时正确的判断事故的性质，正确快速地做好事故先期处理，解救被困乘客，并将具体情况报告给工程部相关人员，由工程部人员通知施救人员进行正确施救；（3）物业公司在处理事故的过程中，要保持冷静，严格遵守操作规程，防止操作失误，造成二次事故和伤害；（4）在处理完事故后，物业公司人员应当做好相应的事故记录和对事故现场进行拍照，一并进行存档。

物业公司在设置紧急预案后，应当定期组织全体员工进行学习、演练，并就发生事故后，相应的操作流程进行讲解，保证大家都有安全使用、维护电梯的意识。当出现事故时，能更好、更快、更安全地解决问题。

如果物业公司按照相应的规程对小区的电梯进行管理、维保，业主在使用过程中，因意外造成了人身伤亡的，如何就承担赔偿损失的主体进行认定？在此，首先要确定物业公司在对电梯提供日常保养过程中是否有违约责任，如果有责任的话，物业公司是要根据过失比例承担相应的违约责任。如果物业公司在日常维护电梯的过程中没有过错，因业主使用不当而造成自身的人身伤害，则由业主自己承担相应的责任。

> **温馨提示**

根据《特种设备安全监察条例》第二十六条规定："特种设备使用单位应当建立特种设备安全技术档案。安全技术档案应当包括以下内容：（一）特种设备的设计文件、制造单位、产品质量合格证明、使用维护说明等文件以及安装技术文件和资料；（二）特种设备的定期检验和定期自行检查的记录；（三）特种设备的日常使用状况记录；（四）特种设备及其安全附件、安全保护装置、测量调控装置及有关附属仪器仪表的日常维护保养记录；（五）特种设备运行故障和事故记录；（六）高耗能特种设备的能效测试报告、能耗状况记录以及节能改造技术资料"的规定，物业公司在接受小区开发商或业主大会的委托，对园区提供物业服务、管理的过程中，应当做好电梯的安全使用档案资料，保证电梯在运行过程中，无重大、隐蔽的事故出现。

根据《特种设备安全监察条例》第二十七条规定："特种设备使用单位应当对在用特种设备进行经常性日常维护保养，并定期自行检查。特种设备使用单位对在用特种设备应当至少每月进行一次自行检查，并做出记录。特种设备使用单位在对在用特种设备进行自行检查和日常维护保养时发现异常情况的，应当及时处理。特种设备使用单位应当对在用特种设备的安全附件、安全保护装置、测量调控装置及有关附属仪器仪表进行定期校验、检修，并做出记录"和第三十一条规定："电梯的日常维护保养必须由依照本条例取得许可的安装、改造、维修单位或者电梯制造单位进行。电梯应当至少每15日进行一次清洁、润滑、调整和检查"的规定，物业公司应当履行好日常维护、保养的职责，以免出现违约责任。

此外，根据《北京市电梯安全监督管理办法》第十六条规定："电梯出现故障或者发生异常情况时，电梯使用单位应当组织进行全面检查，消除电梯事故隐患后，方可重新投入使用"和第十七条规定"电梯使用单位应当使用符合安全技术规范的电梯，不得购置未取得电梯制造许可的单位制造的电梯；应当委托取得相应许可的单位实施电梯安装、改造、维修和日常维护保养活动"的规定，在北京的住宅区电梯的管理过程中，物业公司应当按照本规定履行相应的职责。如果物业公司为按时、按质履行相应的维修、保养职责。

《北京市电梯安全监督管理办法》第二十条规定："在用电梯应当进行定期检验，定期检验周期为一年。电梯使用单位应当在电梯安全检验合格有效期届满前一个月向电梯检验检测机构提出定期检验要求。未经定期检验或者检验不合格的电梯，不得继续使用"和第三十八条规定："从事电梯日常维护保养的单位有违反本办法第十二条规定情形之一的，由电梯安全监督管理部门责令限期改正；逾期未改正的，处2000元以上5000元以下罚款。"第四十二条规定："违反本办法第十七条规定，电梯使用单位委托未取得相应许可的单位实施电梯安装、改造、维修或者日常维护保养活动的，由电梯安全监督管理部门责令立即停止违法行为，对相关电梯使用单位处5000元以上5万元以下罚款。"因此，如果物业公司在日常管理过程中，未按时履行日常的维护、保养责任，不但要受到处罚，可能对受害人还要承担相应的赔偿责任。

28 商品房专项维修资金的所有权归谁，应当如何支配使用？

焦点问题

1. 维修资金由谁收取
2. 维修资金归谁所有
3. 业主如何支配、使用维修资金

专家答疑

维修资金究竟该由谁收取？《住宅专项维修资金管理办法》第七条规定："商品住宅的业主、非住宅的业主按照所拥有物业的建筑面积交存住宅专项维修资金，每平方米建筑面积交存首期住宅专项维修资金的数额为当地住宅建筑安装工程每平方米造价的5%至8%"。

第十条规定："业主大会成立前，商品住宅业主、非住宅业主交存的住宅专项维修资金，由物业所在地直辖市、市、县人民政府建设（房地产）主管部门代管"；直辖市、市、县人民政府建设（房地产）主管部门应当委托所在地一家商业银行，作为本行政区域内住宅专项维修资金的专户管理银行，并在专户管理银行开立住宅专项维修资金专户"。

第十二条规定："商品住宅的业主应当在办理房屋入住手续前，将首期住宅专项维修资金存入住宅专项维修资金专户"，因此，业主购买商品房后，应当按照当地住宅建筑安装工程缴纳专项维修资金，业主可选择直接向当地建设房管部门开立的住宅专项维修资金专户缴纳，也可选择由开发商代为缴纳。

维修资金归谁所有？《物权法》第七十九条规定："建筑物及其附属设施的维修资金，属于业主共有。经业主共同决定，可以用于电梯、水箱等共有部分的维修。维修资金的筹集、使用情况应当公布"，国务院《物业管理条例》第五十四条第二款规定："专项维修资金属业主所有，专项用于物业保修期满后物业共用部位、共用设施设备的维修和更新、改造，不得挪作他用。"所以，维修资金的所有权属于业主所有。业主是否可以要求将它返还给每位业主呢？基于以上规定，维修资金的使用目的是明确的，只能专款专用于房屋共有部位的维修，不能挪作他用，将它返还给业主显然与此使用目的不符；从共有性质来讲，维修资金属于全体业主共同共有，而不是按份共有，单个业主无权要求单独支配。

业主通过什么途径来使用这笔款项呢？根据《物权法》第七十九条、建设部《住宅专项维修资金管理办法》第二十二条、第二十三条规定："在专项维修资金划转业主大会管理前，维修资金的使用应当经房地产行政主管部门审核并划拨；专项维修资金划转业主大会管理后，业主大会依法通过物业公司的使用方案后，物业公司组织实施使用方案，经业主委员会审核后划转维修资金"。

---------------- 💡 温馨提示 ----------------

2007年12月建设部颁布了《住宅专项维修资金管理办法》，该办法确定："（1）缴存额标准发生变化，由"房款"变为"建安费，"其中首期缴

存额为"当地住宅建筑安装工程每平方米造价的5%至8%",《北京市住宅专项维修资金管理办法》第七条规定:"商品住宅的业主、非住宅的业主按照所拥有物业的建筑面积交存住宅专项维修资金,首期住宅专项维修资金的交存标准为:(1)独立式住宅、非住宅为50元/平方米;多层住宅、非住宅为100元/平方米;高层住宅、非住宅为200元/平方米",(2)公有住房维修资金的缴存标准得到明确,即"业主按照所拥有物业的建筑面积交存住宅专项维修资金,每平方米建筑面积交存首期住宅专项维修资金的数额为当地房改成本价的2%";(3)住宅专项维修资金可以购买国债增值;(4)专项维修资金余额不足首期缴存额30%时应当续缴等。

29 业主房屋转让,专项维修资金如何处理?

焦点问题

1. 专项维修资金的用途包括哪些
2. 业主在转让房屋时,专项维修资金归谁所有

专家答疑

住宅专项维修资金,是指专项用于住宅共用部位、共用设施设备保修期满后的维修和更新、改造的资金。业主按照其专有部分建筑面积缴纳住宅专项维修资金,具体缴纳办法如下:商品住宅的业主、非住宅的业主按照所拥有物业的建筑面积交存住宅专项维修资金,每平方米建筑面积交存首期住宅专项维修资金的数额为当地住宅建筑安装工程每平方米造价的5%~8%。出售公有住房的情况下,业主按照所拥有物业的建筑面积交存住宅专项维修资金,每平方米建筑面积交存首期住宅专项维修资金的数额为当地房改成本价的2%;售房单位按照多层住宅不低于售房款的20%、高层住宅不低于售房款的30%,从售房款中一次性提取住宅专项维修资金。一般情况下,业主交存的住宅专项维修资金属于业主所有。

一般业主在购房时，在办理房屋入住手续前，将首期住宅专项维修资金存入住宅专项维修资金专户。未按规定交存首期住宅专项维修资金的，开发建设单位或者公有住房售房单位不得将房屋交付购买人。开发建设单位违反本办法第十三条规定将房屋交付买受人的，由县级以上地方人民政府建设（房地产）主管部门责令限期改正；逾期不改正的，处以3万元以下的罚款。

对于住宅专项维修资金实行专款专用，在业主大会成立前，交存的住宅专项维修资金，由物业所在地直辖市、市、县人民政府建设（房地产）主管部门代管，建设（房地产）主管部门应当委托所在地一家商业银行，作为本行政区域内住宅专项维修资金的专户管理银行，并在专户管理银行开立住宅专项维修资金专户。开立住宅专项维修资金专户，应当以物业管理区域为单位设账，按房屋户门号设分户账；未划定物业管理区域的，以幢为单位设账，按房屋户门号设分户账。

房屋所有权转让时，业主应当向受让人说明住宅专项维修资金交存和结余情况并出具有效证明，该房屋分户账户中结余的住宅专项维修资金随房屋所有权同时过户。除为业主所有且与其他物业不具有共用部位、共用设施设备的住宅，以及住宅小区内的非住宅或者住宅小区外与单栋住宅结构相连的非住宅都应按规定交存住宅专项维修资金。

温馨提示

根据《北京市住宅专项维修资金管理办法》第三条："本办法所称住宅共用部位，是指根据法律、法规和房屋买卖合同，由单幢住宅内业主或者单幢住宅内业主及与之结构相连的非住宅业主共有的部位。一般包括：住宅的基础、承重墙体、柱、梁、楼板、屋顶以及户外的墙面、门厅、楼梯间、走廊通道等"，本办法所称共用设施设备，是指根据法律、法规和房屋买卖合同，由住宅业主或者住宅业主及有关非住宅业主共有的附属设施设备。一般包括电梯、天线、照明、消防设施、绿地、道路、路灯、沟渠、池、井、非经营性车场车库、公益性文体设施和共用设施设备使用的房屋等"的规定，明确了专项维修资金的用途。

又根据《北京市住宅专项维修资金管理办法》第四条："住宅专项维修资金管理实行专户存储、专款专用、所有权人决策、政府监督的原则"

和第五条:"市房屋行政主管部门负责本市商品住宅和售后公有住房住宅专项维修资金的指导和监督工作"的规定,专项维修资金实行专款专用,待用到一定数额后,有全体业主按照房屋建筑面积进行续筹。

第七条规定:"商品住宅的业主、非住宅的业主按照所拥有物业的建筑面积交存住宅专项维修资金,首期住宅专项维修资金的交存标准为:独立式住宅、非住宅为50元/平方米;多层住宅、非住宅为100元/平方米;高层住宅、非住宅为200元/平方米",北京市是按照上述标准收取,因此,购房人依此计算出自己需要交存的住宅维修资金的具体金额。

30 出售公房如何交纳专项维修资金?

焦点问题

1. 公房的专项维修资金由谁交纳
2. 公房的维修资金属谁所有
3. 购买公房的业主如何支取维修资金

专家答疑

公有住房属于政府部门或有关国有企业按照国家福利分房政策,分配给工作人员或本企业职工的住房,在个人购买前,该住房的产权属于政府相关部门或企业。

建设部《住宅专项维修资金管理办法》第六条规定:"物业属于出售公有住房的,售房单位应当按照本办法的规定交存住宅专项维修资金"。

第十二条规定:"已售公有住房的业主应当在办理房屋入住手续前,将首期住宅专项维修资金存入公有住房住宅专项维修资金专户或者交由售房单位存入公有住房住宅专项维修资金专户"。

根据上述规定可以看出,公有住房的维修资金可以由售房单位从出售房款中支取,也可以由业主在售房款之外自行交纳。目前,一般情况下,出售公有住房均由售房单位向有关部门缴纳。

建设部《住宅专项维修资金管理办法》第九条规定："业主交存的住宅专项维修资金属于业主所有。从公有住房售房款中提取的住宅专项维修资金属于公有住房售房单位所有"，如果专项维修资金由业主交纳，该资金就属于全体业主所有，如果从公有住房售房款中提取的专项维修资金，该资金属于公有住房售房单位所有。另外，公有住房的维修资金如果由售房单位交纳，那么交存的部门与业主自行交纳维修资金的部门不同，分别为管理公有住房的维修资金的部门和政府房地产主管部门。如：北京管理公有住房的维修资金的部门是北京住房资金管理中心，业主自行交纳的维修资金的管理部门是各区县建设（房地产）小区办资金管理部。

业主如何支取公有住房专项维修资金呢？在专项维修资金划转业主大会管理前，维修资金的使用应当由业主向管理公有住房的维修资金的部门申请列支；专项维修资金划转业主大会管理后，业主大会依法通过物业公司的使用方案后，物业公司组织实施使用方案，向管理公有住房的维修资金的部门申请列支，经其审核后划转维修资金。

温馨提示

出售公有住房的维修资金，如果由售房单位交纳，那么专项维修资金的使用，无论在该资金是否划转至业主大会，均应经政府管理公有住房的维修资金的部门审核同意。需要强调的是，如果业主分户账面住宅专项维修资金余额不足首期交存额30%，需要续交的，应由业主自行交纳，此时售房单位不再负责续交。

31 装饰装修房屋，应当告知物业公司吗？

焦点问题

1. 告知物业公司装修事宜的主体
2. 通过怎样的方式告知物业公司装修情况
3. 告知需要提交的材料
4. 违反告知义务后，将面临的法律责任

专家答疑

《物业管理条例》第五十三条规定:"业主需要装饰装修房屋的,应当事先告知物业服务企业"。《住宅室内装饰装修管理办法》第十三条规定:"装修人在住宅室内装饰装修工程开工前,应当向物业管理企业或者房屋管理机构(以下简称物业管理单位)申报登记"。装修人是指业主或住宅使用人。

综上,告知装修装饰事宜的主体是业主或住宅使用人。非业主的住宅使用人对住宅室内进行装饰装修,应当取得业主的书面同意。

告知应当采取书面形式,也即是提交必须的材料和书面申请。材料包括:(1)房屋所有权证(或者证明其合法权益的有效凭证);(2)申请人身份证件;(3)装饰装修方案;(4)变动建筑主体或者承重结构的,需提交原设计单位或者具有相应资质等级的设计单位提出的设计方案;(5)搭建建筑物、构筑物;改变住宅外立面,在非承重外墙上开门、窗;拆改供暖管道和设施;拆改燃气管道和设施,需提交有关部门的批准文件;涉及住宅室内装饰装修超过设计标准或者规范增加楼面荷载的,改动卫生间、厨房间防水层的,需提交设计方案或者施工方案;(6)委托装饰装修企业施工的,需提供该企业相关资质证书的复印件。非业主的住宅使用人,还需提供业主同意装饰装修的书面证明。

第十七条规定:"物业管理单位应当按照住宅室内装饰装修管理服务协议实施管理,发现装修人或者装饰装修企业有以上行为的,应当立即制止;已造成事实后果或者拒不改正的,应当及时报告有关部门依法处理。对装修人或者装饰装修企业违反住宅室内装饰装修管理服务协议的,追究违约责任。有关部门接到物业管理单位关于装修人或者装饰装修企业有违反本办法行为的报告后,应当及时到现场检查核实,依法处理"。

第二十条规定:"装修人不得拒绝和阻碍物业管理单位依据住宅室内装饰装修管理服务协议的约定,对住宅室内装饰装修活动的监督检查"。

> **温馨提示**
>
> 有些物业公司强迫业主与自己的装修队伍签订装修协议，这种做法是法律明确禁止的。《住宅室内装饰装修管理办法》第十九条规定"禁止物业管理单位向装修人指派装饰装修企业或者强行推销装饰装修材料"，而作为业主有权拒绝物业公司的这做法，并可以向有关部门投诉物业公司的这种行为。由此而给业主带来的损失，业主也可以要求物业公司赔偿。

32 业主向物业公司提出中止供暖，应当交纳供暖费吗？

焦点问题

1. 供暖方式的类别划分
2. 物业公司与小区供暖的关系
3. 业主要求中止供暖，是否可以履行不交费用义务

目前小区供暖形式有两种：集中供暖和业主自取暖（分户供暖）。集中供暖又可分为：供暖公司集中供暖和小区物业集中供暖。

集中供暖的优点是可节约资源、保护环境，缺点是个别业主不能随意控制供暖温度和时间。分户供暖的优点是业主可任意控制供暖温度和时间，但却比较浪费资源。目前，许多传统小区采取的多是集中供暖方式，而那些新型的、高档社区采取的多是分户供暖形式。采取集中供暖的小区，供暖设施，包括供暖管道、锅炉，甚至是整个小区的共有设施设备都属于整幢楼房业主共有。采取分户供暖的小区，供暖设施设备是属于单个业主的专有部分。

《物权法》第七十二条规定："业主对建筑物专有部分以外的共有部分，享有权利，承担义务；不得以放弃权利不履行义务"，《北京市高级人民法院关

于审理物业管理纠纷案件的意见（试行）》第30条规定："物业管理区域实行整体供热的，部分业主要求停止供热并以此为由拒绝交纳供热费，不予支持"。

如果小区采取的是集中供暖，不论是供暖公司供暖还是物业集中供暖，个别业主要求中止供暖的，供暖单位还是要继续给其他业主供暖。这些供暖的水或汽必须要通过供暖的共有部分，也即必定要通过不要求供暖的业主家里的供暖设施。实际上，这些业主仍然是享受到了供暖。所以，在不能单独对业主专有部分供暖设施控制的情况下，业主以要求中止供暖为理由不交供暖费的理由，在法律上是不成立的。

温馨提示

《物业管理条例》第四十五条规定："物业管理区域内，供水、供电、供气、供热、通信、有线电视等单位应当向最终用户收取有关费用"，物业服务企业接受委托代收前款费用的，不得向业主收取手续费等额外费用。现在很多物业公司都有代收供暖费用的职责，它们采取帮业主代垫供暖费后，再向业主追偿的方式，作为经营的手段之一。这就造成很多物业公司被拖欠大量供暖费的事实。如果供暖也采取插卡式方式，拖欠供暖费用的情况将会大大减少。

33 如何区分开发商保修期限？

焦点问题

1. 业主入住后，开发商对商品房承担哪些质量保修责任
2. 开发商在对商品房的保修责任、保修范围如何确定
3. 业主应当如何区分开发商的保修责任和物业管理的服务范围

专家答疑

在物业管理工程中，经常会出现这样一幕：业主房屋窗户出现开裂，需

要维修时，物业公司告诉业主，这个问题属于开发商遗留问题，应找开发商解决；开发商则会告诉业主，这个问题属于物业管理问题，应找物业管理公司解决。业主不知所措。那么到底如何区分开发商遗留问题和物业管理问题？一般来说，在商品房买卖合同中有约定的保修期限内，房屋及其设施设备出现质量问题，属于开发商遗留问题，应找开发商解决。

作为业主入住新房后，首先要明确的是房屋的保修范围和自己应当承担的责任。其实业主买房就相当于买了一件价值贵重的商品，只有分清相关的权利和义务，才能更好的去使用。在此，业主需要明确知道的是，开发商对出售的商品房到底承担哪些保修责任？其保修的范围和时间点如何确定？

根据建设部《商品房销售管理办法》第三十三条规定："房地产开发企业应当对所售商品房承担质量保修责任。当事人应当在合同中就保修范围、保修期限、保修责任等内容做出约定。保修期从交付之日起计算"，业主在办理入住后，其商品房及配套的设施、设备的保修期限从房屋交付之日起开始计算保修期。

依据国务院的《建筑工程质量管理条例》第四十条规定："在正常使用条件下，建设工程的最低保修期限为：基础设施工程、房屋建筑的地基基础工程和主体结构工程，为设计文件规定的该工程的合理使用年限（注：该年限可能会达到楼宇的使用年限"，屋面防水工程、有防水要求的卫生间、房间和外墙面的防渗漏，为5年；供热与供冷系统，为2个采暖期、供冷期；电气管线、给排水管道、设备安装和装修工程，为2年；其他项目的保修期限由发包方与承包方约定；建设工程的保修期，自竣工验收合格之日起计算。业主对具体的保修范围、保修期限在业主与开发商签订的《商品房买卖合同》中有明确规定，如果业主所购买的商品房在保修期限内出现问题，其有权要求开发商承担相应的保修责任。

那么在业主入住后，物业公司提供前期物业服务阶段，应当怎样区分开发商的保修责任和物业公司的前期物业管理内容呢？

物业公司在进行前期物业管理时，会与开发商签订《前期物业服务合同》，就物业公司的服务范围、服务内容及违约责任有明确的约定。一般情况下，物业公司会对该小区的共用部位、共用设施设备进行查验，与开发商办理交接手续。对于合格的设施、设备，如果在后期的管理、使用过程中，因为物业公司的原因，导致其出现了问题，物业公司应当承担相应的赔偿责任；如果在开发商交给物业公司时，物业公司明确该设施、设备存在质量问题，不予接受的，那么开发商应当承担更换、修缮等相应的责任。

而业主对其专有部分的房屋及配套设施、设备享有所有权，同时如果该房屋、设施、设备在保修期内出现质量问题，应当尽快与开发商沟通，要求其予以解决，而不能转嫁给物业公司，否则会错过最佳解决问题的时间，最终会加大自己的维权成本。对于共用部位的设施、设备出现问题，业主可以要求物业公司予以解决，如果物业公司有证据证明其属于开发商的责任的，业主可以直接要求开发商承担相应的法律责任。

温馨提示

根据最高人民法院《关于审理商品房买卖合同纠纷案件适用法律若干问题的解释》第十三条第二款规定："交付使用的房屋存在质量问题，在保修期内，开发商应当承担修复责任；开发商拒绝修复或者在合理期限内拖延修复的，买受人可以自行或者委托他人修复。修复费用及修复期间造成的其他损失由开发商承担"，这里所说的质量问题指的就是一般质量问题。所谓一般质量问题，是指房屋地基基础工程和主体结构工程之外的、未严重影响购房人正常居住使用的质量问题，包括屋顶、墙壁漏水、渗水问题，室内地坪空鼓、开裂、起沙问题，墙皮、面砖、油漆等饰面脱落问题，厕所、厨房、盥洗室、阳台地面泛水、积水、漏水问题，电线漏电、灯具坠落、管道堵塞、暖气不热问题等等。

根据《建筑法》第六十条第二款规定："建筑工程竣工时，屋顶、墙面不得留有渗漏、开裂等质量缺陷；对已发现的质量缺陷，建筑施工企业应当修复"，国务院颁布实施的《建设工程质量管理条例》第四十条规定："在正常使用条件下，建设工程的最低保修期限为：（一）基础设施工程、房屋建筑的地基基础工程和主体结构工程，为设计文件规定的该工程的合理使用年限；（二）屋面防水工程、有防水要求的卫生间、房间和外墙面的防渗漏，为5年；（三）供热与供冷系统，为2个采暖期、供冷期；（四）电气管线、给排水管道、设备安装和装修工程，为2年"，建设部颁布的《商品房销售管理办法》第三十三条规定："房地产开发企业应当对所售商品房承担质量保修责任。当事人应当在合同中就保修范围、保修期限、保修责任等内容做出约定。保修期从交付之日起计算","在保修期内发生的属于保修范围的质量问题,房地产开发企业应当履行保修义务,并对造成的损失承担赔偿责任"业主在购买新房后,应当明确开发商应当承担保修责任的范围、保修的具体时间,由此能更方便、快捷的解决房屋的质量问题。

根据《物业管理条例》第二十五条规定:"建设单位与物业买受人签订的买卖合同应当包含前期物业服务合同约定的内容",第二十七条规定:"物业服务企业承接物业时,应当对物业共用部位、共用设施设备进行查验",物业企业在承接项目进行前期物业服务时,对共用部位、共用设施、设备应当与开发企业进行查验交接,以确认责任的界限,更好的区分双方的权利和义务。

34 小区业主的住宅可以商用吗?

焦点问题

1. 小区住宅的用途是什么
2. 单个业主可以将住宅改为商用吗
3. 如果业主将住宅改为商用,其程序有哪些

专家答疑

随着市场经济的发展,申请以居住的住宅作为办公的企业日益增多。但是随着住宅改商用情况的发展,因各企业在使用住宅过程中,用途的不同,已经严重影响了小区的居住环境、安全秩序,为此小区业主怨声载道,由此产生的纠纷也与日俱增。

那么住宅的用途是什么?对于刚购买住宅房屋的业主,住宅的用途就是供人居住的。一般在业主与开发商签订的房屋买卖合同和房屋产权登记证都会明确该房屋的用途。"住宅商用",就是购房者购买住宅后,把住宅出售、

出租给他人做经营场所，或自己利用住宅进行经营活动，包括小区、临街规划为住宅用途的楼房。之所以"住宅商用"，是因为对承租者来说，租金比租用写字楼便宜很多，大大节约了运营成本。对房东来说，可以提高住宅用房的利用率，而且租给企业办公比承租给个人居住获利更高。

住宅能不能商用，是否有法可依？根据《物权法》第七十七条规定有关"业主不得违反法律、法规以及管理规约，将住宅改变为经营性用房。业主将住宅改变为经营性用房的，除遵守法律、法规以及管理规约外应当经有利害关系的业主同意"的规定，区分所有建筑物中的房屋的用途是居住使用还是商业经营，这不仅仅关系到业主的个人利益，也牵涉到其他业主的合法权益及对整个小区居住环境的影响。如果业主将居住用房改变为商业用房，不仅仅要遵守法律、法规及管理规约，也要得到有利害关系业主的同意，否则承担一定的法律责任。

房屋单元的用途是不动产所有权证书的必要记载事项。按照物权法的规定，当业主打算将住宅用房用于商业经营使用时，在业主管理规约对此没有规定时，应当征得有利害关系的业主的同意。《物权法》的这条规定，即已充分说明住宅是不允许变更为商业使用。但是如果确实有必要进行变更，就必须符合法律、法规和管理规约的规定，同时征得有利害关系的业主同意。上述两个条件必须同时具备。"利害关系者具有一票否决权"。那么，该如何界定有利害关系的业主？目前，根据国家工商总局《关于住所（经营场所）登记有关问题的通知》规定："住宅商用的，需提交住所（营业场所）所在地居民委员会或业主委员会出具的有利益关系的业主同意将住宅改变为经营性用房的证明文件"，具体操作中，"有利害关系的业主"是指企业所在的那一栋楼的业主。

"住宅商用"引发的矛盾日益膨胀，一触即发。该如何在创业者、小区业主物业公司和业主委员会等之间寻求平衡点？现阶段主要采取以下的措施：对于住宅区内无照经营的企业，工商执法部门将坚决取缔；对于有照企业，将引导其遵守法律、法规和管理规约。同时，最高人民法院出台的《关于审理建筑物区分所有权纠纷案件具体应用法律若干问题的解释》第十条规定："业主将住宅改变为经营性用房，未按照《物权法》第七十七条的规定经有利害关系的业主同意，有利害关系的业主请求排除妨害、消除危险、恢复原状或者赔偿损失的，人民法院应予支持"。

因此，如果业主私自进行住改商改造，未履行相应的法定手续，可能要承担相应的法律责任，给第三方造成损失的，还需要赔偿。

温馨提示

根据《物权法》第七十七条规定"业主不得违反法律、法规以及管理规约，将住宅改变为经营性用房。业主将住宅改变为经营性用房的，除遵守法律、法规以及管理规约外应当经有利害关系的业主同意"，但也有例外，比如《娱乐场所管理条例》（国务院458号令）第七条规定："娱乐场所不得设在下列地点：（一）居民楼、博物馆、图书馆和被核定为文物保护单位的建筑物内"，因此，即使经有利害关系的业主同意，娱乐场所也是不能在居民楼里进行经营活动。小区作为供大家休息、生活的场所，是业主共同组成的家，作为业主应该维护好自己的家，为建设自己温馨、安静、美好的家园贡献出自己的力量，而业主的房子作为业主的小家，更是小区不可缺少的，业主的小家组成了业主共有的大家，因此，业主在小区的内的行为应该共同遵守小区的有关规则，不能任意而为，要时刻提醒着自己是小区的一员，要为小区贡献出自己的力量。

35 一层业主是否能私开小卖部？

焦点问题

1. 小区一层的业主是否有权开小卖部
2. 物业公司对一层业主开小卖部的行为是否有权进行管理
3. 业主能否将自己的住宅房屋改变为经营性用房呢？现实情况该如何处理

对于住宅小区，特别是半封闭或开放式临街的小区，一层业主进行各式

各样的经营活动较为常见，开小卖部就是其中的一种，作为一层的业主是否有权对原本居住的房屋私自开设小卖部进行营业？

答案是业主不能私自开设小卖部。由于业主的房屋使用功能为住宅，而业主私自开设小卖部已经将住宅用途改变为商业用途；从小区房屋整体规划的用途来看，小区的房屋是为业主提供正常生活、居住的地方，一层的业主未经其他有利害关系人同意，私自改变房屋的属性，属于侵权行为，如果其私开小卖部扰乱了其他业主的正常生活，或者给其他业主带来了损失，需要根据其侵权的承担相应的法律责任，同时小区的其他业主有权要求其关闭小卖部，将该房屋恢复到初始用途；根据《物业管理条例》第四十六条："对物业管理区域内违反有关治安、环保、物业装饰装修和使用等方面法律、法规规定的行为，物业管理企业应当制止，并及时向有关行政管理部门报告。有关行政管理部门在接到物业管理企业的报告后，应当依法对违法行为予以制止或者依法处理"的规定，物业公司对业主私自改变房屋的用途，有权要求其关闭小卖部，并就该业主的行为向有关部门报告。

那么，业主能否将一层住宅房屋改变为经营性用房呢？从目前的法律来看是允许的，但是有前提条件，即不得违反法律、法规以及管理公约的规定，同时还得经有利害关系的业主同意。

基于上述的法律规定，业主将住宅改变成经营性用房必须符合以下条件：（1）符合法律、法规的规定；（2）符合管理规约的规定；（3）经利害关系业主的同意。上述条件必须同时具备才可以改变房屋的性质。这一规定为强制性的规定，即该业主不能违反上述三个条件才能将房屋改变成经营性用房。对于法律、法规的具体规定一般包括土地管理方面、城市房地产管理方面及房屋建筑方面、规划管理方面、消防方面的法律、法规的规定，在满足上述条件的情况下，必须符合该小区的管理规约，同时经有利害关系的业主同意才能进行。

温馨提示

根据我国《物权法》第七十一条规定："业主对其建筑物专有部分享有占有、使用、收益和处分的权利。业主行使权利不得危及建筑物的安全，不得损害其他业主的合法权益"和第七十七条："业主不得违反法律、法规以及管理规约，将住宅改变为经营性用房。业主将住宅改变为经营性用房的，除遵守法律、法规以及管理规约外,应当经有利害关系的业主同意"的规定,一层业主私自将住宅改为小卖部,这一改变带来的危害性很大,(1)干扰了业主的正常生活,造成邻里不和,引发社会矛盾,这是当前物业小区主要矛盾之一;(2)造成小区公共设施使用紧张;(3)容易产生安全隐患,来往小区人员过多,外来人员流动快且杂,增加了小区不安全、不安定的因素,防火防盗压力大,隐患多;(4)使城市规划目标难以实现;(5)造成国家税费的流失。本来某个地区的住宅原规划是用来居住的,如果将住宅大量改为经营性用房,用于商业目的,这个地区就可能出现交通拥堵、人流增大,增加小区的管理难度和管理成本,进而影响小区的和谐与稳定。

根据《物业管理条例》第四十六条规定:"对物业管理区域内违反有关治安、环保、物业装饰装修和使用等方面法律、法规规定的行为,物业服务企业应当制止,并及时向有关行政管理部门报告。有关行政管理部门在接到物业服务企业的报告后,应当依法对违法行为予以制止或者依法处理",物业公司可以要求其立即停止改变后的经营行为,要求其立即恢复原,并向该物业所在地房屋管理部门或城市管理综合执法部门进行报告。因此,如果一层业主想改变房屋的性质,应当按照法定程序,以免给自己和其他业主造成不必要的麻烦和带来潜在的损失。

36　一层业主是否交纳电梯费?

焦点问题

1. 电梯费是一项单独的费用还是包含在物业服务费中
2. 小区电梯的权属归谁所有
3. 一层业主是否以无需使用电梯而拒绝交纳电梯费

专家答疑

根据我国《物权法》第七十二条规定:"业主对建筑物专有部分以外的

共有部分，享有权利，承担义务；不得以放弃权利不履行义务"的规定，电梯就属于该条所说的"共有部分"。《最高人民法院关于审理建筑物区分所有权纠纷案件具体应用法律若干问题的解释》第三条第（一）项也规定："建筑物的基础、承重结构、外墙、屋顶等基本结构部分，通道、楼梯、大堂等公共通行部分，消防、公共照明等附属设施、设备，避难层、设备层或者设备间等结构部分，也应当认定为物权法第六章所称的共有部分。对于电梯属于业主共有并无疑问。物业的共有部分为业主全体所共有，该物业的全体业主共同享有权利，共同承担义务。对此《中华人民共和国物权法》第七十二条已有明确规定，业主对建筑物专有部分以外的共有部分，享有权利，承担义务；不得以放弃权利不履行义务。

可见，作为有电梯的楼一层住户虽然不使用电梯，但不能因此则拒绝履行其自身的义务支付电梯费用。作为同一栋楼的业主，购买的是同一幢带电梯的建筑物，电梯是共有部分，一层业主不交纳电梯费，那么二层业主有可能会以用梯少或承诺不用要求减免电梯费，三层、四层的业主也可以这么要求，这对高楼层、必须使用电梯的业主是不公平的。所以，一楼业主不交电梯费看起来是合乎情，实际上是不合理的。

温馨提示

根据《北京市物业服务收费管理办法（试行）》第十条"物业服务成本或者物业服务支出构成一般包括以下部分：（一）管理服务人员的工资、社会保险和按规定提取的福利费等；（二）物业共用部位、共用设施设备的日常运行、维护费用；（三）物业管理区域清洁卫生费用；（四）物业管理区域绿化养护费用；（五）物业管理区域秩序维护费用；（六）办公费用；（七）物业管理企业固定资产折旧；（八）物业共用部位、共用设施设备及公众责任保险费用；（九）经业主同意的其他费用。物业共用部位、共用设施设备的大修、中修和更新、改造费用，不得计入物业服务支出或者物业服务成本"。实际上，电梯费并不是一项独立的费用，它是包含在物业服务费之中，单个业主不能以不使用电梯而拒绝交纳物业服务费中的电梯费，这是没有法律依据，也得不到法律的支持。

37 小区广告收益，业主应该主张权利吗？

焦点问题

1. 利用小区共有区域发布广告，所获收益是否归业主所有
2. 业主可起诉物业公司要求返还广告收益吗

《物权法》第三十九条规定："所有权人对自己的不动产或者动产，依法享有占有、使用、收益和处分的权利"。

根据上述规定小区建筑专有部分以外的共有部分，属于业主共有。物业公司利用共有部分发布广告，收益属于全体业主。如：物业公司利用电梯轿厢、住宅外墙面、楼顶平台、走廊、建筑区划内的绿地、道路、物业用房以及其他建筑区划内的公共场所等发布广告的，其收益属于全体业主共有。通常情况下，物业公司与广告公司或其他公司合作，获得收益后占为己有，业主根本无法享有相应权益。对此，业主可以通过业主大会或业主委员会向物业公司主张权利。

同时，业主委员会也可以起诉要求物业公司返还广告收益，需要强调的是，由于广告收益属业主共有，单个业主无权要求物业公司返还该收益。业委会起诉时，首先应将小区内物业公司发布的广告通过录像、照片的形式固定下来，最好通过公证机关对此予以公证。业主委员会还可以要求法院对物业公司的广告合同予以保全，在起诉时一并提交证据保全申请书。业主委员会通过证据保全，得到物业公司的收益金额，最大限度的向物业公司主张返还收益。

对于物业公司提出的收益已经全部用于小区公共设施设备的维修、维护，业主要求物业公司提供票据、合同的同时，也可要求物业公司提供公共设施设备维修必要性、可行性的报告。对于日常维护费用，已经包括在物业管理费当中，物业公司不得再进行收费或挪用其他费用进行维护。

此外，物业公司获得广告收益，与其进行的维修、维护并发生的费用无关，即使确实存在，也应当另行主张权利，与返还业主收益不应在一个诉讼中解决。

> **温馨提示**
>
> 业主委员会起诉要求物业公司返还广告收益，诉讼时效如何计算呢？《民法通则》第一百三十五条规定："向人民法院请求保护民事权利的诉讼时效期间为二年，法律另有规定的除外；"第一百三十七条："诉讼时效期间从知道或者应当知道权利被侵害时起计算"，因此，业主委员会要求返还收益的诉讼时效为两年，从知道权益被侵害之日起计算。业主委员会起诉时，应当召开业主大会，经业主大会表决通过后方可进行。

38 业主对物业公司不满，如何通过诉讼维权？

焦点问题

1. 业主对物业公司不满的依据
2. 通过诉讼如何维护合法权益
3. 业主维护权益的其他方法

专家答疑

业主衡量物业公司服务好坏的标准应是法律、法规、规范性文件的规定以及《物业服务合同》、《管理规约》等文件的约定。在物业公司没有达到服务标准、业主却仍需缴纳物业费的情况下，业主肯定会表达自己的不满情绪，拒交物业费，这是人之常情。

诉讼是维护业主合法权益的有效方法。当业主决定起诉物业公司、要求减少物业服务费用，以维护自己合法权益时，应注意以下几点：（1）写好民事起诉状。民事起诉状，是指公民、法人和其他组织，在认为自己的民事权益受到侵害或者与他人发生争议时，向人民法院提出请求，并要求人民法院依法做出公正裁判的书面诉讼请求。如果起诉状写的不规范可能导致法院不予立案；起诉状写得不全面或不清楚，可能导致案件的败诉，所以写好民事起诉状是胜诉的第一步；（2）准备好证据材料。证据是诉讼的灵魂。当事人的一切诉讼主张都应由证据来证明。证据材料的不充分，不完整，直接后果就是败诉，所以尽最大可能地采取合法手段获取完整、有效、充分的证据材料；（3）在庭审过程中注意使用语言的分寸，谨慎发言。庭审的一切过程将被记录在案，并且作为法官日后判决的依据，以及上诉法院重新审理案件的材料，所以当事人在法庭上应审慎发言；（4）注意诉讼时效。诉讼时效是指民事权利受到侵害的权利人在法定的时效期间内不行使权利，当时效期间届满时，人民法院对权利人的权利不再进行保护的制度。法律规定的一般诉讼时效是2年，从知道权利或应当知道权利被侵害之日起计算。超过诉讼时效，法律将不再保证当事人的胜诉权了；（5）注意法院的管辖权。我国关于民事诉讼管辖权采取的是"原告就被告"原则，即在被告住所地起诉，所以业主应当清楚物业公司在工商部门登记的住所地后，才能在物业公司住所地的基层人民法院提起诉讼。

诉讼是有效的方法，但它不是最佳的方法。业主还可以充分发挥自己主人翁精神，通过业主大会行使自己的权利，保护自己合法权益。物业公司进驻小区是由业主大会表决同意的，是被业主大会聘用来管理、服务小区的。当专有面积占建筑物总面积半数以上且人数占总数半数以上的业主同意，业主大会可以解聘物业公司。所以当业主普遍对物业公司不满时，可以通过业主大会解聘、选聘新的物业公司解决物业管理的问题。当只有部分业主对物业公司不满时，业主也可通过业主委员会向物业公司提出意见和建议。此种方法既可避免业主与物业公司的直接接触，也可避免双方关系的僵化。

> **温馨提示**
>
> 业主维权的方法多样。业主可采取具体问题具体分析的方式解决物业问题。但无论哪种方法，以高效、便捷、保持友好为衡量标准。业主采用极端手段维权，对园区的物业管理服务只会带来伤害。

39 什么是业主决定共同事项公共决策平台？

焦点问题

1. 哪些事项可以通过公共决策平台表决
2. 公共决策平台有谁来发起
3. 公共决策平台的表决方式有哪些

北京市住房和城乡建设委员会为了保证业主在物业服务、管理过程中正常行使其物权，建立了北京市业主决定共同事项公共决策平台（以下简称"决策平台"），供业主决定共同事项时使用。决策平台设置在北京市住房和城乡建设委员会门户网站（www.bjjs.gov.cn），业主通过互联网登录，而街道办事处、乡镇人民政府、区县建委（房管局）可以通过互联网或政府专网登录。

在物业管理区域内需由业主共同决定下列事项时，可以使用决策平台表决：

（1）成立业主大会；

（2）修改业主大会议事规则；

（3）修改管理规约；

（4）决定或者变更物业管理方式、服务内容、服务标准和收费方案；

（5）选聘和解聘物业服务企业或者其他管理人（含决定不再接受物业服务企业的事实服务）；

（6）筹集、管理和使用建筑物及其附属设施的维修资金；

（7）选举业主委员会或者更换业主委员会成员；

（8）决定业主委员会的工作职责和经费；

（9）审查业主委员会、物业服务企业或其他管理人的年度工作报告；

（10）决定改建、重建建筑物及其附属设施；

（11）变动建筑主体和拆改承重结构；

（12）申请分立或者合并物业管理区域；

（13）改变房屋建筑使用用途（住宅改商用）；

（14）决定本物业管理区域内全体业主共有部分的经营、收益分配等方案；

（15）决定本物业管理区域内共用部位和共用设施设备的使用、公共秩序和环境卫生的维护等方面的制度；

（16）决定利用物业共有部分停放机动车的车位设置、管理、收费等事项；

（17）改变和撤销业主小组做出的与业主大会决定有抵触的决定；

（18）决定本物业管理区域内全体业主诉讼事宜；

（19）决定本楼幢、本单元共同决定事项；

（20）决定有关共有和共同管理权利的其他重大事项。

一般上述事项都可以通过决策平台进行操作。

那么公共决策平台有谁来发起呢？业主决定共同事项的发起人可以是业主、业主委员会、物业服务企业。

（1）业主可以发起本通知上述决策事项中的第（1）（6）（11）（13）（19）项共同决定事项；

（2）业主委员会可以发起上述决策事项中第（2）（3）（4）（5）（6）（7）（8）（9）（10）（12）（14）（15）（16）（17）（18）（20）项共同决定事项；

（3）业主大会成立以前，物业服务企业可以发起上述决策事项中第（6）项共同决定事项。

决策平台的表决方式为：

（1）决策平台提供互联网、电话语音、光大银行自助缴费机、人工帮助、现场协助五种表决方式，每张业主卡同一事项只能表决一次。

（2）业主可以凭持有的业主卡的卡号和密码登录决策平台或拨打62960000投票表决。业主使用决策平台决定共同事项时，相关街道办事处、乡镇人民政府、物业服务企业应当提供互联网及电话设备，为业主现场表决提供条件。

（3）在表决期限内，业主可以实时查询事项表决结果。对同一事项的表决意见，业主一经投票不得修改。

（4）投票期限届满时，系统将自动统计投票结果并生成带有条形码的决策书。

> **温馨提示**
>
> 　　北京市业主决定共同事项公共决策平台于2010年10月1日正式上线。同时，北京市住房和城乡建设委员会印发了《关于使用北京市业主决定共同事项公共决策平台的通知》。决策平台的投入使用将对保障业主行使物权，提高业主决定共同事项的决策效率，破除业主投票表决的时间和空间障碍，解决业主大会决议的真实性、有效性争议起到积极的促进作用。
>
> 　　在实践中，由于业主普遍缺乏自治意识，通过集体讨论或书面征求意见的方式召开业主大会会议在操作上存在困难等原因，所以业主大会在成立和运作过程中存在着大量的矛盾和问题。在政策无法规范业主决策的情况下，通过技术手段为业主提供一种便捷的决策方式，有望从根本上解决当前由业主决定共同事项引发的诸多问题。
>
> 　　决策平台的投入使用，不仅可以解决我市现阶段业主大会成立困难，以及基于业主共同决策而产生的大量矛盾和纠纷，更可以帮助业主树立参与管理公共事务的民主意识，具有重要的现实意义。

40　业主一卡通的主要功能有哪些？

焦点问题

1. 什么是业主一卡通
2. 业主一卡通如何办理
3. 业主一卡通的主要功能有哪些

专家答疑

　　北京市实行了业主一卡通制度，北京市业主一卡通由中国光大银行与北京市住房和城乡建设委员会联合发行，是北京市业主用于行使共同管理权利并存放房屋相关资金的专属银行卡。其规定每套房屋对应一张北京业主一卡通（以下简称"一卡通"）。一卡通由北京市住房城乡建设委统一制作，免费发放。该卡除了能够存放与房屋相关的资金外，还可以登录北京市业主决定共同事项公共决策平台行使表决功能。

那么怎么办理一卡通呢？在北京，由中国光大银行为两类房屋进行批量办理绿色通道。一是购买新房时通过房屋开发建设单位统一办理的，房屋交付使用时即可免费获得一张业主一卡通；二是在2010年10月1日以前交付使用的房屋，可以通过物业服务公司、业主委员会统一代为办理。小区统一办卡后没有参加集中批量办理的业主可以持房产证、身份证到光大银行网点办理。当业主领取一卡通卡时，应确认随同卡片发放的密码信封完整。撕开密码封，可以看到两个密码：交易密码和平台密码，业主可以自行设定密码。一卡通的账号结构分为：主账户、物业费专用账户、维修资金专用账户、共有部位收益专用账户等，这样就方便了业主把多项房屋资金存放在一起。

一卡通的功能如下：（1）主账户作为资金的过渡账户，用于接收资金，实现向专用账户转账。接收资金包括现金存入、转账存入、汇款存入。（2）物业费专用账户用于房屋物业费的存储和支出。（3）维修资金专用账户用于物业专项维修资金的存储和支出。该账户分为活期账户和定期账户两个账户。（4）共有部位收益专用账户专门用于记录小区共有部位的出租、经营等的收益分摊。

如果业主需要交纳物业费、维修资金等房屋相关资金，可以直接到光大银行办理。其在日常的操作和使用方式如同正常的储蓄卡，但是目前一卡通不能进行刷卡消费或转出、取现等功能。

如果业主将房屋出卖后，一卡通如何处理呢？当业主需要转让房屋时，在完成房屋权属关系发生转移前，需要卖房人将业主一卡通移交给买房人；买房人到中国光大银行变更业主一卡通中的业主信息。买房人在办理房屋转移登记后，应当及时登录决策平台变更一卡通对应的业主信息。

———————— 温馨提示 ————————

自2010年10月1日起《北京市物业管理办法》实施起，北京市住房和城乡建设委员会在北京市推行业主一卡通制度，主要适用于住宅小区。2010年10月1日以后入住的城区新建住宅物业项目，建设单位应当按照《关于〈北京市物业管理办法〉实施中若干问题的通知》在业主办理入住手续前，将购房人信息录入决策平台后，到光大银行各营业网点申领该项目房屋的一卡通，并在办理入住手续前将一卡通发放给购房人。远郊区县的新建住宅项目，建设单位可以到北京市农村商业银行营业网点申领一卡通。2010年10月1日前已入住物业项目的一卡通，可以由业主委员会或物业服务企业统一到光大银行或北京市农村商业银行各营业网点领取后，发放给业主。业主委员会或者物业服务企业申领一卡通前，应当在决策平台录入房屋对应的业主信息。此外，业主一卡通还具备多项功能，将来新小区的业主在入住时，需要先在一卡通内预存不超过12个月的物业服务费。如果前期物业服务期间，遇到开发商可以收取物业费的4种情况，开发商可以从一卡通中划转物业费。预存卡中的物业费产生的利息归业主所有。

一卡通是一房一卡，认卡不认人。业主以卡号和密码登录决策平台，可以本人登录投票，也可以委托他人登录投票。只要投了票，就认定是该房屋业主所投。使用一卡通来决定业主共同事项，可以使业主大会的成立时间大大提前。业主大会成立需要入住率达到50%以上，有了一卡通后，只要卡发到了业主手里，就可以认定已经入住。业主一卡通虽然在北京市已使用，但在业主决策中，并非是强制使用。业主如果认为很便利，可以使用；但如果坚持选择开会或书面征求意见，也是允许的。

41 业主需要在一卡通中交存物业费吗？

焦点问题

1. 业主需要在一卡通中交物业费吗
2. 业主怎样使用一卡通
3. 业主如果在一卡通中交存物业费是否有限制性规定

专家答疑

《北京市物业管理办法》于2010年10月1日起正式施行，从2010年10月1

日以后，北京购房人收房前，将办"业主一卡通"，入住时需在"业主一卡通"内预存物业服务费；业主入住起，一直到全体业主和开发商完成物业共用部分交接前，都将由开发商提供前期物业服务，并不得向业主收取物业费，但业主大会迟迟不成立，如筹备组成立满3个月都未召开首次业主大会会议时，开发商则可以收取物业费。

对于在2010年10月1日交付的新建住宅项目，在交付房屋前，开发商应当向业主发放该套房屋的"业主一卡通"。业主入住前，应当与银行、建设单位签订前期物业服务费托收协议，并按照房屋买卖合同和前期物业服务合同约定的费用标准，在"业主一卡通"内预存不超过12个月的物业服务费；如果是分期开发建设的住宅项目，已有前期物业服务合同或者物业服务合同的，将按照合同约定执行。业主一卡通是每套房屋对应一张"业主一卡通"，其不但具备银行端的金融功能，而且将来在北京市业主决定共同事项公共决策平台启用后，根据卡上的账户和密码，业主可在平台上对小区共同事务进行投票决策。将来住宅专项维修资金的查询卡也将升级，融入"业主一卡通"中，维修资金的钱也存在这张卡上。

自北京市开始实施一卡通制度后，新建小区预存物业费以及后期正常物业费都可存入卡中；既有小区可由物业公司统一向银行申请开通物业费交纳功能。

温馨提示

北京市住房和城乡建设委员会推行住宅区业主一卡通制度，主要为尝试业主欠费问题的治理方法，为解决长期以来困扰行业发展的老问题设计新思路。业主一卡通全覆盖后，将实现业主大会法人化。目前存在着单个业主与物业公司签订物业服务合同，向物业公司交纳物业服务费的行为，依据现有法律法规的规定，业主的这种行为存在着明显的法律错位。自《北京市物业管理办法》实施后，业主大会成立后实行登记，这有利于进一步理顺业主与业主大会、业主与物业公司、业主大会与物业公司之间的法律关系。其目的是想彻底改变原有的小区管理模式，通过业主一卡通充分做到业主自己行使自己的权利，履行自己的义务。同时，业主凭业主一卡通登录公共决策平台参与共同决定事项的表决，将进一步提高业主大会决策效率，引导业主大会正确行使共同管理权利，主动承担共同管理责任。

42 如何处理业主与物业公司之间发生的矛盾？

> **焦点问题**
> 1. 业主与物业矛盾的原因
> 2. 处理这些矛盾的方法有哪些

业主与物业公司本是一家人，按理说不应该产生矛盾。但现实情况却相反，业主与物业公司的矛盾不可谓不普遍，也不可谓不深刻。业主通过业主大会选聘物业公司。但最后，业主与自己挑选的物业公司打起了"仗"，当然其中的原因可谓是多种多样、五花八门，比如医保钱都不交，没有钱交物业费，房子是毛坯房没有居住，物业费高，没钱交等。在现实生活中业主认为物业公司只关注自己的利益，一味地收钱，忽视业主的利益，也不按物业服务合同提供相应的物业服务。而物业公司认为小区业主只知道接受服务，却不愿支付报酬。可见，业主与物业公司的矛盾归根结底是彼此之间理解不够、沟通不足。

业主与物业公司相互不能理解对方，也没有认清彼此在小区的位置。业主是小区的主人，应该发挥主人翁的精神，把小区视为自己的家。既然是家，就应当对这个家的大管家进行精心挑选，也即对物业公司的选聘尽责。当选聘的物业公司接管小区后，业主就应摆清自己位置，放手将小区交由管家管理。此时的业主只要行使好监督职权就可，而不应再指手画脚，干涉物业公司的工作。物业公司作为小区的管家，也应勇敢地挑起此重担，依据服务合同的约定尽心尽力地履行自己的职责。此外，物业公司对业主，既要尊重，也不要忘记自己的职权。双方摆清了位置，明白了各自的职责，矛盾也可自然化解。

双方除了理解外，物业公司还应主动将自己的工作透明化。工作透明包括工作内容的透明、职权的透明、收费的透明、小区物业费支出的透明以及对小区经营收入的透明。只有物业公司在工作中切实做到透明，业主才能明了物业公司的工作强度和难度；只有透明，业主才能明了交纳物业费用的意义所在，才能和物业公司友好相处，才能和物业公司携手共建和谐小区贡献自己的力量和智慧，同时物业公司才能获得小区业主的认可，赢得良好的口碑，扩大自己的影响，获得利益的最大化，从而促进自身获得更好、更大的发展。

总之，业主与物业公司之间存在的矛盾，并不是不可化解的，不可调和的，关键在于彼此之间能否真诚看待，彼此之间能否多交流、沟通，增进彼此之间的了解。物业公司在物业服务过程中是否秉持了以人为本，服务小区，人性化工作的服务、管理理念。在实践中一些人将化解业主与物业公司矛盾的方法概括为：真情服务化解矛盾；推动物业服务进程；和谐有序是最高境界。

温馨提示

业主与物业公司矛盾不是不可调和的。作为小区大家庭中的一员，彼此都应该为小区的和谐、有序、稳定，贡献出自己的力量，都应该为建设和谐美丽小区这个目标而共同努力，更何况小区不仅是个人的家之所在，更是大家的家之所在。作为物业公司也不能把自己看做局外人，只单纯地把自己当做一个管理者或者服务者，而应该是把自己当做这个大家庭中不可或缺的一份子，而不是当面业主的时候摆出一种高高在上的姿态，甚至认为业主是被管者，自己是管理者的心态，而是要放下身段，以平等友好诚实的心态面对小区业主，也要更好地融入小区这个大家庭中，增进彼此之间的了解。作为业主个人即使不为小区更好的今天、明天、将来着想，即使为了自己的小家，为了自己能够生活的舒适、自在、畅快，业主与物业公司之间也不应该变成一种对立的关系，彼此之间更不应该是相互仇视、敌对，而应该是和谐相处的关系，共同营造温馨、舒适、和谐的小区。在实践中也有许多物业公司与业主相处得很愉快，甚至还做了朋友，他们的方法、方式值得其他物业公司借鉴。

43 业主晨练过程中，因市政路旁大树枯枝砸伤，物业公司需要赔偿吗？

焦点问题

1. 园区外市政路是否属于物业公司管理
2. 物业管理区域的红线范围以什么为准
3. 业主在园区晨练受伤害是否都应由物业公司赔偿

专家答疑

一个园区的红线范围以什么为准？园区的红线范围决定了物业管理企业的管理区域及责任承担。如果确定了这个基础，就能解决园区外市政路大树的权属问题。在园区外市政路上树干老化，因风力所致，掉进园区内砸伤业主的损害赔偿纠纷中，有一个可问责性与否的难题：行政管理单位履行的是行政职能，那么在其存在管理瑕疵时，是否应该对受害人承担赔偿责任，其法律依据何在？

那么如何确定一个园区的物业管理区域呢？

根据《物业管理条例》第九条第二款"物业管理区域的划分应当考虑物业的共用设施设备、建筑物规模、社区建设等因素。具体办法由省、自治区、直辖市制定"的规定，园区的物业管理区域一般以规划或建设审批的材料为准。

因此，在本问题应该综合考虑不同的责任主体，捋清各个责任主体的赔偿责任分担，从而构建由民事责任主体、行政责任主体和社会责任主体相互补充的全方位、多元化的救济法网，具体分析如下：

（1）民事责任主体

业主因枯树枝砸伤的损害赔偿首先是一个民事领域的问题，民事责任主体需要承担相应的民事责任。

（2）行政责任主体

市政路上的树木作为城市公共设施，行政管理机关负有不可推卸的行政管理义务和行政责任。

（3）社会责任主体

在直接救济途径无法走通的情况下，社会救助与责任保险需要担负其社会责任。

（4）其他责任主体

在本次事故中，还有一些不容忽视的其他责任主体。比如在本次事故中，受害人没有足够的自我保护的安全意识，没有尽到合理的注意义务，这时受害人也要根据与有过失制度承担相应的责任。

在城市地下设施的建设中，涉及电力、电信、燃气、供热、供水、环卫、市政、房管、园林、公安交通、消防等各个部门，各类设施设备权属也呈现纷繁复杂的局面。一般情况是建筑区划内住宅小区公共区域的大树，是小区业主委托物业管理公司维护管理，小区业主则为大树的权属主体，物业管理公司则为大树的管理主体。如果是市政路上的大树，责任主体也是属于政府。当大树管理主体与大树权属主体合一时，不存在损害赔偿责任主体的争议，由这个合一的主体承担民事赔偿责任。

实践中，住宅小区内大树事故损害赔偿纠纷的被告往往不是小区业主，而是物业管理公司。

需要特别强调的是，这里所述的大树管理主体承担绝对责任，是在最终赔偿责任的分配层面而言的，而不是在受害人求偿层面而言的。《侵权责任法》第八十五条较之《民法通则》第一百二十六条，将责任主体由原来的"所有人、管理人"扩展为"所有人、管理人和使用人"，并增加其对其他责任人追偿的制度。《侵权责任法》的这项变动有利于受害人更及时更有效地受偿：受害人可以不必精确地确认究竟谁是大树致人损害中真正的责任主体，便可以从大树所有人、管理人和使用人三方中任意一方处首先获得赔偿。真正责任主体的确认则发生在之后大树所有人、管理人和使用人三者之间相互追偿或者向其他责任人追偿的法律关系中。根据《侵权责任法》第八十五条的规定，受害人可以在求偿阶段选择向大树权属主体提出赔偿要求，司法机关也应该支持这种诉求。但是大树权属主体在向受害人支付赔偿款后可以向大树管理主体追偿，从而使得大树管理主体成为最终负赔偿责任的民事责任主体。

根据《民法通则》第一百二十五条、第一百二十六条和《侵权责任法》第八十五条、第九十一条的规定，大树致人损害，大树管理主体承担过错推定损害赔偿责任，其在证明自己已经尽到管理义务时免责。在大树管理体系中，政府行政主管部门对大树的管理是基于公共利益的行政管理，负有相关的行政管理义务，在相应情况下还需承担相应的行政责任。政府相关部门在城市公共设施领域有着不可推卸的保护社会大众公共利益的行政职责。

因此，业主在晨练过程中，因大树枯枝砸伤，应当由市政部门承担赔偿责任。

温馨提示

《物权法》第七十三条规定："建筑区划内的其他公共场所、公用设施和物业服务用房，属于业主共有"。

根据《民法通则》第一百二十六条和《侵权责任法》第八十五条的规定，大树权属主体在大树致人损害时承担过错推定的损害赔偿责任，即除非大树权属主体可以证明自己尽到了合理的管理维修义务，证明自己没有过错，否则大树权属主体便对受害人承担损害赔偿责任。

行政管理部门在没有完全履行上述行政管理义务时，在对大树的检查和维修上存在着管理瑕疵时，即出现了具体行政行为的不作为或不合法时，根据《行政诉讼法》第六十七条第一款和《国家赔偿法》第二条、第三条，行政管理机关由于未尽职责的过错，导致公民遭受不必要的损害，需要对公民的人身财产损失进行相应赔偿。

《关于审理人身损害赔偿案件适用法律若干问题的解释》第六条规定："从事住宿、餐饮、娱乐等经营活动或者其他社会活动的自然人、法人、其他组织，未尽合理限度范围内的安全保障义务致使他人遭受人身损害，赔偿权利人请求其承担相应赔偿责任的，人民法院应予支持"。

44 业主在园区公共绿地里种菜，物业公司有权管理吗？

焦点问题

1. 物业管理区域内公共绿地的所有权归谁所有
2. 物业管理区域内的公共绿地用途是什么
3. 业主是否可以在园区公共绿地里种菜

一 业主篇

专家答疑

道路、绿地、物业服务用房归属的现实情况是，建筑区划内的绿地基本归业主所有。园区内的道路有的归业主所有，有的归市政所有。例如有的地方规定，建筑区划内4米以下宽的道路归业主，4米以上宽的道路归市政。有些大的建筑区，如天通苑，主干线道路产权归政府。关于物业管理用房的归属，《物业管理条例》第三十八条规定，物业管理用房的所有权依法属于业主所有。未经业主大会同意，物业管理企业不得改变物业管理用房的用途。立法部门经调查研究认为，道路、绿地、公用设施、物业服务用房和其他公共场所作为建筑物的附属设施原则归业主共有。因此本条规定，建筑区划内的道路，属于业主共有，但属于城镇公共道路的除外。建筑区划内的绿地，属于业主共有，但属于城镇公共绿地或者明示属于个人的除外。建筑区划内的其他公共场所、公用设施和物业服务用房，属于业主共有。需要说明的是，本条规定的绿地、道路归业主所有；不是说绿地、道路的土地所有权归业主所有，而是说绿地、道路作为土地上的附着物归业主所有。

进一步讲，绿地是物业小区的公共配套设施。其中的绿地面积，在开发商建设物业小区时，就应该按照相关规定列入规划的范围。在小区竣工后，建设单位应当按照规定将已经简称的绿地交付物业服务企业。建设单位完成绿地的建设面积是法定义务。绿地建设完成后，一般开发商都会将绿地的建设费用计入房地产总造价中，由物业小区的业主公摊，所以，绿地就是物业小区全体业主的共用的配套设施，为小区全体业主服务与享有。

实践中，物业服务企业向业主收取的物业管理费中包含小区的绿化费用一项。该笔费用就是用于物业公司对小区绿地进行养护、管理的支出。根据上述规定，物业服务企业在物业小区的绿地、树木的养护方面，首先负有的是对物业小区的植被、树木、绿地的养护职责。

因此，园区里公共绿地的所有权应当归全体业主所有；绿地的用途系根据《物业服务合同》或开发建设单位规划的用途进行使用，单个业主没有权利改变绿地的用途，更不能利用绿地进行种菜。

> **温馨提示**
>
> 《物权法》第七十二条"业主对建筑物专有部分以外的共有部分,享有权利,承担义务;不得以放弃权利不履行义务。
>
> 业主转让建筑物内的住宅、经营性用房,其对共有部分享有的共有和共同管理的权利一并转让"。
>
> 第七十三条"建筑区划内的道路,属于业主共有,但属于城镇公共道路的除外。建筑区划内的绿地,属于业主共有,但属于城镇公共绿地或者明示属于个人的除外。建筑区划内的其他公共场所、公用设施和物业服务用房,属于业主共有"。园区内出现此种情况,物业公司应当进行制止、劝阻,如果出现业主在公共绿地上种菜或将绿地改成其他用途的,物业公司可以要求业主恢复原则,或者通过司法途径进行解决。

45 顶层业主新房屋顶漏水,物业公司需要赔偿吗?

焦点问题

1. 顶层房屋屋顶所有权归谁所有
2. 房屋的共用部位、共用设施设备包括哪些
3. 业主屋顶漏水,物业公司是否需要赔偿

专家答疑

商品房的购买者最怕遇上的问题,恐怕就是所购买的房屋质量不合格。但现实中的确存在一些房地产开发商交付的商品房质量不合格或者质量上存在严重问题。当业主遇到新买的房子出现房顶漏水、墙壁开裂等质量问题时,可以找开发商承担工程质量保修责任。一般情况下,物业管理公司对新房质量的问题不承担维修责任。

实践中,房地产开发企业在商品房交付使用时,应向购买人提供住宅质量保证书和住宅使用说明书。在住宅质量保证书中,应当列明工程质量监督

单位核验的质量等级、保修范围、保修期和保修单位等内容。房地产开发企业应当按照住宅质量保证书的约定，承担商品房保修责任，保修期应从业主购买商品房之日起计算。房屋建筑工程保修期限从工程竣工验收合格之日起计算，由施工单位对开发商实施工程质量保修。一般来说，房顶防水和墙面等都是保修范围内的，所以在购房保修期内房屋出现质量问题，应找开发商负责。如果在购房保修期内，同时又在建筑竣工保修期内，商品房质量问题由建筑商负责，也可以找开发商负责。

需说明一点的是，业主所说的新房屋顶漏水和墙壁开裂的质量问题，开发商应当承担责任。另外，如果房屋使用已经超过保修期，业主交纳了公共维修基金，那么房屋大修、保修的费用应当从公共维修基金中支付，由物业管理公司负责修理，但并不是要其承担责任，因此这种修理要收取相应报酬。

在实践中，并不是所有房屋问题在保修期内开发商都应承担责任，在下列两种情况下，开发商并不承担责任：（1）因业主使用房屋不当或者其他原因造成的房屋质量缺陷；（2）由于不可抗力造成的质量缺陷，如地震、战争等。

业主在购房时，务必要与开发商在购房合同中明确约定房屋质量条款。必须把握的合同质量条款有两点：（1）应当明确质量的相关判断标准；（2）要明确如果达不到这一标准时，开发商所应承担的责任以及承担责任的期限、方式等。

如果房屋质量在保修期内，因房地产开发商对业主的房屋进行维修致使房屋原使用功能受到影响，给业主造成损失的，应当承担赔偿责任。

根据《住宅专项维修资金管理办法》第三条本办法所称共用部位是指住宅主体承重结构部位（包括基础、内外承重墙体、柱、梁、楼板、屋顶等）、户外墙面、门厅、楼梯间、走廊通道等。共用设施设备是指住宅小区或单幢住宅内，建设费用已分摊进入住房销售价格的共用的上下水管道、落水管、水箱、加压水泵、电梯、天线、供电线、照明、锅炉、暖气线路、煤气线路、消防设施、绿地、道路、路灯、沟渠、池、井、非经营性车场车库、公益性文体设施和共用设施设备使用的房屋等。

因此，顶层业主房屋屋顶的所有权归全体业主所有，在接收新房未过维保期的，发现有质量问题应当由开发商进行维修、保养，并赔偿由此给业主造成的损失。

> **温馨提示**
>
> 《建设工程质量管理条例》第四条"在正常使用条件下,建设工程的最低保修期限为:
>
> (一)基础设施工程、房屋建筑的地基基础工程和主体结构工程,为设计文件规定的该工程的合理使用年限;
>
> (二)屋面防水工程、有防水要求的卫生间、房间和外墙面的防渗漏,为5年;
>
> (三)供热与供冷系统,为2个采暖期、供冷期;
>
> (四)电气管线、给排水管道、设备安装和装修工程,为2年。
>
> 其他项目的保修期限由发包方与承包方约定。
>
> 建设工程的保修期,自竣工验收合格之日起计算"。
>
> 第四十一条"建设工程在保修范围和保修期限内发生质量问题的,施工单位应当履行保修义务,并对造成的损失承担赔偿责任"。

解读物业管理
常见疑难法律问题

二　业主大会、业主委员会篇

目前，住宅区的物业服务、管理体系越来越成熟，因而业主大会、业主委员会应运而生。无论是国家法律规定，还是地方法规对业主大会及业主委员会的规定、实施细则都进行了规定。本章内容是作者从实践工作中的案例积累，通过业主大会召开要求、业主委员会的职责、业委会和物业公司的权、责、利等相关问题进行了详细的分析，告诉广大业主，在业主大会、业主委员会成立过程中应当注意的法律风险和程序，同时也帮助业主进一步了解自己的权利及被侵害时的救济途径。

46 首次业主大会如何成立?

焦点问题

1. 首次业主大会成立的条件
2. 首次业主大会由谁召集
3. 该大会成立的程序

根据国家住房和城乡建设部于2010年1月1日实施的《业主大会和业主委员会成立指导规则》及北京市住房城乡建设委、市民政局、市社会办于2011年1月1日实施的《北京市住宅区业主大会和业主委员会指导规则》,首次业主大会成立程序如下:

(1)物业管理区域内已交付业主的专有部分达到建筑物总面积50%以上,建设单位应及时告知物业所在地街道办事处、乡镇人民政府,并报送筹备首次业主大会会议所需资料,报送资料包括:

①物业管理区域证明;

②房屋及建筑物面积清册;

③业主名册;

④建筑规划总平面图;

⑤交付使用共用设施设备的证明;

⑥物业服务用房配置证明。

（2）建设单位推荐业主代表作为临时召集人，召集占总人数5%以上或者专有部分占建筑物总面积5%以上的业主向物业所在地街道办事处、乡镇人民政府提出书面申请成立业主大会；占总人数5%以上或者专有部分占建筑物总面积5%以上的业主也可以自行向物业所在地街道办事处、乡镇人民政府提出书面申请成立业主大会。

（3）街道办事处、乡镇人民政府应当自接到申请之日起60日内，指定代表担任筹备组组长，组织成立首次业主大会会议筹备组，筹备组负责召集首次业主大会会议。筹备组中非建设单位的业主代表人数不低于筹备组中具有表决权成员人数的2/3。筹备组成员有建设单位代表、业主代表等组成，名单确定后应当将成员名单、分工、联系方式等内容以书面形式在物业管理区域内显示位置公告。筹备组自公告之日起成立。

业主代表应当具有业主身份、具有完全民事行为能力、责任心强及具备必要的工作时间。筹备组中有表决权的成员人数应为单数，每人享有一票表决权，但筹备组组长在筹备组中没有表决权。

（4）建设单位应当在筹备组成立之日起7日内向筹备组提供业主名册、业主专有部分面积、建筑物总面积等资料；根据有关规定将相关信息录入公共决策平台；承担筹备及召开首次业主大会会议所需费用。

（5）筹备组成立后，应负责首次业主大会会议筹备工作，并在成立之日起60日内，将下列事项以书面形式在物业管理区域内显著位置公示：

①制订首次业主大会会议召开方案，确定会议召开的时间、地点、形式、议题及表决规则；

②拟定管理规约草案、业主大会议事规则草案；

③确认业主身份，确定业主在首次业主大会会议上的表决权数；

④确定首次业主大会会议上的业主委员会委员候选人产生办法及确认候选人名单，制订业主委员会委员选举办法；

⑤首次业主大会会议的其他筹备工作。

上述事项公示时间为7日，在公示期间，业主可以对以上事项向筹备组提出建议和意见，筹备组应当予以记录。

公示期满后7日内，筹备组应当参考业主的建议和意见对各事项进行修改，确定拟提交表决的内容。筹备组应当自成立之日起3个月内完成筹备工作，组织召开首次业主大会会议。

（6）首次业主大会会议召开前，筹备组应当将首次业主大会会议议题和需要业主表决的内容以书面形式在物业管理区域内显著位置公告，公告期不少于15日。

（7）首次业主大会会议应当对以下事项进行表决，并应当全部经专有部分面积占建筑物总面积过半数的业主且占总人数过半数的业主同意：

①管理规约（草案）；

②业主大会议事规则（草案）；

③业主委员会委员；

④是否解除物业服务合同，解聘、选聘新的物业服务企业。

表决内容需专有部分面积占建筑物总面积过半数的业主且占总人数过半数的业主同意，专项维修资金支取事项需专有部分面积占建筑物总面积2/3的业主且占总人数2/3的业主同意。

（8）筹备组应当自首次业主大会会议作出决定之日起3日内，将表决结果在物业管理区域内显著位置公告，公告时间不少于7日。管理规约、业主大会议事规则和业主委员会委员选举事项全部通过的，业主委员会自首次业主大会决议作出之日起30日内，持以下材料向物业所在地街道办事处、乡镇人民政府备案：

①筹备组出具由组长签字的业主大会成立和业主委员会选举情况的报告；

②业主大会决议；

③管理规约、业主大会议事规则；

④业主委员会委员名单。

材料齐全的，街道办事处、乡镇人民政府应当当场予以备案，并在备案后7日内将备案材料抄送区县房屋行政主管部门，将有关情况书面通报物业所在地公安派出所、社区居民委员会。

（9）业主委员会凭街道办事处、乡镇人民政府出具的备案证明，向区、县公安分局申请刻制业主委员会印章。

（10）业主大会成立、完成备案手续的，经专有部分面积占建筑物总面积过半数的业主占总人数过半数的业主同意，可以到市房屋行政主管部门办理登记，业主委员会凭登记证明，向区县公安分局申请刻制业主大会印章。

二　业主大会、业主委员会篇

> **温馨提示**
>
> 业主大会是业主的自治组织，对维护业主的合法权益有着举足轻重的作用。需要指出的是，如建设单位不积极申请成立业主大会，占总人数5%以上或者专有部分面积占建筑物总面积5%以上的业主也可以自行向物业所在地街道办事处、乡镇人民政府提出成立业主大会的书面申请。

47　业主大会的权利范围有哪些？

焦点问题

1. 业主大会的概念
2. 业主大会的权利来源
3. 业主大会的权利范围

专家答疑

业主大会，是指在一个物业管理区域内的所有业主，在物业所在地的区、县人民政府房地产行政主管部门的指导下成立的组织。业主大会代表全体业主维护物业管理区内全体业主在物业管理活动中的合法权益。业主大会选举设立业主委员会，业主委员会是业主大会的执行机构。业主大会实行表决制，每位业主均有投票权。业主大会分为定期会议和临时会议。定期会议依首次业主大会确定的议事规则中规定的期限定期召开；临时大会经20%以上本物业业主提议，即可召开临时物业大会。

根据《物业管理条例》第十一条规定，下列事项由业主共同决定：（1）制定和修改业主大会议事规则；（2）制定和修改管理规约；（3）选举业主委员会或者更换业主委员会成员；（4）选聘和解聘物业服务企业；（5）筹集和使用专项维修资金；（6）改建、重建建筑物及其附属设施；（7）有关共有和共同管理权利的其他重大事项。

但以上事项中，第五项和第六项，应当经专有部分占建筑物总面积2/3以上的业主且占总人数2/3以上的业主同意；决定其他事项的，应当经专有部分占建筑物总面积过半数的业主且占总人数过半数的业主同意。在实际生活中业主参加业主大会行使自己的权利，小区业主并不一定亲自到场，小区业主也可以委托代理人参加业主大会，但是，小区业主需要注意的是，委托他人参加业主大会，要有明确的授权。

业主大会会议可以采用集体讨论的形式，可以采用书面征求意见的形式。业主大会的决定，对业主具有约束力。业主大会的决定侵害业主合法权益的，受侵害的业主可以请求人民法院予以撤销。

温馨提示

业主应积极参加业主大会，因为决定小区内公共利益之事、选聘物业管理公司都是由业主大会决定的，因此，作为小区的业主应该积极履行自己的职责，积极行使法律赋予的权利，切实维护小区及自己的合法权益。只有这样，业主才能真正地发挥主人翁精神，才能更好地为自己创造优良的社区生活环境。

48 业主大会解聘、选聘物业公司应当如何进行？

焦点问题

1. 业主大会有权解聘、选聘物业公司吗
2. 业主大会解聘物业公司的流程有哪些
3. 业主大会选聘物业公司的流程有哪些

专家答疑

小区的物业管理服务合同期限届满，业主欲更换物业公司，但是在现实生活中作为业主大会常设机构的业主委员会并不清楚更换的程序，许多业主委员会在没有征得业主大会同意的前提下擅自和原物业公司续签合同，从而损害了广大业主的利益。那么选聘和解聘物业公司这种事情具体应该如何操作？怎样做才能真正维护广大业主利益？

在物业服务合同即将到期，如双方不再续签时，根据《物业管理条例》第三十九条："物业服务合同终止时，物业公司应当将物业管理用房和本条例第二十九条第一款规定的资料交还给业主委员会。物业服务合同终止时，业主大会选聘了新的物业公司的，物业公司之间应当做好交接工作"的规定，原物业公司有几项合同义务，就是交还资料、退出管理用房、做好和新物业的交接工作。如业主大会不愿与原物业公司续签物业服务合同，应提前3个月通知物业公司，并进行相应的交接工作。

业主大会要使选聘、解聘物业公司的程序合理合法。无论是前期物业管理阶段，还是召开业主大会、成立业主委员会及原物业服务合同到期后选聘新的物业公司，都是全体业主的权利和义务。全体业主是选聘、解聘物业公司的决策主体，而执行选聘、解聘物业公司必须依法，并按法定程序进行。《物业管理条例》规定：住宅物业或同一区域内的非住宅要通过招投标的方式选聘物业公司。即由业主委员会执行业主大会的决策，组织专家组成招标委员会等机构，按照本市的相关规定，从投标企业中选出最佳的、符合区域实际特点的物业公司中标，从而保证绝大多数业主的利益。

温馨提示

根据《北京市物业管理办法》第四十五条第二款、第三款"本办法所称全体业主，在依法成立业主大会后是指业主大会。本办法所称业主共同决定，是指业主大会的决定；未依法成立业主大会的，是指业主依法共同做出的决定"的规定，业主大会可以代表全体业主行使相关的权利。又根据《业主大会和业主委员会指导规则》第十七条业主大会决定以下事项"（五）选聘和解聘物业公司"的规定，一般在园区内，通过业主大会的形式，合法选聘的业主委员会可以代表全体业主进行解聘、选聘物业公司。

根据《物业管理条例》第十二条的规定："选聘和解聘物业公司，必须经物业管理区域内全体业主表决"。由此可知，选聘、解聘物业公司属于小区重大事情，应该经物业管理区域内专有部分占建筑物总面积的1/2以上且业主人数超过1/2以上表决同意方为有效。业主大会对续聘物业公司需要征询的内容至少包括：（1）是否续聘前任物业公司；（2）物业服务合同内容是否需要完善或者变更（至少包括服务标准和收费标准）；（3）如果解聘前任物业公司采取何种方式选聘新的物业管理公司（包括公开招标、邀请招标以及询价征询等方式）；（4）如果采用招标选聘新的物业，相关费用标准和授权业主委员会决定范围；（5）业主选聘物业公司一般由业主大会授权业主委员会提出具体方案，经业主大会通过后由业主委员会具体实施。

续聘物业公司属于选聘物业公司的一种特定说法，也应该经过业主大会通过；但是为了简化程序，可以在业主大会议事规则对续聘物业公司做出简化手续的约定，比如授权业主委员会采取公告的形式向全体业主征询意见，如果采取书面形式主动提出要求更换物业公司的业主没有达到20%以上，则可以授权业主委员会续签物业管理合同。但是这种续聘的授权必须在议事规则中给予明确说明方可操作，如果业主大会议事规则对此没有约定，则应该由业主委员会根据条例和议事规则对选聘物业公司的规定，通过召开业主大会对解聘选聘物业公司做出决议。

49　物业管理规约的制定、修改及生效如何操作？

焦点问题

1. 物业管理规约的含义
2. 管理规约制定、修改的机构
3. 管理规约的效力

专家答疑

《物业管理条例》第十一条规定："下列事项由业主共同决定：制定和修改管理规约……"

物业管理规约是为维护物业区域内全体业主和物业使用人的合法权益，维护物业管理区域的安全、环境和秩序，以及对业主的共同利益，业主应当履行的义务，应当承担的责任等事项做出的约定，该规约对业主和物业使用人均有约束力。

管理规约由业主大会筹备组拟定，在首次业主大会会议上经专有部分占建筑总面积过半数的业主且占总人数过半数的业主表决通过，并自通过之日起15日内，由业主委员会报物业所在地的行政主管部门备案。

对于一个物业项目来讲，全体业主在委托物业服务企业进行专业化服务的同时，也存在着广大业主自我管理的问题。那么，根据自我管理的实际需要，全体业主需要共同制定一个管理规定来实现自我约束、自我管理。业主管理规约，即为本物业管理区域的"宪法"。

管理规约一般以下几部分：（1）物业基本情况；（2）物业管理方式；（3）业主共同管理的权利和责任；（4）物业共用部分的经营和收益分配；（5）物业的使用、维护和管理；（6）紧急情况下的应急预案；（7）违约责任；（8）纠纷的处理和相关民事诉讼；（9）附则。

温馨提示

管理规约是全体业主为自己制定的小区行为准则，全体业主应当做到严格遵守。此外，根据最高人民法院《关于审理物业服务纠纷案件具体应用法律若干问题的解释》第四条的规定："业主违反物业服务合同或者法律、法规、管理规约，实施妨害物业服务与管理的行为，物业服务企业请求业主承担恢复原状、停止侵害、排除妨害等相应民事责任的，人民法院应予支持。"

因此，物业服务企业作为园区物业管理、服务单位，对违反管理规约，破坏管理秩序的行为，应当予以制止，甚至基于管理权限，可以对业主提起诉讼。

50 临时管理规约与管理规约有何不同？

焦点问题

1. 临时管理规约、管理规约的概念
2. 临时管理规约与管理规约的效力
3. 临时管理规约截止时间

专家答疑

管理规约是指开发建设单位或者业主共同制定的规范区分所有建筑物或者建筑区划内业主权利、义务、责任的法律文件。管理规约有狭义和广义之分。广义管理规约包括临时管理规约和管理规约。通常将开发建设单位制定的管理规约成为临时管理规约。首次业主大会制定的业主规约称为管理规约，即狭义的管理规约。

我国《物业管理条例》第二十三条规定："建设单位应当在物业销售前将临时管理规约向物业买受人明示，并予以说明，物业买受人在与建设单位签订物业买卖合同时，应当对遵守临时管理规约予以书面承诺"，开发商在物业销售前拟定临时管理规约，必须经物业买受人的书面承诺。临时管理规约对买受人自其书面承诺之时起生效。临时管理规约只是建设单位单方的意思表示，要对作为房屋买受人的业主产生约束力，必须经其同意。

而管理规约应当自其被业主大会决议通过之日起生效。至于业主大会决议通过的程序要件，根据我国《物权法》第七十六条第二款的规定："制定和修改管理规约应当经专有部分占建筑物总面积过半数的业主且占总人数过半数的业主同意管理规约才能生效"。

管理规约对人的效力，除及于当事人外，规约也应当及于区分所有权人的继受人、非业主使用人以及物业服务企业和开发商等。管理规约解决的是区分所有建筑物的使用与管理问题，只有使物业的参与者（各类使用人）均受其拘束，才可能实现管理规约的目的。

温馨提示

临时管理规约是自首户业主入住之日起至业主大会成立期间，业主与业主、业主与建设单位等主体之间，对有关物业的使用、维护、管理，业主的共同利益，业主应当履行的义务，违反临时管理规约应当承担的责任等事项的约定。业主大会成立，并由全体业主表决通过管理规约的，临时管理规约不再具有法律效力。

51 如何选举业主委员会?

焦点问题

1. 什么时间选举业主委员会
2. 选举业主委员会的主体和备选人的条件
3. 选举业主委员会的程序

首次业主大会筹备组在筹备业主大会的同时,也在筹备着业主委员会的选举。第一次业主大会就可以推选业主委员会了。

依据《物业管理条例》规定:"选举业主委员会或者更换业主委员会成员由专有部分占建筑物总面积过半数的业主且占总人数过半数的业主通过业主大会决定"。

《业主大会规程》详细列举了业主委员会成员应当具备的条件:(1)本物业管理区域内具有完全民事行为能力的业主;(2)遵守国家有关法律、法规;(3)遵守业主大会议事规则、业主公约,模范履行业主义务;(4)热心公益事业,责任心强,公正廉洁,具有社会公信力;(5)具有一定组织能力;(6)具备必要的工作时间。《物业管理条例》也同样规定,业主委员会委员应当由热心公益事业、责任心强、具有一定组织能力的业主担任。

业主委员会应当自选举产生之日起30日内,将业主大会的成立情况、业主大会议事规则、业主公约及业主委员会委员名单等材料向物业所在地的区、县人民政府房地产行政主管部门备案。业主委员会应当自选举产生之日起3日内召开首次业主委员会会议,推选产生业主委员会主任1人,副主任1~2人。经1/3以上业主委员会委员提议或者业主委员会主任认为有必要的,应当及时召开业主委员会会议。

> **温馨提示**
>
> 业主委员会是业主大会的执行机构,其对维护小区业主利益,协调物业服务企业与小区业主的关系,促进小区发展方面具有重大意义。同时,业主应当对选举业委会委员重视起来,积极行使自己的权利,维护自己的合法权益,履行自己的职责,积极参与到业主委员会的活动中去,为小区的发展做出自己的贡献。

52 业主委员会的权利范围有哪些?

焦点问题

1. 业主委员会的职责有哪些
2. 业主委员会行使权利的同时是否应履行相应的义务
3. 业主委员会能否以行使权利来干预物业公司的内部管理

专家答疑

《物业管理条例》第十五条规定:业主委员会执行业主大会的决定事项,履行下列职责:

(一)召集业主大会会议,报告物业管理的实施情况;

(二)代表业主与业主大会选聘的物业服务企业签订物业服务合同;

(三)及时了解业主、物业使用人的意见和建议,监督和协助物业服务企业履行物业服务合同;

(四)监督管理规约的实施;

(五)业主大会赋予的其他职责。

除了这些基本职责外,业主委员会的义务主要有:

(一)遵纪守法。业主委员会的活动必须遵守国家法律法规和政府管理部门的有关规定。遵纪守法是业主委员会自我约束的根本体现。

(二)支持配合物业公司开展工作。物业公司虽受聘于业主委员会,业主委员会有权监督物业公司,但也有义务支持物业公司的工作,尽可能为其工作提供方便,应将业主的意见和要求及时向物业公司反馈,协调及增进物业公司与业主之间的关系,帮助物业公司排除工作中的干扰与阻力,为物业公司创造一个宽松的工作环境。

(三)做业主的宣传、教育、说服及督促工作。业主委员会应向业主公布宣传各项管理规章,教育业主自觉遵守管理公约及规章,说服业主理解有关管理收费,督促业主按规定缴纳管理费及其他应分摊的费用。

业主委员会作为业主自治组织,在享有业主赋予的各项权利的同时,必须履行相应的义务。并不得以行使权利为借口干预物业公司的服务、管理工作。

温馨提示

业主委员会应当依法履行职责,不得做出与物业管理不相关的决定,不得从事与物业管理无关的活动。业主委员会做出的决定违反法律、法规的,物业所在地的区、县人民政府房地产行政主管部门或者街道办事处、乡镇人民政府,应当责令限期改正或者撤销其决定,并通告全体业主,同时,如果由于业主委员会的过错给业主带来损失的,业主可以以个人名义起诉业主委员会要求其进行赔偿损失、赔礼道歉等方面的民事诉求。

53 一个物业管理区域内,可以成立业主委员会的数量是多少?

焦点问题

1. 一个物业管理区域内,成立业主委员会的数量是多少
2. 一个物业管理区域内,成立业主委员会的数量是越多越好吗

专家答疑

《物业管理条例》第十五条规定:"业主委员会是业主大会的执行机

构，履行下列职责：(1)召集业主大会会议，报告物业管理的实施情况；(2)代表业主与业主大会选聘的物业管理企业签订物业服务合同；(3)及时了解业主、物业使用人的意见和建议，监督和协助物业管理企业履行物业服务合同；(4)监督业主公约的实施；(5)业主大会赋予的其他职责"。

业主委员会的宗旨是维护本物业管辖区的合法权益，实行业主自治与专业化管理相结合的管理体制，保障共用部位、共用设施设备的合理与安全使用，维护本物业管理区域的公共秩序，创造整洁、优美、安全、舒适、文明的环境。一个物业区域内，成立业主委员会的数量是多少？是越多越好吗？

《物业管理条例》第九条规定："一个物业管理区域成立一个业主大会"，业主委员会是业主大会的执行机构，比如，只有一个业主的，或者业主人数较少且经全体业主一致同意，决定不成立业主大会的，由业主共同履行业主大会、业主委员会的职责。在这种情况下也可以不成立业主大会。

《北京市物业管理办法》第十三条规定："业主可以成立业主大会，业主大会由物业管理区域内全体业主组成，对物业管理区域内共用部分实施共同管理，按照相关规定开展与物业管理有关的活动。一个物业管理区域成立一个业主大会"。

业主委员会执行业主大会的决定，并接受业主的监督，其履行的职责中包括"监督和协助物业管理企业履行物业服务合同"，但是监督、协助不同于命令、指挥物业公司，物业公司应在物业服务合同的范围内，按照物业服务标准进行管理、服务，业主委员会与物业公司之间不存在领导与被领导的关系。

温馨提示

一个物业管理区域内只能成立一个业主大会，业主大会由物业管理区域内的全体业主组成，业主大会选举业主委员会委员、候补委员，后由业主委员会委员选举业主委员会主任、副主任。

54 业主委员会委员变更如何办理？

焦点问题

1. 业主委员会委员变更的原因、程序
2. 业主委员会委员资格终止的条件

目前北京市存在的物业管理园区，特别是住宅类的园区成立业主委员会都有相关的法律法规。那么对于业主委员会委员是否有任期？业主委员会委员是否可以辞职？是否可以被罢免等等情况出现了，应当怎么处理？这是各个园区物业管理企业、业主关心的问题，因为业主委员会的存在是为了方便园区的管理，而不是给园区日常的物业管理工作带来混乱。

通常情况下，业主委员会委员也有固定任期，关于业主委员会委员是否可以连选连任，是否可以辞职，辞职后职位由谁接替等等都应当有明确的约定。《物业管理条例》第十八条规定："业主大会议事规则应当就业主大会的议事方式、表决程序、业主委员会的组成和成员任期等事项做出约定"。当委员任期届满或其他客观情况出现后，就面临要选举新的委员接替工作，这样就产生了委员的变更。当然《物业管理条例》强调了业主委员会委员应当热心公益，积极为小区业主谋取合法福利，维护小区业主的合法权益。如果有业主委员会委员违反法律明确规定、违背道德良心，经业主委员会或者20%以上业主提议，由业主大会会议做出变更委员的决定，将变更的业主委员会委员名单以书面形式在物业管理区域内公告。至此，被变更的委员终止在业委会工作的权利。

如果业委会委员有以下行为之一，经业主大会会议通过，其业主委员会委员资格终止：（1）因物业转让、灭失等原因不再是业主的；（2）无故缺席业主委员会会议连续三次以上的；（3）因疾病等原因丧失履行职责能力的；（4）有犯罪行为的；（5）以书面形式向业主大会提出辞呈的；（6）拒不履行业主义务的；（7）其他原因不宜担任业主委员会委员的。

业主委员会委员资格终止的，应当自终止之日起3日内将其保管的档案资料、印章及其他属于业主大会所有的财物移交给业主委员会。

目前，北京市住宅区在实行业主委员会委员变更时，采取如下方法，供各业主委员会参考。

（1）业主委员会委员实行任期制，每届任期不超过3年。业主委员会任期届满前3个月，应当组织召开业主大会会议，进行换届选举，并报告物业所在地的区、县房地产行政主管部门。业主委员会应当自任期届满之日起10日内，将其保管的档案资料、印章及其他属于业主大会所有的物品移交新一届业主委员会。业主委员会在规定时间内不组织换届选举的，物业所在地的区、县房地产行政主管部门或者街道办事处、乡镇人民政府应当责令其限期组织换届选举；逾期仍不组织的，可以由物业所在地的居民委员会在街道办事处、乡镇人民政府的指导和监督下，组织换届选举工作。

（2）业主委员会由业主大会会议选举产生。业主委员会应依法履行职责。业主委员会委员违反相关规章的，由业主委员会1/3以上委员或者持有20%以上投票权数的业主提议，业主大会或者业主委员会根据业主大会的授权，可以决定是否终止其委员资格。业主大会定期会议应当按照业主大会议事规则的规定召开。经20%以上的业主提议，业主委员会应当组织召开业主大会临时会议。

（3）可取得物业所在地的区、县房地产行政主管部门或者街道办事处、乡镇人民政府的支持，召开业主大会（全体业主书面签字的意见书），在主管部门组织下进行相关的程序。

温馨提示

根据2009年中华人民共和国住房和城乡建设部颁布的《业主大会和业主委员会指导规则》第三十一条，业主委员会由业主大会会议选举产生，由5~11人单数组成。业主委员会委员应当是物业管理区域内的业主，并符合下列条件：（1）具有完全民事行为能力；（2）遵守国家有关法律、法规；（3）遵守业主大会议事规则、管理规约，模范履行业主义务；（4）热心公益事业，责任心强，公正廉洁；（5）具有一定的组织能力；（6）具备必要的工作时间。

二　业主大会、业主委员会篇

55　业主委员会成立前，物业公司如何使用住宅专项维修资金？

焦点问题

1. 住宅专项维修资金的概念
2. 物业公司在什么情况下可以使用这笔资金

《住宅专项维修资金管理办法》第二条清楚规定了住宅专项维修资金的概念，是指专项用于住宅共用部位、共用设施设备保修期满后的维修和更新、改造的资金。

这里的住宅共用部位，是指根据法律、法规和房屋买卖合同的约定，由单幢住宅内业主或者单幢住宅内业主及与之结构相连的非住宅业主共有的部位，一般包括：住宅的基础、承重墙体、柱、梁、楼板、屋顶以及户外的墙面、门厅、楼梯间、走廊通道等。

所称共用设施设备，是指根据法律、法规和房屋买卖合同的规定，由住宅业主或者住宅业主及有关非住宅业主共有的附属设施设备，一般包括电梯、天线、照明、消防设施、绿地、道路、路灯、沟渠、池、井、非经营性车场车库、公益性文体设施和共用设施设备使用的房屋等。

依据法律法规的规定住宅专项维修资金采取的是，谁交存所有权属于谁的原则。住宅专项维修资金应当专项用于住宅共用部位、共用设施设备保修期满后的维修和更新、改造，不得挪作他用；并且，住宅专项维修资金的使用，应当遵循方便快捷、公开透明、受益人和负担人相一致的原则。

业主大会成立前，商品住宅业主、非住宅业主交存的住宅专项维修资金，由物业所在地直辖市、市、县人民政府建设（房地产）主管部门代管；已售公有住房住宅专项维修资金，由物业所在地直辖市、市、县人民政府财政部门或者建设（房地产）主管部门负责管理。

《住宅专项维修资金管理办法》第二十二条："住宅专项维修资金划转

业主大会管理前，需要使用住宅专项维修资金的，按照以下程序办理："（1）物业服务企业根据维修和更新、改造项目提出使用建议；没有物业服务企业的，由相关业主提出使用建议；（2）住宅专项维修资金列支范围内专有部分占建筑物总面积2/3以上的业主且占总人数2/3以上的业主讨论通过使用建议；（3）物业服务企业或者相关业主组织实施使用方案；（4）物业服务企业或者相关业主持有关材料，向所在地直辖市、市、县人民政府建设（房地产）主管部门申请列支；其中，动用公有住房住宅专项维修资金的，向负责管理公有住房住宅专项维修资金的部门申请列支；（5）直辖市、市、县人民政府建设（房地产）主管部门或者负责管理公有住房住宅专项维修资金的部门审核同意后，向专户管理银行发出划转住宅专项维修资金的通知；（6）专户管理银行将所需住宅专项维修资金划转至维修单位"。

但是发生危及房屋安全等紧急情况时，需要立即对住宅共用部位、共用设施设备进行维修和更新、改造的，若直辖市、市、县人民政府财政部门或者建设（房地产）主管部门负责管理专项维修资金时，物业公司可以直接采取以上（4）、（5）、（6）方式列支住宅专项维修资金。

温馨提示

住宅专项维修资金的交存、列支关系到业主买卖房屋的成功。但这笔资金的所有权始终属于交存的业主。四项费用不得从住宅专项维修资金中列支：（1）依法应当由建设单位或者施工单位承担的住宅共用部位、共用设施设备的维修、更新和改造费用；（2）依法应当由相关单位承担的供水、供电、供气、供热、通信、有线电视等管线和设施设备的维修、养护费用；（3）应当由当事人承担的因人为损坏住宅共用部位、共用设施设备所需的修复费用；（4）根据物业服务合同约定，应当由物业服务企业承担的住宅共用部位、共用设施设备的维修和养护费用。

二 业主大会、业主委员会篇

56 业主委员会有经营权吗?

焦点问题

1. 业主委员会的职责
2. 业主委员会拥有经营权能的现实性
3. 业主委员会在实践中的做法

　　《物业管理条例》第十五条明确列举了业主委员会的四大职责，但也规定了一个兜底条款，即业委会可以承担业主大会赋予的其他职责。如果业主大会授予业主委员会经营权，则业委会就合法拥有此权利。

　　依据《住宅专项维修资金管理办法》，业主大会成立后，直辖市、市、县人民政府建设（房地产）主管部门或者负责管理公有住房住宅专项维修资金的部门，通知专户管理银行将该物业管理区域内业主交存的住宅专项维修资金账面余额划转至业主大会开立的住宅专项维修资金账户，并将有关账目等移交业主委员会。资金账目管理单位，由业主大会决定。在保证住宅专项维修资金正常使用的前提下，可以按照国家有关规定将住宅专项维修资金用于购买国债。

　　按照业主大会决议，业主委员会将会是资金账目的管理单位。那么业委会完全可以合法地将专项资金用于购买国债，赚取增值利润。

　　建筑区划内的道路，建筑区划内的绿地，建筑区划内的其他公共场所、公用设施和物业服务用房，属于业主共有。业主委员会作为业主的利益代表，可以通过合法程序，获得业主授权，利用物业共用部位、共用设施设备进行经营。

　　但《物业管理条例》第十九条："业主大会、业主委员会应当依法履行职责，不得做出与物业管理无关的决定，不得从事与物业管理无关的活动规定，"业主委员会没有在工商部门登记，其在法律上没有合法的主体资格，且也与法律规定的相悖。所以，业主委员会可以将经营权委托给其他机构、组织，如物业管理企业、其他企业等。

> **温馨提示**
>
> 业主委员会虽然可以合法拥有经营权能，但其委托经营所获利润却并不能自由支配。如购买国债的增值收益、利用住宅共用部位、共用设施设备进行经营的收益，应当转入住宅专项维修资金滚存使用，除非业主大会另有决议。

57 业主委员会委员有权委托他人行使职权吗？

焦点问题

1. 业主委员会的管理职权有哪些
2. 业主委员会委员有哪些要求
3. 业主委员会委员的职能有哪些

专家答疑

业主委员会是物业的所有权人成立的自治组织，物业管理公司是接受业主委员会的委托，来为业主管理物业的组织。业主委员会和物业管理公司，是委托和被委托的关系。物业管理委员会在一般情况下，被称之为物业公司。

业主委员会作为业主大会的执行机构，可以根据物业管理公司提供服务的情况，召开业主大会对物业公司进行解聘、续聘，并代表全体业主与物业公司签订物业服务合同。

业主委员会与物业管理公司是委托与被委托的法律关系。双方分别有委托、不委托，接受、不接受的权利。两者在法律上是平等的，无隶属关系。双方一旦签订合同，就应当履行相应的义务。

它们在经济上也是平等的。物业管理公司签订物业合同后，就应依照合同提供相应的物业服务，接受业主的监督，获取相应的报酬。同时，业主及业主委员会应协助物业管理公司开展工作，并按时缴纳物业服务费用。

业主委员会委员具有个人身份象征，一般不能委托代理人参加。原因是业主委员会委员不是单单维护委员自己的利益，其还担负维护全体业主的利益。

二 业主大会、业主委员会篇

如果委员委托不是业主大会选举出来的委员本人参加,就会造成业主大会的选举成为摆设。即便是法人单位业主派出的业主委员会委员也应该是选举出来的人员,不能随便委托他人参加业主委员会会议。原因是业主委员会选举产生的委员并不是单单看这个委员代表的业主物权份额,而是委员是不是能代表更大多数业主的利益。如果法人单位委派的人员个人素质并不能得到广大业主的认同,他是不可能当选业主委员会委员的。结论:业主委员会委员不能委托代理人出席,特殊情况需要委托代理人的应该经过业主大会同意。业主委员会委员经常不能出席业主委员会会议的,应该主动辞去业主委员会委员职务,由业主大会另行选举业主委员会委员。建议在《业主大会议事规则》明确规定3次缺席业主委员会会议的,应该自动丧失业主委员会委员职务。提示:业主委员会选举时,业主应该特别关注委员个人本身的素质,包括其阅历、身份及个人品格等素质。同时对于没有足够时间参加业主委员会会议的,尽量不要选举其成为业主委员会委员,以免造成业主委员会运作的困难。区别:尽管业主委员会委员不能委托代理人,但是业主、业主代表可以根据《业主大会议事规则》的约定委托代理人参加业主大会、业主代表大会,并依法行使权利。

温馨提示

根据《物业管理条例》第十五条:业主委员会执行业主大会的决定事项,履行下列职责:(1)召集业主大会会议,报告物业管理的实施情况;(2)代表业主与业主大会选聘的物业服务企业签订物业服务合同;(3)及时了解业主、物业使用人的意见和建议,监督和协助物业服务企业履行物业服务合同;(4)监督管理规约的实施;(5)业主大会赋予的其他职责。另《条例》第第十六条要求:业主委员会应当自选举产生之日起30日内,向物业所在地的区、县人民政府房地产行政主管部门和街道办事处、乡镇人民政府备案。业主委员会委员应当由热心公益事业、责任心强、具有一定组织能力的业主担任。业主委员会主任、副主任在业主委员会成员中推选产生。

58 业主委员会委员有工资吗?

焦点问题

1. 业主委员会委员应当具备哪些条件
2. 业主委员会委员资格终止的条件有哪些
3. 业委会委员工资的来源

业主委员会委员应当符合下列条件:①本物业管理区域内具有完全民事行为能力的业主;②遵守国家有关法律、法规;③遵守业主大会议事规则、业主公约,模范履行业主义务;④热心公益事业,责任心强,公正廉洁,具有社会公信力;⑤具有一定组织能力;⑥具备必要的工作时间。

业主委员会委员有下列情形之一的,经业主大会会议通过,其业主委员会委员资格终止:①因物业转让、灭失等原因不再是业主的;②无故缺席业主委员会会议连续3次以上的;③因疾病等原因丧失履行职责能力的;④有犯罪行为的;⑤以书面形式向业主大会提出辞呈的;⑥拒不履行业主义务的;⑦其他原因不宜担任业主委员会委员的。业主委员会委员资格终止的,应当自终止之日起按规定的时间将其保管的档案资料、印章及其他属于业主大会所有的财物移交给业主委员会。

物业管理活动是市场行为,必须遵守市场规则。无偿劳动不仅使很多业主不愿意竞选业委会委员,而且使业委会缺乏制约力量,使业主委员会敷衍塞责,形同虚设,甚至于谋取私利,制造矛盾。在物业管理活动中,大量的工作需要业主委员会去做。这就需要业委会委员要有充分的工作时间,并且承担一定的工作量,因此不能不涉及劳动报酬问题。委员的劳动报酬,是根据物业管理区域的面积以及物业事务的繁杂程度确定的。

业委会委员的工资应由业主承担。依据《业主大会规程》规定:业主大会和业主委员会开展工作的经费由全体业主承担;经费的筹集、管理、使用具体由业主大会议事规则规定。业委会委员工资属于业主委员会工作经费,所以由物业管理区域内的全体业主承担。但对其工资发放的多少以及发放的方式都应由业主大会依照议事规则决定。

对委员发放工资不但有利于业主积极竞选，而且也可以激励委员对小区做更多的工作。当然，既然委员工资的发放由业主大会决定，工资发放情况同样要与其他工作经费在物业小区内公开，接受业主质询。

温馨提示

《物业管理条例》中有关内容的规定

第六条　房屋的所有权人为业主。

业主在物业管理活动中，享有下列权利：

（一）按照物业服务合同的约定，接受物业服务企业提供的服务；

（二）提议召开业主大会会议，并就物业管理的有关事项提出建议；

（三）提出制定和修改管理规约、业主大会议事规则的建议；

（四）参加业主大会会议，行使投票权；

（五）选举业主委员会成员，并享有被选举权；

（六）监督业主委员会的工作；

（七）监督物业服务企业履行物业服务合同；

（八）对物业共用部位、共用设施设备和相关场地使用情况享有知情权和监督权；

（九）监督物业共用部位、共用设施设备专项维修资金（以下简称专项维修资金）的管理和使用；

（十）法律、法规规定的其他权利。

第七条　业主在物业管理活动中，履行下列义务：

（一）遵守管理规约、业主大会议事规则；

（二）遵守物业管理区域内物业共用部位和共用设施设备的使用、公共秩序和环境卫生的维护等方面的规章制度；

（三）执行业主大会的决定和业主大会授权业主委员会作出的决定；

（四）按照国家有关规定交纳专项维修资金；

（五）按时交纳物业服务费用；

（六）法律、法规规定的其他义务。

第八条　物业管理区域内全体业主组成业主大会。

业主大会应当代表和维护物业管理区域内全体业主在物业管理活动中

的合法权益。

第九条 一个物业管理区域成立一个业主大会。

物业管理区域的划分应当考虑物业的共用设施设备、建筑物规模、社区建设等因素。具体办法由省、自治区、直辖市制定。

第十条 同一个物业管理区域内的业主,应当在物业所在地的区、县人民政府房地产行政主管部门或者街道办事处、乡镇人民政府的指导下成立业主大会,并选举产生业主委员会。但是,只有一个业主的,或者业主人数较少且经全体业主一致同意,决定不成立业主大会的,由业主共同履行业主大会、业主委员会职责。

第十一条 下列事项由业主共同决定:

(一)制定和修改业主大会议事规则;

(二)制定和修改管理规约;

(三)选举业主委员会或者更换业主委员会成员;

(四)选聘和解聘物业服务企业;

(五)筹集和使用专项维修资金;

(六)改建、重建建筑物及其附属设施;

(七)有关共有和共同管理权利的其他重大事项。

第十二条 业主大会会议可以采用集体讨论的形式,也可以采用书面征求意见的形式;但是,应当有物业管理区域内专有部分占建筑物总面积过半数的业主且占总人数过半数的业主参加。

业主可以委托代理人参加业主大会会议。

业主大会决定本条例第十一条第(五)项和第(六)项规定的事项,应当经专有部分占建筑物总面积2/3以上的业主且占总人数2/3以上的业主同意;决定本条例第十一条规定的其他事项,应当经专有部分占建筑物总面积过半数的业主且占总人数过半数的业主同意。

业主大会或者业主委员会的决定,对业主具有约束力。

业主大会或者业主委员会作出的决定侵害业主合法权益的,受侵害的业主可以请求人民法院予以撤销。

第十三条 业主大会会议分为定期会议和临时会议。

业主大会定期会议应当按照业主大会议事规则的规定召开。经20%以上的业主提议,业主委员会应当组织召开业主大会临时会议。

二 业主大会、业主委员会篇

59 业主委员会与物业公司的关系是什么?

焦点问题

1. 业主委员会的概念、业主委员会的权利义务是什么
2. 业主委员会与物业公司是雇主与雇员的关系吗?
3. 业主委员会有权参与物业公司的内部管理吗
4. 现实生活中该如何解决两者的关系

专家答疑

业主委员会,是指由物业管理区域内业主代表组成,代表业主的利益,向社会各方反映业主意愿和要求,并监督物业管理公司管理运行的一个民间性组织。业委会的权利基础是其对物业的所有权,它代表该物业的全体业主,对该物业有关的一切重大事项拥有决定权。

业主委员会的权利,业主委员会代表着该物业区域内的全体业主,其权利基础是对物业的所有权。因此,业主委员会最基本的权利是对与该物业有关的一切重大事项拥有决定权。这种权利通过业主公约和业主委员会章程予以保证。业主委员会的权利有:

(1)召集和主持业主大会;

(2)修订业主公约、业主委员会章程;

(3)决定聘请物业管理公司;

(4)审议物业管理服务费有关收取标准及使用办法;

(5)审议年度管理工作计划、年度费用概预算;

(6)检查、监督物业管理公司的物业管理工作;

(7)监督公共建筑、公共设施的合理使用,负责物业维修基金的筹集、使用和管理;

(8)业主大会或业主代表大会赋予的其他职责。

业主委员会的义务:

(1)筹备并向业主大会报告工作;

(2)执行业主大会通过的各项决议,接受广大业主的监督;

（3）贯彻执行并督促业主遵守物业管理及其他有关法律、政策规定，协助物业管理公司落实各项管理工作，对住户开展多种形式的宣传教育活动；

（4）严格履行物业管理委托合同，保障本物业各项管理目标的实现；

（5）接受政府行政管理机构的监督指导，执行政府部门对本物业的管理事项提出的指令和要求；

（6）本会作出决定不得违反法律、法规政策，不得违反业主大会的决定，不得损害业主公共利益。

业主委员会和物业公司的关系如下：

（1）完全市场条件下的委托关系。在完全市场条件下，物业管理公司和业主委员会之间的关系有如下特点：①委托人是业主委员会，物业管理公司是受托人。业主委员会根据物业的情况和多数业主的意志，有权选择不同的物业管理公司来提供服务性管理。②业主委员会的委托和物业管理公司的受托是一种合同关系，是一种市场的双向选择。业主委员会愿意出多少钱以购买什么样的服务，物业管理提供何种服务要按什么标准收费，完全是一种交易谈判，而不是行政分配。③物业管理公司和业主委员会都是独立运作的，互不干扰，双方可以因发展变化的需要，在协商一致情况下续签、修改或解除合同，但都无权干预对方的内部活动。

（2）非完全市场条件下的相互关系。在非完全市场条件下，物业管理公司和业主委员会之间的关系有如下特点：①物业的委托人是一个公司或一个机构，不是一个由许多业主依法组织起来的群众自治组织。②物业管理公司作为子公司是在母公司的支持下，直接组织产生出来的，其日常的经营活动多受到母公司的监督和制约。③物业管理权的取得是通过单方授权产生的，不是市场竞争。

（3）地位上的平等关系。物业管理公司和业主委员会之间是受委托人和被委托人、服务者和被服务者之间的关系，没有隶属关系，双方在地位上是平等的。在法律上，业主委员会有委托或不委托某个物业管理公司的自由，物业管理公司也有接受或不接受委托的自由。在组织关系上，不存在领导与被领导、管理与被管理之间的关系。

（4）工作上的合作关系。物业管理公司在管理物业的过程中经常要和业主委员会发生联系，业主委员会为了业主们的共同利益也时常要和物业管理公司打交道，由此产生它们之间的合作工作关系。一般来说，委托合同中都规定了物业管理公司和业主委员会的权利和义务，如物业管理公司有权要求业主委员会协助管理，有义务把重大管理措施提交业主委员会审议；业主委员会有权审议物业管理公司制订的年度管理计划和管理服务的重大措施，有义务协助物业管理公司落实各项管理工作。

物业管理企业与业主委员会之间的矛盾是我国物业管理行业一个非常棘手的问题。由于业主对物业管理行业不甚了解，以及部分物业管理公司和开发商的特殊关系，导致业主将问题的责任推到物业管理企业身上。只有站在业主的立场，用真情和诚心去服务业主，才能赢得业主的信任；只有妥善处理好物业管理公司和业主委员会的关系，才能有效地开展物业管理工作。

能使小区的物业管理进入良性循环局面，使双方都能够最终受益。

温馨提示

业主委员会和物业公司代表着不同主体，业主委员会是代表小区全体业主的利益，物业公司是为该小区提供物业服务、管理的机构，物业公司接受小区全体业主的委托与业主委员会签订相应的服务合同，并依照合同的约定履行相应的物业服务、管理职责。业主委员会与物业管理公司实行业主自治与专业化管理相结合的管理体制，两者之间具有一定的平衡关系。业主委员会与物业公司是委托者与受委托者、聘用与受聘的关系。在法律上，业主委员会有监督物业公司的权利；物业公司也有按照物业服务标准开展服务、管理的权利，两者是平等的。

业主委员会代表业主的利益无可厚非，业主委员会希望花最少的钱得到最好、最多的服务；另一方面，作为企业的物业公司自然希望在提供同等服务的情况下获得最大的利益。作为物业管理企业，做好服务工作是第一位的，物业公司应同广大业主坦诚相待，维护业主的各项合法权益，做好业主权益的代言人。业主委员会维护广大业主的合法权益，遵照业主大会的决议、决定和业主委员会议事规则，对所属区域实施自治管理的组织。

只有妥善处理好物业公司与业主委员会的关系，物业管理工作才能有效地开展，业主、物业公司的利益也就有了切实的保障。双方都应以全体业主的根本利益为出发点，在物业管理行业逐步完善和规范的同时，逐步理顺各种关系，并坚持以合同为基础，以沟通为手段，以诚信为纽带，以双赢为结果。

60 物业公司的相关措施，需要经业主委员会同意吗？

焦点问题

1. 物业公司与业主委员会的关系是什么
2. 物业公司的管理权是什么意思

专家答疑

住宅区的部分业主组织，并通过法定程序，成立业主大会，选举产生业主委员会的人选，其实业主委员会是业主大会的执行机构，是维护业主合法权益的组织。《物业管理条例》明确认定，选聘和解聘物业服务企业由业主共同决定，具体实施机构是业主大会。业主委员会代表业主与业主大会选聘的物业服务企业签订物业服务合同，监督和协助物业服务企业履行物业服务合同。

业主通过业主大会与物业服务企业签订《物业服务合同》，委托物业企业对小区公用部位、公用设施设备进行管理、维护，它们之间是委托与受委托的关系。依据我国的《民法通则》、《合同法》的规定，受委托人应在委托人的授意下，依据合同进行委托事项。业主委员会是业主大会的执行机构，是全体业主维权事业的执行机构，是与物业公司沟通、具体接触的机构。监督物业企业履行物业服务合同的重担也应由业委会承担。

进一步讲，物业管理公司是受业主委员会委托管理物业的专业化、社会化的管理服务人，其职责由法律法规予以明确，其服务方式、内容、标准及报酬由物业服务合同约定。物业管理公司除作为企业法人具有一般企业法人所具有的法律地位外，作为物业管理这一特殊法律关系中的主体，还应具备特定的法律地位，如：有权对物业及环境、公共秩序进行维护及监控；有权收取相关费用并获得利润（或佣金）；有权获得公共物业服务费以外的经营收入；有权拒绝法律、法规规定以外的经费摊派或业务摊派；有义务提供规定的服务并接受监督；有协助监督业主大会及业主委员会运作的权利及义务；有权请求政府或执法部门干涉业主大会或业主委员会的行为。

二 业主大会、业主委员会篇

通过以上的分析可知,物业管理权是物权派生出的一种权利。业主对物业的管理权是物权的必要组成部分,无疑属于私权利;物业管理公司接受业主的委托而享有的管理权自然也是私权利,因为物业管理公司所受托的更多是服务或事务处理,是职责或义务,而不是行政管理权。因此,物业管理公司的管理权本质上是业主自治权利的一种延伸,其管理行为是私法上的行为。在市场经济条件下,物业管理中的"管理"一词,不同于公法上的"管理"。物业管理公司的管理权来源于业主的授予或同意,代表全体业主维护整体利益,相当于业主的自我约束行为或自律管理。

从某种意义上说,物业服务合同是物业管理公司享有权利的自由空间,也是业主行使权利的表现,因此,物业管理的行为是业主权利的外在表现。业主权利来源于其对物业享有的区分所有权,业主权利行使的空间在于业主公约,从这点看,物业服务的权源基础是业主享有的区分所有权,物业服务合同的效力空间便来源于业主公约。

在一定程度上说,物业管理制度是区分所有权的一个必要组成部分或必然结果。建筑物区分所有权的行使和保障已经具有相当的公共性质,需要有共同管理人通过一种公共性的途径实现,这在一方面促使了现代物业管理的出现,另一方面,也使基于建筑物区分所有权的现代物业管理权有别于传统的物业管理权。

基于建筑物区分所有权而产生的物业管理权具有物权性,与传统物权有其共同性又有其特殊性具体表现为:

(1)物业管理权具有直接支配性。物业管理权人直接对物业进行管理活动,而不必也不需请求他人为之。

(2)物业管理权具有绝对性。物业管理权是区分所有权人享有的直接行使的权利,必然的具有对世性,排除他人的干涉。

(3)物业管理权具有从属性。物业管理权衍生于建筑物的区分所有权,从属于区分所有权。随其转移而转移,随其消灭而消灭。

(4)物业管理权具有公益性。物业管理的对象是物业整体,遍及整个物业管理区域。针对的也不只是某一位区分所有权人,而要涉及各建筑物区分所有权人之间的关系,物业管理区域内部与外部的关系,更具社会性。

(5)物业管理权具有债权性。基于物业管理的特性物业管理权一般要由具有专门物业管理知识技能的个人、组织行使,所以物业管理权需具有可让渡性，由建筑物区分所有权人让渡给专门的物业服务企业。但是这种可让渡性并非物业管理权所独有，物的所有权与管理权相分离的情况早已不罕见。物业管理权的特殊性在于这种让渡具有必须性，即区分所有权人必须把物业管理权让渡给某一特定的物业服务企业或个人，这一方面也是由其公益性决定的。建筑物区分所有权人不能将物业管理权，或者说，现代物业管理权强留在自己手上，他无权选择让或不让，他只能选择让与谁。另一方面，作为受让物业管理权的物业企业，他所取得的物业管理权必须是由区分所有权人以一定形式让渡给他的，除区分所有权人以外，任何人无权决定，更不能强行地或者通过其他不正当手段取得物业管理权。这样物业管理权就具有了一定程度的相对性。需要注意的是，这种让渡只要以一定形式在现实中得以实现即可。如按物权法规定物业管理人是基于与建筑物区分所有权人签订的委托合同获得物业管理权的。

综上，物业管理权的法律基础是对物业的所有权，只是由于现代物业管理的特性。基于建筑物区分所有权的物业管理权具有了传统物权以外的特征和性质，其中公益性和债权性是其最大的特征，也可以说这是物权社会化与物权债权化的表现。物业企业的管理权本质上是业主自治权利的延伸，因共用部分或共有而产生的物业管理仍然只有被涉及的业主才有最终的发言权。

温馨提示

在《物业管理条例》实施以前，选聘和解聘物业服务企业的机构是业主委员会。物业企业与业委会就是直接的委托与受托关系。但现行法律扩大了业主大会的权利，将其与物业公司直接联系，而业委会只是业主大会的办事机构、执行机构。

根据《物业管理条例》第六条，业主对物业共用部位、共用设施设备和相关场地使用情况享有知情权和监督权；第二十七条业主依法享有的物业共用部位、共用设施设备的所有权或者使用权，建设单位不得擅自处分；第五十五条利用物业共用部位、共用设施设备进行经营的，应当在征得相关业主、业主大会、物业服务企业的同意后，按照规定办理有关手续。业主所得收益应当主要用于补充专项维修资金，也可以按照业主大会的决定使用。第五十八条违反本条例的规定，建设单位擅自处分属于

二 业主大会、业主委员会篇

业主的物业共用部位、共用设施设备的所有权或者使用权的，由县级以上地方房地产行政主管部门处5万元以上20万元以下的罚款；给业主造成损失的，法承担赔偿责任。第六十五条违反本条例的规定，未经业主大会同意，物业服务企业擅自改变物业管理用房的用途的，由县级以上地方房地产行政主管部门责令限期改正，给予警告，并处1万元以上10万元以下的罚款；有收益的，所得收益用于物业管理区域内物业共用部位、共用设施设备的维修、养护，剩余部分按照业主大会的决定使用。

61 业主委员会能独立承担民事责任吗？

焦点问题

1. 法律规定独立承担民事责任的条件
2. 业主委员会是否是民事责任的主体
3. 民事责任的具体内容

专家答疑

业主委员会是否独立承担民事责任，换句话说，业主委员会能否担当民事诉讼的被告，并承担相应的法律责任。

根据《民事诉讼法》第四十九条规定，公民、法人和其他组织可以作为民事诉讼的当事人及《关于适用〈民事诉讼法〉若干问题的意见》对其他组织进行了更详细的确定：其他组织是指合法成立、有一定的组织机构和财产，但又不具备法人资格的组织，包括：……（4）经民政部门核准登记领取社会团体登记证的社会团体，同时《物业管理条例》十六条：业主委员会应当自选举产生之日起30日内，向物业所在地的区、县人民政府房地产行政主管部门和街道办事处、乡镇人民政府备案。所以业主委员会是其他组织，可以成为民事诉讼的当事人。

依据《北京市高级人民法院关于审理物业管理纠纷案件的意见（试行）》第七条的规定，业主委员会在物业公司违反物业服务合同约定，侵犯业主公共权益之时，可以以原告身份提起诉讼。

《民法通则》一百三十四条规定了承担民事责任的方式主要有：（1）停止侵害；（2）排除妨碍；（3）消除危险；（4）返还财产；（5）恢复原状；（6）修理、重作、更换；（7）赔偿损失；（8）支付违约金；（9）消除影响、恢复名誉；（10）赔礼道歉。

以上承担民事责任的方式中，（5）、（6）、（7）、（8）需要承担方要有一定的财产。但现实的问题是，业主委员会作为业主大会的执行机构，没有财产。如果作为被告，原告的诉讼请求又是以上这些，业委会将怎样保证去承担这一责任呢？

首先，就业主委员会与业主之间的纠纷，业主委员会具有当事人能力，这已为有关法律所确认。我国《物权法》第七十八条第二款规定："业主大会或者业主委员会作出的决定侵害业主合法权益的，受侵害的业主可以请求人民法院予以撤销"。

其次，就业主委员会代表业主参与诉讼的诉权而言，业主委员会虽非小区建筑物的区分所有权人，但对共有物业有管理处分权，其诉权之权利来源是法律的规定和业主的授权。《物业管理条例》并没有明确规定业主委员会的法律性质。就业主委员会的法律性质，理论上存在着"社团法人说"与"非法人组织说"等分歧。从《物业管理条例》第十五条第（二）项的措辞和内容来看，业主委员会的法律性质应当属于非法人组织。虽然《物业管理条例》第十六条规定，业主委员会应当自选举产生之日起30日内向物业所在地的区、县人民政府房地产行政主管部门备案，但从实体法理论言之，这种备案并不意味着业主委员会的主体资格的确定。对于业主委员会民事行为的效力，应是一种代理行为。业主委员会是业主大会的执行机构，根据业主大会的授权对外代表业主进行民事活动，所产生的法律后果由全体业主承担。同理，在涉及诉讼纠纷时，业主委员会参与诉讼的权利也来自于全体业主的授权，而后由其作为全体业主代表参加民事诉讼活动，即在民事诉讼中，业主委员会参与诉讼必须得到业主的明确授权，作为受托人参加到诉讼中，行使诉讼的权利，其诉讼活动的结果也直接归于全体业主。但由于实践中列业主委员会为当事人，因此，业主委员会诉讼行为的效力及于全体业主其理论依据是诉讼担当。从现实的层面，物业管理等往往涉及小区全体业主的利益，这一事实决定了在物业管理过程中涉及全体业主利益时，作为全体业主利益代表的业主委员会作为诉讼主体参与诉讼的事实基础。这也是根据民事诉讼理论界定业主委员会诉讼法律地位的基础。

业主委员会代表业主诉权的范围主要来自于业主的授权。一般情况下,依法成立的业主委员会在其职责范围内经业主代表大会授权,有权就与物业管理有关的、涉及全体业主公共利益的事宜,以物业公司为被告向人民法院提起民事诉讼。与物业管理无关的、个别或部分业主的事宜,业主委员会无权向人民法院提起民事诉讼。业主委员会就下列事项作为当事人是合格的:(1)物业管理企业违反合同约定损害业主公共权益的;(2)业主大会决定提前解除物业服务合同,物业管理企业拒绝退出的;(3)物业服务合同终止时,物业管理企业拒绝将物业管理用房和《物业管理条例》第二十九条第一款规定的资料移交给业主委员会的;(4)其他损害全体业主公共权益的情形。

温馨提示

2003年北京市高院《北京市高级人民法院关于审理物业管理纠纷案件的意见(试行)》中只规定了业主委员会可以作为原告提起诉讼的情形:

7. 业主委员会于下列情形下可作为原告参加诉讼,以其主要负责人(主任或副主任)作为代表人。

10. 物业管理企业因业主违反物业服务合同的约定而起诉业主委员会或要求将业主委员会列为共同被告的,不予准许。

上海市高级人民法院也有类似规定;(征求意见稿)规定业主委员会只能充当原告不能充当被告。

最高人民法院《关于审理物业管理纠纷案件适用法律问题的若干规定》"第三条业主委员会或者业主实施妨害物业服务企业对建筑区划内的建筑物及其附属设施和业主共同生活秩序进行服务和管理的行为,物业服务企业请求排除妨害、消除危险、恢复原状或者赔偿损失的,应予支持。该条其实是赋予业主委员会被告主体资格"。

《物权法》第78条规定:"业主大会或者业主委员会的决定,对业主具有约束力。业主大会或者业主委员会作出的决定侵害业主合法权益的,受侵害的业主可以请求人民法院予以撤销"。

既然业主可以请求法院撤销业主委员会的侵权决定，那么，业主委员会可否在其与业主的侵权纠纷中充当被告，《物权法》对此没有给出明确指示。

《物权法（草案）》第四次审议稿第86条规定："对侵害业主共同权益的行为，对物业服务机构等违反合同发生的争议，经专有部分占建筑物总面积过半数的业主或者占总人数过半数的业主同意，可以以业主大会或者业主委员会的名义提起诉讼、申请仲裁；业主也可以以自己的名义提起诉讼、申请仲裁"。2006年8月22日，十届全国人大常委会第二十三次会议审议物权法草案过程中，部分常委会委员及专家提出，业主委员会没有独立的财产，难以承担败诉后的民事责任，又由于很多小区并未成立业主大会和业主委员会，故建议删除草案第八十六条规定，暂不对业主委员会诉讼主体资格作出规定。因此，在物权法第5次审议稿中对于业主委员会的诉讼主体资格没有规定。

最高人民法院《关于审理物业管理纠纷案件适用法律问题的若干规定》"第十条有关业主共同权益的生效裁判，对全体业主具有约束力。其诉讼利益归属于全体业主"。

综上，从如今的法律法规以及司法实践上看，业主委员会作为原告的地位逐渐被承认，作为被告的地位得到有限的认可。

62 业主委员会如何处理业主与物业公司的矛盾？

焦点问题

1. 业主委员会的法定职能
2. 业主不认可物业公司的物业服务、管理而对物业公司不满
3. 业主委员会如何引导业主正确处理矛盾

专家答疑

《物业管理条例》第十五条规定："业主委员会是业主大会的执行机构，

履行以下五项职责：(1)召集业主大会会议，报告物业管理的实施情况；(2)代表业主与业主大会选聘的物业管理企业签订物业服务合同；(3)及时了解业主、物业使用人的意见和建议，监督和协助物业管理企业履行物业服务合同；(4)监督业主公约的实施；(5)业主大会赋予的其他职责"。

业主委员会发现业主与物业公司之间存在矛盾时，应当主动联系业主与物业公司，了解矛盾的原因，如果确属物业公司物业服务、管理的原因，应当督促物业公司予以改正，要求物业公司切实维护业主的正当权益。例如，物业公司应当制止相关业主违章搭建行为，但其不采取任何措施，导致该违章搭建物严重影响的周围业主的通风、采光，周围业主对物业公司的不作为，意见很大。对此，业主委员会应当协助物业公司向违章搭建的业主发出整改函件，如该业主拒不拆除，由物业公司报政府城管监察部门，由政府城管监察部门予以制止，并强制拆除。

物业公司实施物业服务、管理，双方是利益的共同体，其目标是一致的，无论发生什么分歧，业主要采取平等态度思考问题，分清事件的责任主体，不能出现问题就让物业公司成为出气筒。同时，物业公司也应按照《物业管理条例》和物业服务合同的约定为业主提供满意服务，绝不能以降低服务标准来欺骗业主，要做到质价相符，否则必然会加深双方矛盾。作为物业公司的从业人员要不断提高自身的综合素质和管理能力，要做到政策清楚、管理有方、技术精湛、服务热情。

> **温馨提示**
>
> 业主与业主委员会或物业公司的相关纠纷也可以采取诉讼途径解决。为此，最高人民法院已有相关规定。最高人民法院《关于审理建筑物区分所有权纠纷案件具体应用法律若干问题的解释》第十二条规定："业主以业主大会或者业主委员会作出的决定侵害其合法权益或者违反了法律规定的程序为由，依据物权法第七十八条第二款的规定请求人民法院撤销该决定的，应当在知道或者应当知道业主大会或者业主委员会作出决定之日起一年内行使"。
>
> 第十五条规定："业主或者其他行为人违反法律、法规、国家相关强制性标准、管理规约，或者违反业主大会、业主委员会依法作出的决定，

实施下列行为的，可以认定为物权法第八十三条第二款所称的其他"损害他人合法权益的行为"：（1）损害房屋承重结构，损害或者违章使用电力、燃气、消防设施，在建筑物内放置危险、放射性物品等危及建筑物安全或者妨碍建筑物正常使用；（2）违反规定破坏、改变建筑物外墙面的形状、颜色等损害建筑物外观；（3）违反规定进行房屋装饰装修；（4）违章加建、改建，侵占、挖掘公共通道、道路、场地或者其他共有部分。

最高人民法院《关于审理物业服务纠纷案件具体应用法律若干问题的解释》第三条规定："物业服务企业不履行或者不完全履行物业服务合同约定的或者法律、法规规定以及相关行业规范确定的维修、养护、管理和维护义务，业主请求物业服务企业承担继续履行、采取补救措施或者赔偿损失等违约责任的，人民法院应予支持。物业服务企业公开作出的服务承诺及制定的服务细则，应当认定为物业服务合同的组成部分"。

63 业主权益受损能起诉业主大会、业主委员会吗？

焦点问题

1. 业主委员会的诉讼主体地位
2. 业主大会、业主委员会能否独立承担民事责任
3. 业主受损后，其权益如何保护

专家答疑

当事人理论是民事诉讼理论当中一个重要的部分，它与诉权理论、证明责任理论一起共同构成了民事诉讼法理论的三大基石，解决的是"何者能诉、以何形式诉"的问题。考察业主委员会是否具有民事诉讼主体资格，正是要解决其"是否能诉，能以何种方式诉"的问题。因此，对业主委员会民事诉讼主体资格进行理论探讨，就要从当事人理论的角度来研究。当事人理论主要包括三个方面的内容，一是当事人能力，二是当事人适格，三是诉的利益。

根据我国《民事诉讼法》第49条和《最高人民法院关于适用〈中华人民

二 业主大会、业主委员会篇

共和国民事诉讼法〉若干问题的意见》(下称《民诉意见》)第40条的规定,公民、法人和其他组织可以作为民事诉讼的当事人,其中"其他组织"指的是"合法成立、有一定的组织机构和财产,但又不具备法人资格的组织",《民诉意见》对此还列举了八种"其他组织",同时以"符合本条规定条件的其他组织"作为兜底条款。比照法律的这一规定,我们发现,业主委员会符合法律规定的"其他组织"的情形。

(1) 业主委员会是合法成立的。这个"合法成立"是指业主委员会的成立有法律上的依据。根据《物权法》和《物业管理条例》,业主可以设立业主大会选举业主委员会,地方人民政府有关部门应当对选举业主委员会给予指导和协助,业主委员会应当自选举产生之日起30日内,向物业所在地的区、县人民政府房地产行政主管部门和街道办事处、乡镇人民政府备案。见,业主委员会并非一个松散的民间组织,而是依法选举产生的,具有明确的法律地位,符合现行民事诉讼规定"合法成立"的要求。

(2) 业主委员会是一个相对稳定的组织机构。业主委员会有一定数量的委员,并有从其成员中推选产生的主任、副主任,是执行业主大会决定事项的机构。对内要召集业主大会会议,报告物业管理的实施情况,监督管理规约的实施等,对外要代表业主与业主大会选聘的物业服务企业签订物业服务合同,监督和协助物业服务企业履行物业服务合同。由此可见,业主委员会并不仅仅是业主大会的内部机构,其有自己的职责和对外活动的权利。因此,业主委员会满足"有组织机构"的要件。

(3) 业主委员会有一定的财产。因为业主委员会由全体业主组成的业主大会选举成立,其代表业主对外执行业主大会的决议。因此可以认为,属于全体业主共有的建筑物专有部分以外的共有部分以及建筑物及其附属设施的维修基金均可归入业主委员会的财产中。虽然以我国业主委员会的现状来看,其确实没有独立的财产。但是,经全体业主同意或业主大会决议授权后,这些财产可以成为业主委员会的临时财产,以供其对外执行业主大会决议之用。因此,可以认为业主委员会有一定的财产,具体可包括:①物业的共用部位、共用设施、设备和物业管理办公场所、经营用房及由此产生的收益;②住宅共用部位、共用设施设备维修基金;③业主委员会的办公活动经费等。

(4) 业主委员会不具备法人资格。依《民法通则》的规定,法人应当具备的条件包括:①依法成立;②有必要的财产或经费;③有自己的名称、组织机构和场所；④能够独立承担民事责任。很明显，法律对于"法人"和"其他组织"的成立要求是不同的，法人的成立条件远远比"其他组织"严格。法律要求法人必须有必要的财产，能独立承担民事责任，但对其他组织却并无此要求。对法人的这两项要求，其实是出于保护交易相对人的考虑，所谓"必要财产"实指独立的财产，法人需有独立的财产才能够独立承担民事责任，若无独立财产则责任承担上就无独立之可能性。

业主委员会是业主大会的执行机构。业委会可以作为原告提起诉讼，以维护全体业主的合法权益。但作为被告，因其不具有一定财产，没有赔偿能力，现行法律并不允许其作为被告独立承担责任。

难道业主利益因业主大会、业委会受损，就没有办法救济？

《物业管理条例》第十二条：业主大会或者业主委员会作出的决定侵害业主合法权益的，受侵害的业主可以请求人民法院予以撤销。

第十九条第二款：业主大会、业主委员会作出的决定违反法律、法规的，物业所在地的区、县人民政府房地产行政主管部门或者街道办事处、乡镇人民政府，应当责令限期改正或者撤销其决定，并通告全体业主。

业主的合法权益得不到保障时，业主就可以向物业所在地、业主大会业主委员会登记地的政府部门投诉、举报，以维护自己的权益。当然，也可以依照《物业管理条例规定》，经20%以上的业主提议，组织召开业主大会临时会议，解决问题，或通过业主大会，重新选举、更换不满意的业委会委员，最终成立业主的真正业委会。

虽然业主无法将业主大会、业主委员会列为被告，但无论业主大会，还是业主委员会，都是业主组成的组织，都是由业主构成、选举的机构，它们最终是要维护业主利益的。所以业主无需担忧法律层面问题，只要充分发挥主人翁精神，就能维护好自己权益。

温馨提示

物权法是我们国家物权法律关系的基本法律，规定越为明确，越有利于定纷止争。根据《物权法》第七十八条、八十三条的规定，业主委员会作出的决定侵害业主合法权益的，受侵害的业主可以请求人民法院予以撤销，业主委员会对损害他人合法权益的行为，可以要求行为人停止侵害、

二　业主大会、业主委员会篇

消除危险、排除妨害、赔偿损失等，这说明《物权法》已承认了业主委员会在消极之诉中作为被告的资格，而对于其原告资格，却仍未明示，只是表明有要求行为人停止侵害、消除危险、排除妨害、赔偿损失的权利，而没有明确实现该项权利的方式和救济方式，即并未明确业主委员会是否能作为原告向法院就此提出诉讼。

64　业主委员会可以代表业主起诉物业公司吗？

焦点问题

1. 业主委员会起诉物业公司的条件
2. 业委会可以要求物业公司承担的责任

专家答疑

物业服务企业侵害的权益仅涉及单个业主或部分业主的，应当由单个业主或部分业主作为原告对物业公司提起诉讼。此时，业委会就不是适合的原告了。

业委会起诉物业公司的依据是，物业公司违反物业服务合同约定。依照法律规定，违反合同者，应当承担继续履行、采取补救措施或者赔偿损失等违约责任。业主委员会作为业主的维权组织，应积极维护业主权益，做好诉讼的准备。

根据上述规定，业主委员会提起诉讼，必须同时满足二个条件：

（1）属于在物业管理活动中发生的纠纷；

（2）为维护物业管理区域内业主共同权益的需要。关于前一个条件，在实践中的理解分歧较大，新闻报道有较多的业主委员会就业主与开发商购房合同中开发商违约纠纷提起诉讼，该类诉讼，大多没有得到法院的支持。关于第二个条件，业主委员会提起诉讼，应该基于全体业主的共同权益，而不是某部分或某个业主的利益，例如楼上业主装修不当，造成楼下业主漏水、业主占用楼梯或过道空间造成同一单元其他业主通行障碍等等，均属于应该个案起诉的案件，不应由业主委员会提起诉讼，设立业主委员会以自己名义

· 119 ·

提起诉讼这项制度的目的之一就是便捷诉讼，节省司法成本，可以个别提起的诉讼既没有必要套用这个程序，业主委员会为个别业主权益提起诉讼承担的风险和成本也加重了其他业主的负担。

> **温馨提示**
>
> 关于业主委员会的诉权有如下几种观点：第一种观点：业主委员会不具有诉讼主体资格，不能以自己的名义提起诉讼。第二种观点：业主委员会可以作为诉讼主体参与诉讼，既可以作为原告起诉，也可以作为被告应诉。第三种观点：业主委员会具有一般的、抽象意义的诉讼当事人能力，可以成为诉讼主体，但是原则上只能作为原告提起诉讼，不能成为被告，因为它没有责任财产和责任能力。
>
> 最高人民法院民一庭认为：依法成立的业主委员会在其职责范围内，经业主代表大会授权，有权就与物业管理有关的、涉及全体业主公共利益的事宜，可以物业公司为被告向人民法院提起民事诉讼。与物业管理无关的、个别或部分业主的事宜，业主委员会无权向人民法院提起民事诉讼。

65 业主委员会有权起诉业主吗？

焦点问题

1. 业主委员会的诉讼主体资格
2. 业主委员会的起诉范围

专家答疑

《最高人民法院关于适用〈中华人民共和国民事诉讼法〉若干问题的意见》第四十条规定了作为诉讼主体之一的"其他组织"的条件，即："合法成立、有一定的组织机构和财产，但又不具备法人资格的组织"。

最高人民法院在2003年8月20日《关于金湖新村业主委员会是否具备民

事诉讼主体资格请示一案的复函》中规定:"根据《中华人民共和国民事诉讼法》第四十九条、最高人民法院《关于适用若干问题的意见》第四十条之规定,金湖新村业主委员会符合'其他组织'条件,对房地产开发单位未向业主委员会移交住宅区规划图等资料、未提供配套公用设施、公用设施专项费、公共部门维护费及物业管理用房、商业用房的,可以自己的名义提起诉讼"。

因此,我们可以认为,最高人民法院已经通过司法解释的形式明确了业主委员会属于民事诉讼法规定的"其他组织",可以自己的名义提起诉讼,也就是说业主委员会属于民事诉讼的当事人,具备诉讼主体资格。

同时,有人指出,最高人民法院的司法解释只是规定业主委员会在涉及开发商未向业主委员会移交有关资料、未提供配套公用设施、费用及物业管理用房等方面才可提起诉讼,不应扩张解释为业主委员会在其他方面也具备诉讼主体的资格。那么,业主委员会的作为原告的起诉范围到底有多大?

笔者认为,业主委员会对小区进行自治管理的权利,来源于业主大会的授权,因此,业主委员会就维护自治管理、维护业主利益方面而言,有权以自己的名义提起诉讼。虽然最高人民法院的司法解释仅仅明确了业主委员会对房地产开发单位未向其移交住宅区规划图等资料、未提供配套公用设施、公用设施专项费、公共部门维护费及物业管理用房、商业用房的,可以自己的名义提起诉讼,但只要法律法规没有作出明确的限制或禁止性规定,业主委员会就有权以自己的名义在关乎业主利益的其他方面提起诉讼,法院对于业主委员会的诉讼主体资格也没有加以限制的权力。

对此,2007年颁布实施的《物权法》第八十三条第二款规定:"业主大会和业主委员会,对任意弃置垃圾、排放污染物或者噪声、违反规定饲养动物、违章搭建、侵占通道、拒付物业费等损害他人合法权益的行为,有权依照法律、法规以及管理规约,要求行为人停止侵害、消除危险、排除妨害、赔偿损失",因此,在物业管理区域内内出现了《物权法》第八十三条第二款所罗列的情况,无论是业主大会,还是业主委员会都可以行为人停止侵害、消除危险、排除妨害、赔偿损失,进一步说如果行为人对业主大会或业主委员会的要求置之不理,那么业主大会或者业主委员会可以向法院提起诉讼,以维护全体业主的合法权益。

温馨提示

《物业管理条例》第十九条规定:"业主大会、业主委员会应该依法履行职责,不得做出与物业管理无关的决定,不得从事与物业无关的活动",因此,业主委员会作为业主大会的执行机构,其职责主要是监督物业管理企业的服务质量,帮助业主正确地行使权利,加强小区业主与物业管理企业的沟通,调解双方的矛盾,维护业主的合法权利。

66 业主大会、业主委员会的决定,业主不认可怎么办?

焦点问题

1. 业主大会、业主委员会如何行使权利
2. 业主大会、业主委员会可能侵害业主哪些权利

专家答疑

成立业主大会后,业主大会应当代表和维护物业管理区域内全体业主在物业管理活动中的合法权益。根据我国《物业管理条例》第十二条规定:"业主大会会议可以采用集体讨论的形式,也可以采用书面征求意见的形式;但是,应当有物业管理区域内专有部分占建筑物总面积过半数的业主且占总人数过半数的业主参加",涉及全体业主利益的事项,应当经专有部分占建筑物总面积过半数的业主且占总人数过半数的业主同意。

当在物业管理区域内,筹集和使用专项维修资金或改建、重建建筑物及其附属设施时,应当经专有部分占建筑物总面积2/3以上的业主且占总人数2/3以上的业主同意。

业主委员会由业主大会选举产生,选举时应当经专有部分占建筑物总面积1/2以上的业主且占总人数1/2以上的业主同意。

二 业主大会、业主委员会篇

凡涉及全体业主利益的行为，即需要业主大会做出的决定，包括制定和修改业主大会议事规则、制定和修改管理规约、选聘和解聘物业服务企业、筹集和使用专项维修资金、改建、重建建筑物及其附属设施等事项。但是，如业主大会和业主委员会的决定，个别业主认为侵犯了其合法权益，该怎么办？根据我国《物权法》第七十八条规定："业主大会或者业主委员会做出的决定侵害业主合法权益的，受侵害的业主可以请求人民法院予以撤销；"同时，《物业管理条例》第十二条亦规定："业主大会或者业主委员会做出的决定侵害业主合法权益的，受侵害的业主可以请求人民法院予以撤销"，因此，我们可以看出无论是有关物业的法律，还是法规，都对业主的权益受到业主大会或者业主委员会的侵害，如何救济的问题做出了规定。业主认为业主大会、业主委员会的决定侵犯其权益，可以行使撤销权，即有权要求人民法院撤销业主大会、业主委员会的决定。比如某小区业主大会召开会议，对小区停车场进行扩建并表决，由于扩建方案中的拟扩建的区域侵占了部分一层业主购买的花园，该部分业主尽管表示反对，但该扩建方案还是经业主大会通过。为此，该部分业主可以起诉要求人民法院撤销业主大会此项扩建停车场的决定。

温馨提示

《物权法》第七十八条规定："业主大会或者业主委员会做出的决定侵害业主合法权益的，受侵害的业主可以请求人民法院予以撤销"、《物业管理条例》第十二条规定："业主大会或者业主委员会做出的决定侵害业主合法权益的，受侵害的业主可以请求人民法院予以撤销"，通过以上法律法规的规定，明确了业主对业主大会、业主委员会决定，侵害业主权益后业主救济的权利及途径。

另外，属于业主大会、业主委员会"决定"的范围是宽泛的，至于什么样的"决定"侵害了业主的权益，有关的法律法规并未做出详细的规定，在此，我们可以认为，业主大会、业主委员会代表全体业主实施的行为，业主认为利益受损均有权请求人民法院予以撤销。

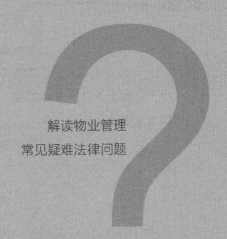

解读物业管理
常见疑难法律问题

三 物业公司篇

  物业公司是园区物业服务的提供者,对物业的保值增值起到决定性的作用。一个园区物业公司的服务质量高低直接影响园区供用设施设备的运转性能,同时也关系到广大业主的安居乐业。本章通过物业公司的法律概念、从事物业管理、服务的企业资质要求、物业公司日常管理过程中的权利义务及物业公司在签订物业服务合同过程中的注意事项等相关问题,帮助广大物业公司规范日常管理过程中的法律风险,同时也跟大家分享物业公司在经营管理过程中的紧急情况的处理。

67 谁有资格从事物业管理?

焦点问题

1. 法律对从事物业管理的物业公司资质有哪些要求
2. 物业公司的资质不合格,会存在哪些法律风险

专家答疑

物业公司的资质是指从事物业管理的物业公司应当具备的资金数量、人员素质、能管理的物业规模、管理水平及相应的管理制度等。国家对物业公司资质的要求,主要是保证物业公司为广大业主提供物业高质量的服务。1994年4月建设部颁布了33号令《城市新建住宅小区管理办法》,明确指出:"住宅小区应当逐步推行社会化、专业化的管理模式,由物业管理公司统一实施专业化管理",2003年出台的《物业管理条例》规定:一个物业管理区域内由一个物业服务企业实施物业管理,从事物业管理活动的企业应当具备独立的法人资格。2004年实施的《物业管理企业资质管理办法》第五条明确规定,物业公司资质分为:一级资质、二级资质、三级资质三个等级,其中对不同等级资质的物业公司注册资本、管理人员资格、管理各类物业房屋建筑面积、物业服务质量和物业公司收费标准都有明确要求。2010年10月1号,北京市出台了《住宅物业服务标准》,将物业服务事项分为五个等级标准,物业公司与业主签订了物业服务合同时应明确约定服务的标准,并按照约定的标准提供相应的物业服务。

根据《物业管理条例》第六十一条"违反本条例的规定，物业服务企业聘用未取得物业管理职业资格证书的人员从事物业管理活动的，由县级以上地方人民政府房地产行政主管部门责令停止违法行为，处5万元以上20万元以下的罚款；给业主造成损失的，依法承担赔偿责任"，同时物业公司应根据公司的资质承接相应的物业，否则按照《物业服务企业资质管理办法》第十九条规定："物业服务企业超越资质等级承接物业管理业务的，由县级以上地方人民政府房地产主管部门予以警告，责令限期改正，并处1万元以上3万元以下的罚款"的规定，也就是说物业管理企业必须以自身的资质承接相应的物业管理业务，否则要承担相应的法律风险。

温馨提示

根据《物业服务企业资质管理办法》第五条的规定："各资质等级物业服务企业的条件如下：

（一）一级资质：

1. 注册资本人民币500万元以上；

2. 物业管理专业人员以及工程、管理、经济等相关专业类的专职管理和技术人员不少于30人。其中，具有中级以上职称的人员不少于20人，工程、财务等业务负责人具有相应专业中级以上职称；

3. 物业管理专业人员按照国家有关规定取得职业资格证书；

4. 管理两种类型以上物业，并且管理各类物业的房屋建筑面积分别占下列相应计算基数的百分比之和不低于100%：

（1）多层住宅200万平方米；

（2）高层住宅100万平方米；

（3）独立式住宅（别墅）15万平方米；

（4）办公楼、工业厂房及其他物业50万平方米。

5. 建立并严格执行服务质量、服务收费等企业管理制度和标准，建立企业信用档案系统，有优良的经营管理业绩。

（二）二级资质：

1. 注册资本人民币300万元以上；

2. 物业管理专业人员以及工程、管理、经济等相关专业类的专职管理和技术人员不少于20人。其中，具有中级以上职称的人员不少于10人，工程、财务等业务负责人具有相应专业中级以上职称；

3. 物业管理专业人员按照国家有关规定取得职业资格证书；

4. 管理两种类型以上物业，并且管理各类物业的房屋建筑面积分别占下列相应计算基数的百分比之和不低于100%：

（1）多层住宅100万平方米；

（2）高层住宅50万平方米；

（3）独立式住宅（别墅）8万平方米；

（4）办公楼、工业厂房及其他物业20万平方米。

5. 建立并严格执行服务质量、服务收费等企业管理制度和标准，建立企业信用档案系统，有良好的经营管理业绩。

（三）三级资质：

1. 注册资本人民币50万元以上；

2. 物业管理专业人员以及工程、管理、经济等相关专业类的专职管理和技术人员不少于10人。其中，具有中级以上职称的人员不少于5人，工程、财务等业务负责人具有相应专业中级以上职称；

3. 物业管理专业人员按照国家有关规定取得职业资格证书；

4. 有委托的物业管理项目；

5. 建立并严格执行服务质量、服务收费等企业管理制度和标准，建立企业信用档案系统"。

68 物业公司的资质问题如何区别？

焦点问题

1. 物业公司不同资质和物业服务范围的关系

2. 物业公司未取得相应资质，能否从事相关的物业管理、服务

3. 物业公司的资质如何向业主公示

《物业管理条例》第三十二条规定:"从事物业管理活动的企业应当具有独立的法人资格。国家对从事物业管理活动的企业实行资质管理制度。具体办法由国务院建设行政主管部门制定;"《物业服务企业资质管理办法》第五条规定了一、二、三级资质物业企业的条件。

(3)独立式住宅(别墅)8万平方米;

(4)办公楼、工业厂房及其他物业20万平方米。

5. 建立并严格执行服务质量、服务收费等企业管理制度和标准,建立企业信用档案系统,有良好的经营管理业绩。

(三)三级资质:

1. 注册资本人民币50万元以上;

2. 物业管理专业人员以及工程、管理、经济等相关专业类的专职管理和技术人员不少于10人。其中,具有中级以上职称的人员不少于5人,工程、财务等业务负责人具有相应专业中级以上职称;

3. 物业管理专业人员按照国家有关规定取得职业资格证书;

4. 有委托的物业管理项目;

5. 建立并严格执行服务质量、服务收费等企业管理制度和标准,建立企业信用档案系统。"

物业公司应当按照上述资质条件,承接相应物业项目,否则,按照《物业服务企业资质管理办法》第十九条规定:"物业服务企业超越资质等级承接物业管理业务的,由县级以上地方人民政府房地产主管部门予以警告,责令限期改正,并处1万元以上3万元以下的罚款"的规定,就应当承担相应的法律责任。

需要强调的是,很多业主以物业公司不具有相应资质,无权为小区进行管理为由,拒绝向物业公司支付物业费用。实际上,在业主居住的小区中物业公司提供物业管理、服务,依据的是业主、业主委员会与物业公司签订的物业服务合同,或开发建设单位与物业公司的物业服务委托合同,物业公司实际上按照约定提供了物业服务、管理,在事实上小区中的全体业主与物业公司形成了物业服务合同关系,双方权利义务关系清楚、明确,而双方均应当予以履行，并承担相应的权利义务。物业公司是否具有相对应的物业资质，属于行政管理范畴，与物业服务合同是否有效无关，换言之，即使物业公司不具备相应的等级资质，业主也应当按照物业服务合同的约定交纳物业费用。

北京《住宅物业服务等级规范（一级）（试行）》规定："在物业服务中心悬挂（或张贴）物业企业资质证书（或复印件）、项目负责人照片，公示物业服务标准、收费依据、收费标准"。

物业公司应当向业主公示其物业企业资质证书，业主享有知情权，如业主发现物业公司超越资质等级承接物业管理业务的，有权向政府建委房管部门举报、投诉，政府建委房管部门应当对物业公司予以处罚。

温馨提示

《物业服务企业资质管理办法》第十一条规定："物业服务企业申请核定资质等级，在申请之日前一年内有下列行为之一的，资质审批部门不予批准：（一）聘用未取得物业管理职业资格证书的人员从事物业管理活动的；（二）将一个物业管理区域内的全部物业管理业务一并委托给他人的；（三）挪用专项维修资金的；（四）擅自改变物业管理用房用途的；（五）擅自改变物业管理区域内按照规划建设的公共建筑和共用设施用途的；（六）擅自占用、挖掘物业管理区域内道路、场地，损害业主共同利益的；（七）擅自利用物业共用部位、共用设施设备进行经营的；（八）物业服务合同终止时，不按照规定移交物业管理用房和有关资料的；（九）与物业管理招标人或者其他物业管理投标人相互串通，以不正当手段谋取中标的；（十）不履行物业服务合同，业主投诉较多，经查证属实的；（十一）超越资质等级承接物业管理业务的；（十二）出租、出借、转让资质证书的；（十三）发生重大责任事故的"。

业主发现物业公司有上述情况的，可以进行举报、投诉，并要求建委房管部门对该物业公司不予颁发资质证书。

69　前期物业公司的确立需要做什么？

焦点问题

1. 什么叫前期物业管理的介入
2. 物业公司前期介入的作用
3. 确定前期物业公司

物业管理前期介入，指开发企业聘请从事物业管理的企业，由其组织有关人员，从物业管理和运作角度为开发企业提出小区规划、楼宇设计、设备选用、功能规划、施工监管、工程竣工、验收接管、房屋销售租赁多方面的建设性意见，并制定方案，提出合理化建议，以使开发出的物业最大限度地满足业主的需求和物业管理的需要。

物业公司尽早介入物业区域，能够及时发现物业使用功能与质量上的问题，及时进行调整，使产品设计、生产与使用过程都能有更多的保障，再者也能促进物业建设质量的提高；同时，物业管理企业可以努力发挥其专业的优势，为建设单位当好参谋、做好助手，避免和减少一些影响物业管理质量的因素，奠定物业管理服务质量的基础，树立自己的服务品牌，从而为业主提供优质的服务质量，为业主营造一个满意、舒适、温馨的居住环境。现实生活中，由于人们对小区居住环境、质量要求的提高，物业管理的前期介入，被动服务变主动服务逐渐成了一种行业的趋势，而这也是不断完善现代物业管理的一种举措。由科学方法指导的物业管理前期介入，必将使方兴未艾的房地产开发、物业管理走向一个良性循环、双赢的局面。

在《物业管理条例》中第三章专门就前期物业做了明确规定。在业主、业主大会选聘物业服务企业之前，物业企业由建设单位选聘，签订书面的前期物业服务合同。国家提倡建设单位按照房地产开发与物业管理相分离的原则，通过招投标的方式选聘具有相应资质的物业服务企业。住宅物业的建设单位，应当通过招投标的方式选聘具有相应资质的物业服务企业；投标人少于3个或者住宅规模较小的，经物业所在地的区、县人民政府房地产行政主管部门批准，可以采用协议方式选聘具有相应资质的物业服务企业。

前期物业服务合同可以约定期限，也可以不约定。无论是否约定，当业主委员会与物业服务企业签订的物业服务合同生效时，前期物业服务合同效力终止。

> **温馨提示**
>
> 前期物业服务合同的签约方是开发建设单位、物业公司和业主。业主在与建设单位签订买卖房屋合同之时，也一并会签订《物业服务合同》以及《临时物业管理公约》。

70 物业管理区域怎样划分？

焦点问题

1. 什么叫物业管理区域
2. 有权划分物业管理区域的单位
3. 划分物业管理区域的依据

物业管理区域是一个由业主居住园区整体的物业范围。一般而言，它应该是一个由原设计构成的自然街坊或封闭小区。自然街坊是城市建设中自然形成的相对独立的居住区。将自然街坊或封闭小区划分为一个物业管理区域，有利于对房屋及配套设施进行管理。

根据《物业管理条例》规定，物业管理区域的划分具体办法由省、自治区、直辖市制定。之所以这样规定，是因为各地情况有很大的不同。有的地方一栋楼就可以构成一个物业管理区域，而有些是十几万平方米的居住小区才构成一个物业管理区域。在实践中，通常情况下一条规划红线内就是一个物业区域。但这也不是绝对的。物业管理区域的划分还应当考虑物业的共用设施设备、建筑物规模、社区建设等因素。

物业管理区域一经划定，如无特殊情况，不得做任意改动。这样物业管理区域范围相对稳定，有利于业主自治机构和物业管理公司管理上的稳定性和延续性。

> **温馨提示**
>
> 划定的物业管理区域通常是物业管理企业服务的区域。业主委员会与物业公司签订物业合同时，应将物业服务区域清楚、明了地写在合同中。只有这样，才能避免日后的纠纷和麻烦。

71 物业服务合同与业主管理规约有何区别？

焦点问题
1. 物业服务合同的概念
2. 物业管理公约（前期物业管理合同）的概念
3. 它们之间的区别之处

专家答疑

物业服务合同，是指业主或业主委员会代表区域内的业主与物业管理企业对房屋及配套的设施设备和相关场地进行维修、养护、管理，维护相关区域内的环境卫生和秩序等活动所达成的协议。物业服务合同是物业管理企业在一定区域内开展物业管理的前提和依据。物业管理企业与业主、业主委员会系平等民事主体，物业管理企业的管理权源自业主或业主委员会的授权委托。这种授权通过物业管理合同实现。一旦业主或业主委员会与物业管理企业签署了合同，双方的法律关系即告成立，双方都应遵守合同的约定。

物业管理公约是由房地产开发企业、购房人、物业管理企业三方签订的关于房屋售后各方物业管理权利义务的契约。一经签订，对签约各方具有法律约束力。公约的制订方是商品房的销售者——开发企业，开发企业可自行制订公约，同时由于公约是较为专业的法律文本，开发企业也可委托律师等专业人士制订公约。公约须在售房前报送市国土房管局市居住小区管理办公室核准登记。公约的内容应当包括物业基本情况、物业管理服务标准和收费标准、签约各方权利义务、违约责任和纠纷的处理等基本内容。

服务合同和公约的区别之处为：（1）签约主体不同。物业服务合同的签约方是业主或业委会与物业公司，而公约的签约方是房产开发企业、业主和物业公司；（2）签约时间不同。物业服务合同是公约期满后签订，而公约是业主在购买房屋、签订《房屋买卖合同》时就得签订；（3）签约过程不同。物业服务合同的内容由签约主体协商确定，而公约的内容制定事由开发建设单位决定的。

温馨提示

2008年2月1日，新的《物业管理条例》修改之前，物业服务合同被称之为物业管理合同。服务合同与管理合同虽二字之差，但却包含了不同的立法取向：物业管理合同强调的是"管理"；物业服务合同强调的是"服务"，突出了合同主体的平等性，也突出了物业公司是服务性企业，更好地服务于小区和小区的业主，而不是一味地强调彼此之间的管理关系。

72 物业管理合同的履行与终止条件是什么？

焦点问题

1. 一般法律关于合同履行的规定
2. 一般法律关于合同终止的规定
3. 物业管理法律关于物业合同履行和终止的规定

专家答疑

物业服务合同主体是指物业服务合同权利的享有者和义务的承担者。物业服务合同主体包括建设单位、业主委员会、物业服务企业。

建设单位即有关物业的开发单位，根据有关法律规定，建设单位应当在销售物业之前选聘具有相应资质等级的物业服务企业，承担该物业管理区域内的服务活动。建设单位在与物业买受人订立物业买卖合同时，应将前期物业服务合同中的内容纳入物业买卖合同中。

业主委员会是经业主代表大会选举产生的，是业主大会的执行机构。它代表业主利益，实行自治管理，维护业主合法权益。业主委员会经政府有关管理机关依法核准登记后，取得合法资格。业主委员会有权代表业主与物业服务企业签订物业服务合同，并有权监督物业服务企业的服务水准、服务合同的执行情况，物业管理服务收费及其使用情况。

物业服务企业是指取得物业服务企业资质证书和工商营业执照，接受业主或者业主大会的委托，根据物业服务合同进行专业管理，实行有偿服务的企业。物业服务企业有权依照物业管理办法和物业服务合同对物业实施管理，有权依照物业服务合同收取管理费，有权选聘专业服务公司承担物业管理区域内的专项服务业务，但不得将整项服务业务委托她人。

按照服务提供的所在阶段不同，可以分为前期物业服务合同和物业服务合同。前者是指在物业销售前，由建设单位与其选聘的物业服务企业签订的合同，后者是指在建设单位销售并交付的物业达到一定数量时，依法成立业主委员会，由业主委员会与业主大会选聘的物业公司签订的合同。前期物业服务合同在业主委员会与物业服务企业签订的物业服务合同生效时终止。

对于新竣工的物业而言，一般物业委托管理合同先由房地产开发商与物业管理企业签订前期物业服务合同，然后在成立业主大会、业主委员会后，由业主委员会与物业管理企业签订《物业服务合同》。如果业主大会决定选聘新的物业管理企业，业主委员会就不会与前期介入的物业管理企业续签委托合同；即使业主大会同意与原来的由房地产开发商选聘的、前期已介入的物业管理企业续签委托管理合同，它也可能会对原委托管理合同做出一定的修改，即对《前期物业服务合同》修改后形成新的《物业服务合同》。由此可见，房地产开发商的最初委托只是一种临时性的安排，而业主大会的委托才是最终的决定。若招标物业是已使用过的物业，则委托管理合同将直接由业主委员会与中标的物业管理企业签订。

> 💡 **温馨提示**
>
> 《合同法》第六十条规定：当事人应当按照约定全面履行自己的义务。当事人应当遵循诚实信用原则，根据合同的性质、目的和交易习惯履行通知、协助、保密等义务。
>
> 第六十四条规定：当事人约定由债务人向第三人履行债务的，债务人未向第三人履行债务或者履行债务不符合约定，应当向债权人承担违约责任。
>
> 第六十五条规定：当事人约定由第三人向债权人履行债务的，第三人不履行债务或者履行债务不符合约定，债务人应当向债权人承担违约责任。
>
> 第六十六条规定：当事人互负债务，没有先后履行顺序的，应当同时履行。一方在对方履行之前有权拒绝其履行要求。一方在对方履行债务不符合约定时，有权拒绝其相应的履行要求。
>
> 第六十七条规定：当事人互负债务，有先后履行顺序，先履行一方未履行的，后履行一方有权拒绝其履行要求。先履行一方履行债务不符合约定的，后履行一方有权拒绝其相应的履行要求。
>
> 第六十八条规定：应当先履行债务的当事人，有确切证据证明对方有下列情形之一的，可以中止履行：（一）经营状况严重恶化；（二）转移财产、抽逃资金，以逃避债务；（三）丧失商业信誉；（四）有丧失或者可能丧失履行债务能力的其他情形。当事人没有确切证据中止履行的，应当承担违约责任。
>
> 第六十九条规定：当事人依照本法第六十八条的规定中止履行的，应当及时通知对方。对方提供适当担保时，应当恢复履行。中止履行后，对方在合理期限内未恢复履行能力并且未提供适当担保的，中止履行的一方可以解除合同。
>
> 第七十条规定：债权人分立、合并或者变更住所没有通知债务人，致使履行债务发生困难的，债务人可以中止履行或者将标的物提存。
>
> 第七十一条规定：债权人可以拒绝债务人提前履行债务，但提前履行不损害债权人利益的除外。
>
> 债务人提前履行债务给债权人增加的费用，由债务人负担。
>
> 第七十二条规定：债权人可以拒绝债务人部分履行债务，但部分履行不损害债权人利益的除外。

债务人部分履行债务给债权人增加的费用，由债务人负担。

第七十三条规定：因债务人怠于行使其到期债权，对债权人造成损害的，债权人可以向人民法院请求以自己的名义代位行使债务人的债权，但该债权专属于债务人自身的除外。

代位权的行使范围以债权人的债权为限。债权人行使代位权的必要费用，由债务人负担。

第七十四条规定：因债务人放弃其到期债权或者无偿转让财产，对债权人造成损害的，债权人可以请求人民法院撤销债务人的行为。债务人以明显不合理的低价转让财产，对债权人造成损害，并且受让人知道该情形的，债权人也可以请求人民法院撤销债务人的行为。

撤销权的行使范围以债权人的债权为限。债权人行使撤销权的必要费用，由债务人负担。

第七十五条规定：撤销权自债权人知道或者应当知道撤销事由之日起一年内行使。自债务人的行为发生之日起五年内没有行使撤销权的，该撤销权消灭。

第七十六条规定：合同生效后，当事人不得因姓名、名称的变更或者法定代表人、负责人、承办人的变动而不履行合同义务。

73　物业服务合同无效的原因有哪些？

焦点问题

1. 关于合同无效原因的法律规定
2. 合同无效后的法律后果
3. 物业服务合同无效的表现

专家答疑

依据我国《合同法》的规定，合同有下列情形之一的，则该合同无效：

（1）一方以欺诈、胁迫的手段订立合同，损害国家利益；（2）恶意串通，损害国家、集体或者第三人利益；（3）以合法形式掩盖非法目的；（4）损害社会公共利益；（5）违反法律、行政法规的强制性规定。

还有导致合同无效的其他原因是订立合同主体不合格，表现为：（1）无民事行为能力人、限制民事行为能力人订立合同且法定代理人不予追认的，该合同无效，但有例外：纯获利益的合同和与其年龄、智力、精神健康状况相适应而订立的合同，不需追认，合同当然有效；（2）代理人不合格且相对人有过失而成立的合同，该合同无效；（3）法人和其他组织的法定代表人、负责人超越权限订立的合同，且相对人知道或应当知道其超越权限的，该合同无效。

合同被确认无效后，自始就没有效力。《合同法》第五十八条规定："合同无效或者被撤销后，因该合同取得的财产，应当予以返还；不能返还或者没有必要返还的，应当折价补偿。有过错的一方应当赔偿对方因此而受到的损失，双方都有过错的，应当各自承担相应的责任"。

结合物业活动的具体情况，物业服务合同无效的原因也无外乎以下：（1）签订《物业服务合同》的主体不合格。依照《物业管理条例》，业主委员会代表业主与业主大会选聘的物业企业签订服务合同。所以签订物业合同的主体是业委会和物业公司。如果物业公司下属的管理处没有法律人格，则无权签订物业合同；（2）业主大会与物业公司恶意串通。依据条例，业主大会选聘物业公司应当经专有部分占建筑物总面积过半数的业主且占总人数过半数的业主同意。如果业主大会没有遵守此议事规则，任意选聘物业公司，此合同无效。（3）物业合同内容违法，损害全体业主权益的。如果物业合同内容有损业主合法利益的，业主可要求法院确认此合同无效。

> 💡 **温馨提示**
>
> 《物业服务合同》是业主与物业公司签订的关于小区物业服务的行为准则，也是业主维权的主要依据。物业合同的签订应遵守法律法规。业主对此应特别关注。

74　物业公司有权单方撤出园区吗？

焦点问题

1. 物业公司对园区进行物业管理、服务的途径
2. 业主未交纳物业费，物业公司是否有权单方撤场
3. 物业服务合同期限未满，物业公司撤出园区，是否应承担法律责任

通常情况下，物业公司对园区进行物业管理、服务，主要有以下几种途径：（1）物业公司与开发商签订物业委托合同；业主入住时已签署公约、收房须知等材料，其中规定由物业公司对园区进行服务、管理，并收取物业费；（2）物业公司与业主委员会签署物业服务合同，约定物业服务标准、物业费单价、物业服务内容后，由物业公司对园区进行服务、管理；（3）物业公司与每位业主签署物业服务合同，明确双方权利、义务后，对园区进行服务、管理；（4）原物业公司与新物业公司达成协议后，两家物业公司发出通知，告知广大业主新物业公司对园区提供物业服务、管理，业主对此予以认可的；（5）物业公司为园区原房屋保障部门改制成立，未与业主、业主委员会签订任何合同，事实上一直对园区进行物业服务、管理，并向业主收取物业费用的。

物业公司与开发商或业主、业主委员会签订物业委托合同或物业服务合同，期限未届满的，物业公司无权单方解除合同，无权单方撤出园区，否则物业公司应当承担相应的违约责任。物业委托合同或物业服务合同期限届满的或物业公司基于事实行为对园区进行管理的，物业公司请求解除合同的，应当提前3个月通知相关当事人，并告知广大业主。此外，物业服务合同期限届满后，物业服务企业继续进行物业服务和管理，业主大会没有提出异议的，原物业服务合同继续有效，物业服务期限为不定期。一方请求解除物业服务合同的，应在3个月之前通知对方当事人。

需要强调的是，物业服务合同不是我国民法意义上的基于债权债务关系形成的合同，一般基于债权债务关系形成的合同依据《合同法》的规定，在

对方不履行合同义务，经催告仍不履行的，另一方有权解除合同；而物业合同涉及每一位业主，不能因某些业主的不履行合同的行为，而导致物业公司对其他交费业主的违约，所以物业公司不得在合同期内单方撤出园区。物业公司可通过仲裁或诉讼的形式来裁决合同的履行和解除。

温馨提示

根据《物业管理条例》第二十六条规定："前期物业服务合同可以约定期限；但是，期限未满业主委员会与物业服务企业签订的物业服务合同生效的，前期物业服务合同终止"，如果属于前期物业公司，业主大会选聘新物业公司，并达成物业服务合同的，原物业服务合同解除。原物业公司必须在办理完毕交接手续后撤离园区。

75 物业服务协议到期未签订新合同应该怎么办？

焦点问题

1. 物业服务合同到期未签订新合同，物业公司提供的物业服务是否合法
2. 物业服务合同到期未签订新合同，业主是否需要交物业费
3. 物业服务合同到期未签订新合同，原物业服务合同是否有效

专家答疑

一般情况下，在一个住宅区，该小区成立了业主大会并选举产生了业主委员会，物业公司对该小区提供物业服务、管理是基于全体业主的委托，其依据是物业公司与业主大会签订的《物业服务合同》，物业公司收取物业服务费及其他各种费用都是按照物业服务合同的约定进行的，包括收费时间、收费标准等等。

如果该《物业服务合同》到期后，物业公司与业主大会没有重新签订《物业服务合同》，该如何处理？这是目前很多小区存在或面临的真实情况。

首先，如果物业公司在《物业服务合同》到期后，没有与业主大会签订新的物业服务合同，物业公司应当明确已经到期的合同中对于合同到期后的处理方式，如果其中明确约定"合同到期后，如果双方未进行续签，原合同继续有效"的条款，那么物业公司基于原合同约定的内容、标准对该小区提供物业服务、管理，同时按照原合同的标准收取物业服务费及约定的各种代收代缴的费用。

再次，如果原合同对合同到期后的约定为"到期终止，由物业公司与业主委员会另行签订物业服务合同"的条款，那么在原合同到期后，业主大会解散或其他客观原因出现时，导致物业公司无签订合同的相对主体，而物业公司又按时、按质的提供物业服务的，业主对物业公司的服务也很满意，那么物业公司基于事实的物业服务行为，有权收取物业服务费和代收代缴的各种费用。

最后，如果原合同到期前，业主大会对物业公司提供的物业服务质量不满意的，可以召开全体业主大会，对该物业公司进行解聘，征求全体业主的意见，如果在此过程中有专有部分和业主人数均超过1/2的业主同意解聘前物业公司的，物业公司与业主之间的物业服务合同到期时，物业公司应当办理相应的交接手续，撤出该小区。根据《最高人民法院关于审理物业服务纠纷案件具体应用法律若干问题的解释》第十条"物业服务合同的权利义务终止后，业主委员会请求物业服务企业退出物业服务区域、移交物业服务用房和相关设施，以及物业服务所必需的相关资料和由其代管的专项维修资金的，人民法院应予支持。物业服务企业拒绝退出、移交，并以存在事实上的物业服务关系为由，请求业主支付物业服务合同权利义务终止后的物业费的，人民法院不予支持"的规定，物业公司在撤离该小区时，不能在收取物业服务费。

> **温馨提示**
>
> 业主在原物业服务合同到期后,业主大会未进行解聘原物业公司,也未进行选聘新的物业公司,由原物业公司继续提供物业服务的,业主应当按时、足额交纳物业服务费用,如果基于原物业服务合同到期,物业公司提供的物业服务不认可等理由拒绝交纳物业服务费的,可能要承担相应的法律责任。根据《物业管理条例》第七条中"业主在物业管理活动中,履行下列义务:按时交纳物业服务费用"和《最高人民法院关于审理物业服务纠纷案件具体应用法律若干问题的解释》第六条"经书面催交,业主无正当理由拒绝交纳或者在催告的合理期限内仍未交纳物业费,物业服务企业请求业主支付物业费的,人民法院应予支持。物业服务企业已经按照合同约定以及相关规定提供服务,业主仅以未享受或者无需接受相关物业服务为抗辩理由的,人民法院不予支持"。
>
> 此外,根据《最高人民法院关于审理物业服务纠纷案件具体应用法律若干问题的解释》第一条"建设单位依法与物业服务企业签订的前期物业服务合同,以及业主委员会与业主大会依法选聘的物业服务企业签订的物业服务合同,对业主具有约束力。业主以其并非合同当事人为由提出抗辩的,人民法院不予支持"的规定,业主大会依法选聘的物业公司对全体业主都具有法律效力,如果双方签订的合同到期后,未进行续签,那么物业公司提供的物业服务继续有效,业主也应当交纳物业服务费。

76 物业公司有权将物业管理服务转委托给其他公司吗?

焦点问题

1. 物业公司是否有权将单项服务转委托给专业的公司
2. 物业公司将单项服务转委托给专业公司后,出现物业服务质量问题由谁承担
3. 物业公司是否有权将全部的物业服务转委托给其他公司

三 物业公司篇

专家答疑

根据我国《物业管理条例》的相关规定，物业公司对一个园区提供物业服务的基础是物业服务合同。物业服务合同体现的是业主和物业公司之间是一种合同关系，那么物业公司就要按照合同法的约定为小区提供物业服务。再者物业服务，是物业公司基于业主的委托，对房屋及配套的设施、设备提供专业的服务，服务标的是不动产，本身具有特殊性，那么物业公司与业主之间也不是简单的债权债务关系了。而物业公司一般的服务项目包括公共区域的安保、绿化、保洁、设施设备的维修、养护及业主室内小修等等，这中间每一项服务都有很强的专业性。

根据我国《物业管理条例》的相关规定，物业公司不得将全部的物业服务内容委托给第三方，但是就其中某一专项的服务是可以委托给第三方的，物业公司将专业服务事项委托给第三方时，应当明确双方的责任及权利，如果在对方提供专项物业服务时，出现质量瑕疵或给任意第三人造成损失的，约定承担责任的主体。此外，即使物业公司将某专项服务事项委托第三方后，仍应对该专项服务事项对业主承担责任，如该服务事项质量瑕疵或造成业主人身、财产损坏的，物业公司应当承担责任。

温馨提示

根据《物业管理条例》第四十条规定："物业服务企业可以将物业管理区域内的专项服务业务委托给专业性服务企业，但不得将该区域内的全部物业管理一并委托给他人"，物业公司对于专项服务业务可以委托给其他专业性服务企业进行；但是物业服务企业不可以将物业管理区域内的全部物业管理工作委托给其他企业管理。该条规定，物业服务企业不得将物业管理区域内的全部物业管理委托给他人。这是因为物业服务企业是业主大会、业主委员会通过考察其信誉、业绩、资质、服务水平等因素后选聘出来的，业主大会最终决定选聘某个物业服务企业是因为信任其能为业主提供优质的物业管理服务，能最大限度地维护广大业主的合法权益，如果物业服务企业将全部物业管理业务转托给第三人，无疑破坏了这种信任关系，使得业主选聘物业服务企业的活动失去意义，业主从而无法按照自己的意愿选聘满意的物业服务企业，也不能按照预期享受物业服务。另外，根据《物业服务企业资质管理办法》，物业服务企业必须具有相应的资质才能从事物业管理活动，而转委托关系的受托人并不一定具有这种资质。因此，为了规范物业管理活动，确保物业管理服务质量，保护业主的合法权益，《物业管理条例》规定物业服务企业不得将物业管理区域内的全部物业管理一并委托给他人。如果物业服务企业违反规定将全部物业管理一并委托给他人，应当承担相应的行政责任和民事赔偿责任。

根据《物业管理条例》第六十二条的规定，物业服务企业将一个物业管理区域内的全部物业管理一并委托给他人的，由县级以上地方人民政府房地产行政主管部门责令限期改正，处委托合同价款30%以上50%以下的罚款；情节严重的，由颁发资质证书的部门吊销资质证书。委托所得收益，用于物业管理区域内物业共用部位、共用设施设备的维修、养护，剩余部分按照业主大会的决定使用；给业主造成损失的，依法承担赔偿责任。

我国《合同法》第三百九十六条规定："委托合同是委托人和受托人约定，由受托人处理委托人事务的合同"，一般情况下，转委托一般应具备以下几个条件：（1）必须是为了委托人的利益需要；（2）第三人的受托权限不能超过原受托人的权限；（3）转委托应事先取得委托人的同意或者事后得到委托人的追认。根据《合同法》第四百条规定："受托人应当亲自处理委托事务。经委托人同意，受托人可以转委托。转委托经同意的，委托人可以就委托事务直接指示转委托的第三人，受托人仅就第三人的选任及其对第三人的指示承担责任。转委托未经同意的，受托人应当对转委托的第三人的行为承担责任，但在紧急情况下受托人为维护委托人的利益需要转委托的除外，"在物业公司符合法定的条件下，是可以将专业服务进行委托给第三方实施的。

77 物业公司工作人员与资格证书的关系是什么？

焦点问题

1. 物业公司各岗位人员上岗时是否需要资格证书
2. 没有取得资格证书的人员是否能够从事专项物业服务工作
3. 没有资格证书的人员从事专项物业服务工作，业主是否有权不交物业费

《物业管理条例》第三十三条规定："物业管理从业人员必须持有国家职业资格证书方可上岗就业"，《物业管理企业资质管理办法》第五条也明确规定："物业管理专业人员按照国家有关规定取得职业资格证书"，因此物业公司的从业人员根据不同岗位应取得不同的资格证书，目前，资格证书的种类基本上涵盖了物业公司所有岗位。

北京市所辖的物业公司，符合物业管理持证上岗的人员比例占全部从业人员的比例很低，也就是说大多数的物业管理人员没有做到持证上岗。很多物业公司为了降低成本，招聘没有相应证书的人员从事物业服务、管理，由于上述人员专业技术水平难以保证，所以物业服务、管理也就很难取得广大业主的认可。

应当指出的是，根据《物业管理条例》的规定，没有取得资格证书的人员不能从事物业服务、管理行业。但现实情况中，很多不具备资格的人员从事物业服务，业主能否认为服务无效，进而认为物业服务存在瑕疵，不交物业管理费呢？如业主与物业公司签订物业服务合同后，若物业公司提供物业服务、管理质量合格，即使相关人员未取资格证书，业主也应当足额交纳物业费用。物业公司相关人员未取得资格证书，应当由政府主管部门予以处罚，此行为属于行政管理范畴，不影响物业服务合同的效力，也不影响业主交纳物业费用。

> **温馨提示**
>
> 很多物业公司经营者认为，物业公司工作范围仅是围绕在保洁、卫生、绿化等简单的体力劳动层面，所以不需要物业从业人员具备物业管理行业职业资格。殊不知，此种观念带来的直接后果就是招聘来的物业管理人员素质参差不齐，技能比较单一，大多仅能够从事打扫卫生、水电管理、保安等专业技能较低的工作。此外，业主认为物业公司存在从业人员不具备相应资格证书的情况，可依据《物业管理条例》、《物业管理企业资质管理办法》的规定，起诉房屋管理部门，要求房屋管理部门撤销物业公司的资质证书。

78 物业公司利用物业管理区域共用部分获得收益，归谁所有？

焦点问题

1. 共用部分的概念
2. 共用部分经营收益的法律规定
3. 物业公司获得收益，应当如何处理

专家答疑

物业共有部分，即物业共用部位、共用设施设备，通常包括外墙、共同墙壁、电梯、楼梯、通道、走廊、地板、屋顶、水电系统等。物业的共有部位和共用设施设备具有配套服务于整个物业的功能，不具有独立性，而属于业主共用。业主对物业共用部位、共用设施设备等部分享有共有权及共同的管理权。

《物业管理条例》第五十五条规定："利用物业共用部位、共用设施设备进行经营的，应当在征得相关业主、业主大会、物业服务企业的同意后，按照规定办理有关手续。业主所得收益应当主要用于补充专项维修资金，也可以按照业主大会的决定使用"。

本款规定的"经营",即是指各类商业活动,包括在利用外墙发布广告,将共用部位出租,允许第三方利用共用部分开展业务等。对物业共有部分进行经营应当经过业主的同意,并按照规定办理有关手续。业主大会权利范围包括:(1)制定和修改业主大会议事规则;(2)制定和修改管理规约;(3)选举业主委员会或者更换业主委员会成员;(4)选聘和解聘物业服务企业;(5)筹集和使用专项维修资金;(6)改建、重建建筑物及其附属设施;(7)有关共有和共同管理权利的其他重大事项。

但以上事项中,第五和第六项,应当经专有部分占建筑物总面积2/3以上的业主且占总人数2/3以上的业主同意;决定其他事项的,应当经专有部分占建筑物总面积过半数的业主且占总人数过半数的业主同意。

根据最高人民法院《关于审理建筑物区分所有权纠纷案件具体应用法律若干问题的解释》第十四条规定:建设单位或者其他行为人擅自占用、处分业主共有部分、改变其使用功能或者进行经营性活动,权利人请求排除妨害、恢复原状、确认处分行为无效或者赔偿损失的,人民法院应予支持。属于前款所称擅自进行经营性活动的情形,权利人请求行为人将扣除合理成本之后的收益用于补充专项维修资金或者业主共同决定的其他用途的,人民法院应予支持。行为人对成本的支出及其合理性承担举证责任。

因此,物业公司利用园区共用部位、共用设施设备获得经营收益的,应当用于弥补专项维修资金的不足,或者用于业主大会共同决定的其他用途。

温馨提示

业主作为小区中的一员,小区的主人应积极参加业主大会,积极行使法律赋予的权利。因为决定小区内公共利益之事、选聘物业公司等事项不仅仅关涉到业主自身的利益,更关涉到整个小区以后的发展,况且小区内公共利益之事、选聘物业又都是由业主大会决定的,也就是说每个业主在这些方面都有自己的发言权、决定权,作为业主要珍惜自己这方面的权利,好好地利用这方面的权利。而业主只有真正发挥主人翁精神,才能更好地维护自身合法权益,才能更好地为自己创造优良的社区环境。

79 物业公司的包干制与酬金制有何区别?

焦点问题

1. 包干制与酬金制的定义
2. 包干制、酬金制在收取物业费中的性质
3. 物业公司、业主在不同收费方式下的权利义务

专家答疑

包干制是指业主向物业公司支付固定物业费用,盈亏均由物业公司享有或承担。酬金制是指在预收的物业服务资金中按约定比例或数额提取酬金支付给物业公司,其余全部用于物业服务合同的支出,结余或者不足均由业主享有或承担。

目前,全国物业公司均采用上述两种形式,采用信托制形式的物业公司为极少数,不包括在内。根据2006年1月1日施行的《北京市物业服务收费管理办法(试行)》的规定:"实行市场调节价的物业服务收费,可以采取包干制或者酬金制方式,具体方式由业主大会与物业公司协商确定;业主大会成立前,由开发建设单位、物业公司与业主在房屋买卖合同或前期物业服务合同中约定",同时,双方按照约定每年聘请专业机构对物业服务资金年度预决算和物业服务费收支情况进行审计,聘请费用按约定支付。

对于物业公司来说,实行包干制或酬金制,最大的不同在于物业费用的性质,即实行包干制的物业公司出现亏损,也不能向业主提出追加费用,同时,必须按照合同标准,提供物业管理、服务。酬金制物业公司收取的物业费属于代收性质,扣除相应酬金外,其他款项应当用于物业管理、服务成本支出。如有剩余,应当折抵下一年度业主应当交纳的物业费,如出现不足,由业主补足。一般情况下,产权单一或产权结构简单的写字楼或公寓实行酬金制较为合适。

对于业主来讲,实行包干制或酬金制在物业服务资金监督权的行使方面有着重大区别。由于酬金制形式下,物业公司收支情况透明,业主可以直接监管资金的使用。《北京市物业服务收费管理办法(试行)》的规定,物业公司应

当向业主大会或者全体业主公布物业服务资金年度预决算,并每年不少于一次公布物业服务资金的收支情况。业主或者业主大会对公布的物业服务资金年度预决算和物业服务资金的收支情况提出质询时,物业公司应当及时答复。

温馨提示

实行物业服务费用包干制的,物业服务费用的构成包括物业服务成本、法定税费和物业公司的利润,物业费不足时,业主无需再次交纳。实行物业服务费用酬金制的,预收的物业服务资金包括物业服务支出和物业公司的酬金。实行酬金制的物业公司根据上年度物业服务支出、收入情况,可决定下年度物业费的交费标准。

80 物业公司收支状况,应当向业主公开吗?

焦点问题

1. 物业公司如何公开收支情况
2. 物业公司在小区什么位置公开收支情况
3. 业主是否有权查阅物业公司财务账簿

专家答疑

物业公司应当每年不少于一次公开其收支情况,但根据物业公司属于包干制或酬金制的不同,法规、规章又有不同的要求。《北京市物业服务收费管理办法(试行)》第十二条规定:"物业服务收费采取酬金制方式的,物业管理企业或者业主大会可以按照物业服务合同约定聘请专业机构对物业服务资金年度预决算和物业服务资金的收支情况进行审计",即物业公司或业主大会为更好的向业主公开资金使用情况,可以聘请审理机构对其进行审计。

无论实行包干制还是酬金制的物业公司,均应当依据法规、规章的要求,当业主大会或业务委员会对公开的预决算和收支情况提出质询时,物业公司必须及时予以答复。

物业公司公开收支情况时，必须在小区显著位置公布，以便广大业主能够及时看到。按照北京市《住宅物业服务等级规范（一级）（试行）》第一条第十五款规定："小区内显著位置设立公共信息栏，配合街（乡）、社区进行公益性宣传"，因此，如果公开的预决算、收支情况，要在公共信息栏公布。

业主是否有权查阅物业公司的财务账簿呢？从目前的法律、法规、规章、文件中还没有这样的规定，同时，查阅公司财务账簿也可能导致公司的机密泄露，在不同的物业公司之间可能导致竞争力下降，从而影响物业公司的生存、发展。

在此需要强调的是，业主大会选聘物业公司时，可以将如何公开收支情况等内容提出要求，并记载于物业服务合同中。比如，要求物业公司每月即公布财务预决算和收支情况，业主委员会提出异议后，物业公司应当更正；要求物业公司必须委托专业会计师事务所对预决算和收支情况进行审计，并向业主委员会报告；也可以就某些临时、特殊事项要求物业公司限期公布收支情况等等。

温馨提示

北京市《住宅物业服务等级规范（一级）（试行）》第一条第十四款规定："（物业公司）公布公共服务的收支情况"，在此提到的公共服务收支情况，与上述规章中的物业服务资金收支情况相一致，均为物业服务内容涉及的收支情况，也包括税费、工资、福利支出情况。但是，2009年10月1日实施的《最高人民法院关于审理建筑物区分所有权纠纷案件具体应用法律若干问题的解释》的规定不尽相同，其第十三条规定："业主请求公布、查阅下列应当向业主公开的情况和资料的，人民法院应予支持：

（一）建筑物及其附属设施的维修资金的筹集、使用情况；（二）管理规约、业主大会议事规则，以及业主大会或者业主委员会的决定及会议记录；（三）物业服务合同、共有部分的使用和收益情况；（四）建筑区划内规划用于停放汽车的车位、车库的处分情况；（五）其他应当向业主公开的情况和资料"。通常情况下，业主要求作为小区的主人，对公共服务收支情况享有知情权，在物业公司拒绝公开的情况下，单个业主有权提起诉讼。

81 物业服务收费标准应当公示吗?

焦点问题

1. 物业服务项目收支情况报告的概念
2. 物业服务项目收支情况公示的内容和时间
3. 物业服务项目收支情况撰写要求

关于物业服务收费标准是否应当公示,到底要公示哪些内容,如果不公示将对物业公司产生哪些影响?根据《物业服务收费管理办法》第八条规定"物业管理企业应当按照政府价格主管部门的规定实行明码标价,在物业管理区域内的显著位置,将服务内容、服务标准以及收费项目、收费标准等有关情况进行公示",但是,没有具体规定如果物业公司不公示将会承担什么法律后果,因此,在实践操作过程中,许多物业公司不清楚如何操作该项规定。根据2011年1月1日北京市实施的关于印发《物业服务项目收支情况报告撰写规范》和《物业服务项目收支情况报告示范文本》的通知发布后,其中明确了物业服务项目收支情况报告为:物业企业对上一年度服务事项、收费项目、收费标准、收支明细等内容的有关情况说明,运用财务报表和文字信息,反映整个会计期间物业服务项目经营活动的书面文件。物业公司应当于每年第一季度在物业管理区域内显著位置公告上一年度物业服务合同履行情况、物业服务项目收支情况、本年度物业服务项目收支预算,公告期不少于15日。物业公司在物业服务项目收支情况撰写的过程中,应当注意区分包干制和酬金制的不同;在公示的报表中,应当真实、连贯的反映物业服务费用收入及成本支出情况,物业共用部分经营收入及经营费用支出情况和业主累计欠费情况。在公示期间,接收业主的质询,应当给予合理的解释。

> **温馨提示**
>
> 北京物业管理行业协会负责协助、指导和监督物业服务企业做好物业服务项目收支情况报告公示工作,并协调处理相关纠纷。各区县建委、房管局要加强对物业服务项目公示情况的监督,发现未履行公示义务的物业服务企业,要责令改正,并记入物业服务企业信用信息系统。

82 物业公司应公开物业服务收支情况吗?

焦点问题

1. 物业公司公开物业服务收支情况的法律依据
2. 公开的物业服务收支情况后,业主提出质询,物业公司是否应当回复
3. 物业公司应当公开的物业服务收支情况包括哪些内容

专家答疑

国家发展改革委、建设部颁布的《物业服务收费管理办法》第十二条规定:"实行物业服务费用酬金制的,预收的物业服务支出属于代管性质,为所交纳的业主所有,物业管理企业不得将其用于物业服务合同约定以外的支出。物业管理企业应当向业主大会或者全体业主公布物业服务资金年度预决算并每年不少于一次公布物业服务资金的收支情况。业主或者业主大会对公布的物业服务资金年度预决算和物业服务资金的收支情况提出质询时,物业管理企业应当及时答复。"

《北京市物业管理办法》第二十三条第三款规定:"物业服务企业应当于每年第一季度公示上一年度物业服务合同履行情况、物业服务项目收支情况、本年度物业服务项目收支预算,业主提出质询时,物业服务企业应当及时答复。业主共同决定或者业主委员会要求对物业服务项目收支情况进行审计的,物业服务企业应当予以配合"。

因此，根据国家发改委、建设部的规章，以及地方规章可以看出，物业公司应当在物业管理区域的显著位置对物业服务收支情况进行公示，并对业主的质询及时予以答复。

需要说明的是，物业公司公示的是物业服务收支情况，不是物业公司的财务账簿，也不是物业公司的会计凭证，只是与物业服务相关的收支情况，包括：物业费收入、支出情况，物业经营收入、支出情况，共用部分收入、支出情况等，公示的主要内容还是以当年度建委的要求为准，具体的数据必须真实、准确，以保障物业服务工作的良性运转。

业主在看到物业公司公示的收支情况，如发现其中的内容有异议，可以向物业公司提出书面的质询；如果物业公司不同意回复或认为提出的问题涉及物业公司的商业秘密，或其他业主的个人隐私时，由相关业主向小区的业主委员会提出，业主委员会认为有必要的，可以通过书面方式告知物业公司，物业公司对法律规定范围内可公开的事项向业委会予以澄清。

温馨提示

目前，我国一些城市，如北京市自2012年1月1日后，物业项目收支情况采取网上填写，现场公示。物业公司应当于每年第一季度登录《北京市物业管理动态监管系统》，填写上一年度物业服务合同履行情况、物业项目收支情况和本年度物业项目收支预算，并打印出带有条形码的报告书在物业管理区域内显著位置进行公示，公示时间不得少于15日。

83 物业公司如何进行有效的公示？

焦点问题

1. 日常情况下，物业公司公示文件的方式有哪几种
2. 物业公司采取张贴通知的方式进行公示，业主没有提出反对意见，能视为业主同意吗
3. 物业公司应当公示的内容有哪些
4. 物业公司应当在什么位置进行公示

专家答疑

对于物业公司是否采取公示制度，在何处公示，公示多长时间，是每一位业主关心的问题，同时也是物业公司保障业主知情权的一种体现。因此，物业公司应将当年的物业服务情况予以公示，还包括物业费收支情况、公共收益及使用情况。随着广大业主意识的提高，目前物业公司大部分都是按照规定，每年对服务内容、服务标准和收费项目、收费标准以及共有部分的使用和收益情况等内容进行公示。

《北京市物业管理办法》规定，物业服务企业应当于每年第一季度公示上一年度物业服务合同履行情况、物业服务项目收支情况、本年度物业服务项目收支预算。业主对公示内容提出质询时，物业服务企业应当及时答复。业主共同决定或者业主委员会要求对物业服务项目收支情况进行审计的，物业服务企业应当予以配合。

一般情况下，物业公司在公示相关内容时，应当在园区的显著位置，如：公告栏、各楼梯口等业主容易看到的位置。

物业公司除了通过纸质的形式在园区进行公示，对于特别是涉及业主切身利益的重大事项，还应当在本园区所设的网络平台或以短信形式告知业主，有利于业主更好、更快地了解目前物业公司管理的状态及资金使用情况。

对于物业公司进行服务内容、服务标准、收费项目及收费标准等公示的内容，业主有权提出质询，业主提出后，物业公司应当予以答复。

温馨提示

根据《北京市物业管理办法》第二十三条第一款"物业服务企业应当按照价格主管部门的规定，将服务事项、服务标准、收费项目、收费标准等有关情况在物业管理区域内显著位置公示"。北京市住房和城乡建设委员会关于印发《物业服务项目收支情况报告撰写规范》和《物业服务项目收支情况报告示范文本》的通知规定，从2011年11月1日开始，物业公司应当结合物业服务项目的实际情况，于每年一季度在物业管理区域内显著位置公示上一年度物业服务收支情况。各区县建委，房管局要加强对物业服务项目公示情况的监督，发现未履行公示义务的物业服务企业，要责令改正，并记入物业服务企业信用信息系统。

根据《北京市物业管理办法》第二十四条"物业服务合同期限届满前，全体业主应当共同决定物业管理方式、服务内容、是否更换物业服务企业等事项。决定续聘原物业服务企业的，应当与原物业服务企业协商签订物业服务合同；决定解聘的，应当履行必要的通知义务，合同未约定通知期限的，应当于合同期限届满前三个月告知原物业服务企业，并在物业管理区域内公告"的规定，对于园区解聘、选聘物业公司的事项，也应当在园区显著位置进行公示。

根据北京市关于印发《物业项目收支情况公示及物业服务合同备案专项执法检查工作方案》的通知第三条第一款"检查物业项目公示情况是否达到"三规范，两积极"的要求：（1）公示时间规范。检查物业服务企业是否于2011年3月31日前已经向业主公示了上一年度物业服务合同履行情况、物业项目收支情况、本年度物业项目收支预算；（2）公示场所规范。检查物业服务企业是否将有关情况公示在物业管理区域内显著位置；（3）公示内容规范。检查物业项目收支情况报告是否符合撰写规范；（4）积极答复质询。检查物业服务企业是否积极答复业主对公示内容提出的质询，并有相应记录；（5）积极配合审计。检查物业服务企业对业主共同决定或者业主委员会提出对物业项目收支情况进行审计时，是否给予积极配合"的规定，各物业公司应当按照上述要求进行公示。

84 物业公司的保洁工作与物业服务质量是如何规定的？

焦点问题

1. 物业公司保洁工作要求
2. 业主如何监督物业公司实施保洁工作
3. 物业保洁服务质量与物业管理费之间的关系

专家答疑

物业公司的保洁工作主要是指对小区业主专有部分以外的物业共有或共用区域的建筑物、道路、楼道、楼梯、车场等进行定期或不定期的清洁与保养。小区被清洁的区域保持整洁、美观的状态，使广大业主拥有良好的居住环境。此外，物业公司的绿化工作应当是保洁工作的一部分，是对小区植物栽种、修剪等工作，以达到改善小区环境的目的。

广大业主如何监督物业公司的保洁工作呢？我们要强调的是，物业管理法律、法规、规范性文件对物业保洁、绿化工作的规定，如北京《住宅物业服务等级规范（试行）》、北京《居住小区绿化养护等级标准》等，物业公司提供保洁、绿化工作时，应当符合上述规定。物业公司签订的物业服务合同中约定的保洁、绿化服务内容、质量标准，是物业公司应当完成的约定义务，业主可以依据法律、法规、规范性文件的规定，以及物业服务合同的约定对物业公司的保洁、绿化工作进行监督，并以此作为物业公司物业服务质量是否合格的依据。例如：物业服务合同约定，物业公司应当做到公共清洁区域每日打扫一次，垃圾每日进行清运，但事实上物业公司却无法做到垃圾每日清运，造成小区垃圾堆积，影响业主的居住环境，对此，业主有权认定物业公司物业服务存在瑕疵。物业公司物业服务质量存在严重瑕疵，业主有权要求物业公司减收、免收物业费。这里提醒广大业主的是，为维护自身权益可以通过拍照、录像等形式，保留相关材料，以便保留物业公司物业服务质量存在瑕疵的相关依据，以便物业公司改进工作，保证物业服务质量，从而让广大业主享受质、价相符的物业服务。

温馨提示

《住宅物业服务等级规范（一级）（试行）》第八条规定："清洁服务：（1）小区内生活垃圾封闭式管理，设有垃圾收集箱，生活垃圾每天清运1次。（2）小区公共清洁区域每日清扫1次。（3）保持电梯轿箱清洁卫生。（4）按照有关规定对公共区域进行灭鼠、杀虫、消毒活动。（5）在雨、雪天气应及时对小区内主路、干路积水、积雪进行清扫。(6)发生突发公共卫生事件时,应迅速组织人员对物业的共用部位共用设施设备进行通风、清洗和消毒,加强宣传"。第九条规定:"绿化养护:(1)绿化基本充分,无明显裸露土地。(2)树木生长基本正常,无死树和明显枯枝死杈;在正常条件下,无严重黄叶、焦叶、卷叶;被啃咬的叶片最严重的每株在20%以下;有蛀干害虫的株数在10%以下;树木缺株在6%以下;树木无明显的钉栓、捆绑现象。(3)绿篱生长造型基本正常,叶色基本正常,无明显的死株和枯死枝,有虫株率在20%以下;草坪宿根花卉生长基本正常,草坪斑秃和宿根花卉缺株不明显,基本无明显的草荒。(4)绿地基本整洁,无明显的堆物堆料、搭棚、侵占等现象;设施无明显的破损,无较严重人为破坏;无绿化生产垃圾",因此,物业公司在提供保洁服务时,应当根据物业服务合同约定的服务等级规范,履行自己的职责,否则构成违约,应当承担违约责任。

85 物业公司与小修服务是什么关系?

焦点问题

1. 物业公司如何提供小修服务
2. 小修费用如何收取
3. 小修服务的维修标准及注意事项

物业公司提供物业服务、管理时,其中的物业服务内容即包括大、中、小修服务。当然根据不同情况,物业公司应当区分对待。目前物业公司已不得再向业主收取大、中修费用,其应当从业主购房时缴纳的专项维修资金中支取。关于小修费用,具体分两种:一种是房屋共有部分或共有设施、设备的小修费用;一种是业主房屋内自用设施、设备的小修费用。对于第一种小修费用包括在物业管理费中,第二种小修费,即业主房屋内自用设施、设备的小修费用应当属于有偿服务的范围,由业主另行交纳,不包括在物业管理费中。

对于业主房屋内设施设备的小修费用,主要包括维修费、材料费等相关费用,物业公司应当按照公示的价格向业主收取费用。应当指出,如果物业管理费中包括室内小修费用,或物业管理费中没有区分共有部分小修和室内小修,那么物业公司应当就业主室内部分小修不得另行收费,否则物业公司即存在重复收费。物业公司收取了室内小修费,即应当承担业主室内小修服务,如果业主室内某设施经物业公司维修后,因安装不合格,导致业主受损,物业公司应当承担赔偿责任。物业公司收取业主室内设施设备小修费用后,与业主之间形成维修合同关系,物业公司应当保证维修质量。

物业公司小修房屋质量如何界定?根据北京市《房屋及其设备小修服务标准》(京房地修字(1998)第799号)中规定了楼房土建及设备小修标准、平房土建及设备小修标准、电梯供水供电天线小修服务标准、住宅锅炉供暖和维修标准、服务规范等。室内设施设备的小修,业主可以要求物业公司出具零部件的质量合格证书。

所以,物业公司在提供室内小修时,一定要做好相关的工作,保证小修服务合格,以免承担违约、赔偿损失的法律后果。

温馨提示

业主要求物业公司提供小修服务,物业公司根据园区的管理规定进行。根据业主购房时的《住宅质量保证书》规定的保修期限,如设施设备保修期限尚未届满,则业主有权要求房产开发商予以维修,业主可不支付任何费用。同时,需要强调的是,如涉及业主添加设备设施出现质量问题,则需要业主自行联系生产单位予以维修。

86 业主私自饲养宠物，物业公司如何处理？

焦点问题

1. 业主私自饲养宠物的行为是否合法
2. 业主私自饲养宠物给他人造成伤害，由谁承担责任
3. 物业公司是否有权制止业主饲养宠物的行为

专家答疑

随着人们生活节奏的加快，在城市化的社会里，越来越多的人喜欢饲养宠物。饲养宠物可以使人获得更多的幸福和健康生活，也有利于心理健康，减轻压力，从而提高工作效率。但是，在提高人们生活质量的同时，饲养宠物而不懂得饲养宠物的一些规定，可能也会带来一些负面影响甚至伤害自身的风险。目前宠物咬人、伤人的事故发生较多，给他人造成了肉体和精神上的伤害。

特别是在住宅区，为了加强社区居民养犬的管理，保障居民的健康和人身安全，维护共同的环境卫生和公共秩序。业主购买房屋时签署的临时管理规约，以及在入住时物业公司与业主签订的协议，均会对业主饲养宠物进行种种约定，比如如何避免宠物追赶行人、咬伤行人的处理方式；对犬只必须圈套并牵领，并及时清洁宠物粪便，以保护其他业主的人身安全，维持环境卫生；对不遵守宠物狗管理的主人的处理方式；对屡次不接受提醒的宠物狗主人的处理措施等等。

物业公司在园区进行物业管理、服务时，如果看到居民携犬只出户时，应当告知其对犬只套上犬链，由成年人或具有完全民事行为能力人牵领。携犬只的人，应当避开人多的地方或老人、残疾人、孕妇和儿童；对小区里无人牵领的犬只，应当及时处理，以免发生危险或伤害行人。

业主在进行养犬时，不但要遵守园区里关于宠物的饲养规定，更应该遵守相关的法律规定。其中包括定期对宠物进行犬类狂犬病的预防接种，经预防接种后，由动物防疫监督机构出具动物健康免疫证；在购买宠物时，要留好宠物的健康免疫证和检疫证明；不得在法律禁止的区域进行饲养等等。

如果住宅区物业服务合同、业主管理规约等相关约定允许园区饲养宠物，物业公司发现业主私自饲养宠物的，应当告知其履行相应的饲养手续，

使其饲养宠物的行为合法化；如果业主拒绝履行相应的手续，物业公司应当将其行为告知当地人民调解委员会或城市管理行政部门，请求处理。对违反园区饲养宠物的行为，任何单位和个人都有权批评、劝阻，或者向居民委员会、村民委员会反映，或者向有关行政部门举报，居民委员会、村民委员会和有关行政部门应当及时处理。

温馨提示

根据《北京市养犬管理规定》第十一条个人养犬，应当具备下列条件"（一）有合法身份证明；（二）有完全民事行为能力；（三）有固定住所且独户居住；（四）住所在禁止养犬区域以外"和第十四条"养犬人住所地变更的，应当自变更之日起30日内，持养犬登记证到新住所地登记机关办理变更登记养。犬人将在一般管理区登记的犬，转移到重点管理区饲养的，应当符合重点管理区的养犬条件，并自转移之日起30日内，持养犬登记证到饲养地登记机关办理变更登记，补缴管理服务费差额。养犬人将犬转让给他人的，受让人应当到登记机关办理变更登记"的规定，在北京市进行养犬的居民，必须符合上述规定，如有违反就可能受到行政机关的处罚和承担相应的法律责任。

根据第二十九条"有下列行为之一的，由公安机关予以警告，并可对单位处2000元以下罚款，对个人处500元以下罚款；情节严重的，没收其犬，吊销养犬登记证：（一）违反本规定第八条，在禁遛区遛犬的；（二）违反本规定第十七条第一项、第二项，携犬进入公共场所、乘坐公共交通工具或者小出租汽车的；（三）违反本规定第十七条第三项，乘坐电梯的；（四）违反本规定第十七条第四项、第五项，携犬出户的；（五）违反本规定第二十一条第三项，将养殖的犬带出饲养场地的"和第三十条"对违反本规定第十七条第六项，携犬人对犬在户外排泄粪便不立即清除，破坏市容环境卫生的，由城市管理综合执法组织责令改正，并可处50元罚款"的相关规定，居民在日常饲养宠物的过程中，应该遵守上述规定，物业公司在进行物业管理、服务过程中，应当将业主违反饲养宠物的违法行为予以提醒，并明确告知，否则，因业主的违法饲养宠物导致其他人受到侵害的，物业公司可能要承担违约责任。这样会加大物业公司在日常管理过程中的管理成本，给企业的声誉造成不良的影响。

87 物业公司对业主饲养动物，有权进行干涉吗？

焦点问题

1. 物业公司的服务职责
2. 物业公司不是发布强制性规定的单位
3. 物业公司有权阻止宠物行为的几种情况

专家答疑

首先要明白物业公司进驻小区的程序。物业公司通过全体业主组成的业主大会认可、由业主委员会代表业主与物业公司签订《物业服务合同》进入物业区域，提供物业服务。物业公司是业主聘用的管理、服务小区的服务公司，它的权利和义务由物业合同约定。除业主所有的专有部分外，小区其他部分都由全体业主享有。业主在其享有权利的地方可以进行不违背业主公约的行为，包括饲养宠物。

目前，许多物业公司在小区作出这样禁止性的规定，说到底就是未能理解物业公司的职责。物业公司是业主聘用的服务企业，它们应依照物业合同约定，对小区房屋及配套设施设备和相关场地进行维护、管理，维护相关区域内的环境卫生和秩序。通过提供这些服务，物业公司从而收取物业费用。物业公司不是政府部门，也不是市政管理部门，无权对业主发布强制性的规定。同时，政府部门发布义务性规定，也要严格依照法律及经过相关部门的批准，否则不能干涉居民的正常生活秩序。所以，物业公司这些明显干涉小区居民行使正当权益的规定是不合法的。

但不是说，物业公司对宠物的任何行为无权干涉。如果宠物随意大小便、任意踩踏草坪、破坏花草树木，污染小区环境卫生，扰乱小区安全的秩序，物业公司可以依据《物业服务合同》、以维护小区秩序为由，要求业主采取措施管理好自己的宠物，并可要求赔偿损失。

> **温馨提示**
>
> 　　《物业服务合同》是物业公司与业主委员会签订的委托合同。既然是合同，双方当事人的地位就应当平等，就应公平合理地分配双方的权利和义务，不应存在一方强加给另一方义务而独享权利的现象。既然是委托合同，受托人物业公司就应当在业主授权内履行自己的职责，而不是跃升为业主的上级发号施令。但业主也应注意饲养动物可能带来的风险。《治安管理处罚法》第七十五条：饲养动物，干扰他人正常生活的，处警告；警告后不改正的，或者放任动物恐吓他人的，处二百元以上五百元以下罚款。因此，作为小区的业主在享受权利的同时，也要履行相应的义务；业主不能只顾自己的心理感受，而忽略其他业主的心理感受，而且小区作为业主共同生活的场所，是一个公共区域，而不是个人的私人领域，作为业主不能任意而为，既要遵守公共道德规范，又要遵守相关的法律法规的规定，为营造一个和谐、美丽充满活力、欢乐与爱的社区贡献自己的一份力量。

88　业主在住宅区共用部位乱堆乱放，物业公司怎么处理？

焦点问题

1. 住宅的共用部位包括哪些，产权归谁所有
2. 业主在共用部位乱堆乱放的行为是否违反我国相关法律、法规的规定
3. 物业公司对业主在共用部位乱堆乱放的行为是否有管理的权利，主要表现在哪些方面

专家答疑

　　根据建设部出台的《住宅专项维修资金管理办法》第三条规定："本办法所称住宅共用部位，是指根据法律、法规和房屋买卖合同，由单幢住宅内业主或者单幢住宅内业主及与之结构相连的非住宅业主共有的部位，一般包

括：住宅的基础、承重墙体、柱、梁、楼板、屋顶以及户外的墙面、门厅、楼梯间、走廊通道等。"住宅的共用部位主要是指整栋楼宇的基础、承重墙体、柱、梁、楼板、屋顶以及户外的墙面、门厅、楼梯间、走廊通道等为园区全体业主所共有、共同使用的部位。一般住宅共用部分的产权归全体业主所共有，根据《土地管理法》、《城市房地产管理法》和《城市房地产交易管理条例》的有关规定，"土地使用权转移的，该土地上的建筑物及附着物的所有权随土地使用权的转移而转移"，也就是全体购房者购买了全部商品房及基地的土地使用权时，位于该土地之上的全部没有独立产权的建筑物及附着物的所有权也就随之转移给全体购房者（即全体业主）。

另外，根据《物权法》第七十条"业主对建筑物内的住宅、经营性用房等专有部分享有所有权，对专有部分以外的共有部分享有共有和共同管理的权利"和《物业管理条例》第二十七条"业主依法享有的物业共用部位、共用设施设备的所有权或者使用权，建设单位不得擅自处分"的规定，对于住宅区共用部位的所有权和使用权是归全体业主所共有的，全体业主享有共有权和共同管理的权利。根据《城市新建住宅小区管理办法》第十四条第三款"房地产产权人和使用人违反本办法规定，有下列行为之一的，由物业管理公司予以制止、批评教育、责令恢复原状、赔偿损失：私搭乱建、乱停乱放车辆，在房屋共用部位乱堆乱放，随意占用、破坏绿化、污染环境、影响住宅小区景观，噪声扰民的"的规定，作为业主所共有的共用部位，单个业主是无权在共用部位进行乱堆乱放的，如果业主出现这种乱堆乱放的行为，物业公司是可以制止并有权要求其恢复原状并将告知该物业所在的城市管理监察大队。此外，根据《物业管理条例》第四十六条"对物业管理区域内违反有关治安、环保、物业装饰装修和使用等方面法律、法规规定的行为，物业服务企业应当制止，并及时向有关行政管理部门报告。有关行政管理部门在接到物业服务企业的报告后，应当依法对违法行为予以制止或者依法处理的规定，也赋予了物业公司制止，上报的权利"。

业主在共用部位乱堆乱放货物的行为影响物业的正常使用，物业服务公司应当给予制止，并要求恢复原状，给他人造成损失的，业主还应当承担赔偿的责任。

> 温馨提示

根据《物业管理条例》第七条"业主在物业管理活动中，履行下列义务：遵守物业管理区域内物业共用部位和共用设施设备的使用、公共秩序和环境卫生的维护等方面的规章制度"和第十七条"管理规约应当对有关物业的使用、维护、管理，业主的共同利益，业主应当履行的义务，违反管理规约应当承担的责任等事项依法做出约定"的规定，业主除了履行法律、法规关于共用部位的管理规定，还应当遵守园区制定的关于共用部位管理、使用的规章制度，如果违反了相关规章制度，业主也需要承担相应的违约责任。

住宅区的共用部分是由全体业主共同使用，任何一个业主都无权私自占有作为自己的场地，同时小区的共用部位都是有特定用途的，不管哪个业主在使用共用部位，都应该本着尽量不要将货物等相关物品堆放在公共部位，以免给其他业主正常的生活带来影响。因此，业主在使用共用部位的时候，应本着是否影响其他业主利益的原则，这样就会减少其他业主的投诉，同时也避免物业公司的敦促，减少不必要的法律责任，从而营造一个良好的公共秩序。所以，在园区中对于关系到全体业主共同利益的事项，需要全体业主来共同决定。

89 物业公司有权拆除业主搭建的违章建筑吗？

> 焦点问题
>
> 1. 什么是违章建筑
> 2. 业主是否有权在小区搭建建筑
> 3. 物业公司是否有权拆除业主搭建的建筑

> 专家答疑

违章建筑，是指在城市规划区内，未取得建设工程规划许可证或违反建筑工程规划许可证的规定建设的,或采取欺骗手段骗取批准而占地新建、扩建和改建的建筑物。违章建筑,主要包括:(1)未申请或申请未获得批准,未取得建设用地规划许可证和建设工程规划许可证而建成的建筑;(2)擅自改变建设工程规划许可证的规定建成的建筑;(3)擅自改变了使用性质建成的建筑;(4)擅自将临时建筑设成为永久性建筑。

违章建筑最主要的特征就是不具有合法性,即违章建筑是不受法律保护的。由于其违反了法律的禁止性规定,所以原则上不赋予当事人所有权,不能依法进行产权登记。

业主是否有权在小区内加盖建筑,可以从以下几个方面分析:(1)建筑物所占用的土地。依照《物权法》规定,业主在小区专有部分以外的部分属于业主共同所有的财产。既然是业主共有,个别业主就不能在未获得其他业主同意的情况下在共有土地上搭建自己私有的建筑。《物业管理条例》第五十一条:"业主、物业服务企业不得擅自占用、挖掘物业管理区域内的道路、场地",损害业主的共同利益;(2)业主也不能任意将建筑搭建在自己专有地域上。《物权法》规定,业主在对专有部分行使自己权利时,不得损害其他业主的合法权益。例如,业主抛去自己专有的绿地或花园,搭建建筑物,如影响到小区整体规划和环境,也是不允许的。但现实中也有例外。业主在天台上搭建建筑的,如果天台属于业主专有部分,且搭建的建筑不会对整幢楼房的结构以及其他业主安全造成影响,则是允许的。

业主既未取得其他业主同意,也未获得建设用地规划许可证和建筑工程规划许可证,那么搭建的建筑就是违章建筑,是非法的,不会得到法律保护,相关部门有权将其拆除。

《城市规划法》第四十条规定:"在城市规划区内,未取得建设工程规划许可证件或者违反建设工程规划许可证件的规定进行建设,严重影响城市规划的,由县级以上地方人民政府城市规划行政主管部门责令停止建设,限期拆除或者没收违法建筑物、构筑物或者其他设施;影响城市规划,尚可采取改正措施的,由县级以上地方人民政府城市规划行政主管部门责令限期改正,并处罚款。拆除违章建筑的相关部门是县级以上地方人民政府城市规划行政主管部门以及它们授权的单位。物业公司的性质是企业,无权进行拆除,"同时《物业管理条例》第四十六条规定:"对物业管理区域内违反有关治安、环保、物业装饰装修和使用等方面法律、法规规定的行为,物业服务企业应当制止,并及时向有关行政管理部门报告,"因此,有关行政管理部门在接到物业服务企业的报告后,应当依法对违法行为予以制止或者依法处理。当有业主在小区私搭乱建时,物业公司正确做法是积极劝阻,如无效,将该行为向城市规划行政主管部门报告。

> **温馨提示**
>
> 物业公司没有拆除违章建筑的权利。在实际工作中,有些物业公司越权私自拆除业主违章建筑,这很有可能涉嫌侵权遭到被诉。所以物业公司遇此情况,应履行物业合同约定,积极劝阻,无效后,将此情况上报有关部门,也可同时与业主委员会沟通,共同解决问题。

90 业主私搭乱建,物业公司可以要求拆除吗?

焦点问题

1. 业主是否有权在园区进行私搭乱建行为
2. 物业公司对业主私搭乱建进行管理的权利有哪些
3. 物业公司是否有权对该私搭乱建进行拆除或提起诉讼

专家答疑

目前很多小区存在业主私自侵占公共绿地,"圈地"私搭乱建庭院、花园或阳台,或将庭院改建成车库,改变原有的设计风格,或在顶层多加房屋,更有甚者,将原来的房屋直接拆除,在该地面另行盖与原有设计风格完全不同的更大面积的房屋等等,此种情况以别墅居多。实践中往往呈现出一家动工,数家跟风的事态,引发多起物业管理纠纷,导致物业公司与违章建筑业主之间、业主和业主之间的大量纠纷,影响小区整体的和谐稳定。

现实中,对于业主在装饰装修时具体方式为:

首先,装修业主在进行室内装饰装修时应保证工程质量和安全,符合工程建设强制性标准和原设计单位或与原设计单位具有相同资质单位提出的设计方案。业主在装饰装修过程中不能进行私搭乱建或改变主体结构等法律禁止的行为，同时也不能侵占公共空间，不得损害公共部位和相应的设施。

其次，业主在进行装饰装修时必须与物业公司签订《装饰装修管理服务协议》及选择有资质的装修公司按照相应的流程操作，不得给其他业主造成不良影响和损失。

最后，对于该业主违反装饰装修管理行为，任何单位和个人对住宅室内装饰装修中出现的影响公众利益的质量事故、质量缺陷以及其他影响周围住户正常生活的行为，都有权检举、控告、投诉。

现实中业主往往并未按照上述合法程序进行装饰装修，导致此类私搭乱建行为频频发生，那么物业公司是否有权提起诉讼等等？

业主的各种私搭乱建行为是违反我国法律、法规的规定。当前，对此问题，各个法院对物业公司基于物业服务合同纠纷提起的诉讼判决不一。有的认为根据《物业管理条例》第46条的规定"对物业管理区域内违反有关治安、环保、物业装饰装修和使用等方面法律、法规规定的行为，物业公司应当制止，并及时向有关行政管理部门报告"即在业主出现私搭乱建等违反规约行为时，物业公司的职责是进行劝阻、制止，在劝阻、制止无效的情况下，应当报告有关行政管理部门，法律法规没有授权物业公司可直接提起诉讼。还有的认为在物业服务合同或业主（临时）公约有约定的情况下，物业公司享有诉权。物业公司对小区进行物业管理权的基础是物业服务合同或业主（临时）公约，如果合同或公约对小区业主私搭乱建等行为有禁止性约定，并授权物业公司对私搭乱建的业主进行诉讼，则物业公司依据双方合同中的约定行使诉讼权利并无不妥。

那么，对业主"圈地"私搭乱建等行为，物业公司究竟是否有权起诉？最高人民法院《关于审理物业服务纠纷案件具体应用法律若干问题的解释》第四条规定："业主违反物业服务合同或者法律、法规、管理规约，实施妨害物业服务与管理的行为，物业公司请求业主承担恢复原状、停止侵害、排除妨害等相应民事责任的，人民法院应予支持"，而《物权法》和《物业管理条例》对此问题并未作出明确规定，导致物业公司起诉之后，各地法院由于所掌握的尺度不同，对同类型的物业公司诉请拆除业主私搭乱建的案例，产生不同的判决结果。

因此，这样有利于物业公司更好地保护和协调物业管理法律关系中的各方利益，适应现实生活。现实中小区业主自行铲除公共绿地，"圈地"私搭乱建行为屡有发生。应由物业公司向有关行政机关报告，但是由于行政管理部门执法资源有限，实践中效果不尽人意。依据相关的法律法规物业公司对于上述私搭乱建行为，有权提起诉讼，要求相关业主承担拆除违法、违章建筑物、构筑物，停止侵害，排除妨碍，恢复原状的民事责任，这样有利于纠正业主违反规约的行为，从而维护小区的和谐稳定，符合全体业主的利益要求。

温馨提示

根据《物权法》第七十三条"建筑区划内的道路，属于业主共有……建筑区划内的绿地，属于业主共有……建筑区划内的其他公共场所、公用设施和物业服务用房，属于业主共有"和第八十三条"业主大会和业主委员会，对任意弃置垃圾、排放污染物或者噪声、违反规定饲养动物、违章搭建、侵占通道、拒付物业费等损害他人合法权益的行为，有权依照法律、法规以及管理规约，要求行为人停止侵害、消除危险、排除妨害、赔偿损失。业主对侵害自己合法权益的行为，可以依法向人民法院提起诉讼"及《物业管理条例》第五十一条"业主、物业服务企业不得擅自占用、挖掘物业管理区域内的道路、场地，损害业主的共同利益"。业主无权侵占属于全体业主所共有部位，对于该行为给其他业主造成损失的，其他业主有权要求该业主承担相应的法律责任。此外，根据《住宅室内装饰装修管理办法》第十五条"物业管理单位应当将住宅室内装饰装修工程的禁止行为和注意事项告知装修人和装修人委托的装饰装修企业"，因此作为园区的物业公司对私搭乱建的业主有管理的义务，装修人和装修企业也应当遵守。

三 物业公司篇

91 业主装修房屋时，物业公司的权利与义务是什么？

焦点问题

1. 业主进行装修时，应到物业公司办理哪些手续
2. 物业公司在业主装修房屋时，享有哪些权利
3. 物业公司在业主进行装修时，应当履行的义务有哪些

专家答疑

业主或在进行室内装饰装修工程开工前，应当持有关资料向物业公司办理登记手续，按照规定需要报有关部门批准的，应当依法办理批准手续。同时，业主应当与物业公司签订装修管理协议，具体包括：(1) 装饰装修工程的实施内容和实施期限；(2) 允许施工的时间；(3) 废弃物的清运与处置；(4) 住宅外立面设施及防盗设施的安装要求；(5) 禁止行为和注意事项；(6) 装修保证金的收取和退还；(7) 违约责任；(8) 其他需要约定的事项。其中，物业公司应当将装修住宅的禁止行为和注意事项告知业主或使用人。物业公司应明确告知业主在装修中不得有损坏房屋承重结构，破坏房屋外貌和违章搭建等行为。

在业主进行装修过程中，物业公司应根据装修管理协议在施工时间内对装修现场进行巡查，制止违反行为及告知装修人员注意的事项。

当物业公司履行了相应的职责，业主在装修过程中，擅自改变房屋的主体结构或房屋原有的设计等行为，根据《住宅室内装饰装修管理办法》第二十一条"任何单位和个人对住宅室内装饰装修中出现的影响公众利益的质量事故、质量缺陷以及其他影响周围住户正常生活的行为，都有权检举、控告、投诉"和《物业管理条例》第四十六条"对物业管理区域内违反有关治安、环保、物业装饰装修和使用等方面法律、法规规定的行为，物业服务企业应当制止，并及时向有关行政管理部门报告"的规定，因此，业主在装修过程中，违反了与物业公司签订的装修管理协议，那么物业公司有权予以制止或向有关部门报告。

> **温馨提示**
>
> 根据《住宅室内装饰装修管理办法》第五条"住宅室内装饰装修活动，禁止下列行为：（一）未经原设计单位或者具有相应资质等级的设计单位提出设计方案，变动建筑主体和承重结构；（二）将没有防水要求的房间或者阳台改为卫生间、厨房间；（三）扩大承重墙上原有的门窗尺寸，拆除连接阳台的砖、混凝土墙体；（四）损坏房屋原有节能设施，降低节能效果；（五）其他影响建筑结构和使用安全的行为。业主在进行室内装饰装修时，不得违反上述规定。

同时，根据《住宅室内装饰装修管理办法》第十五条"物业管理单位应当将住宅室内装饰装修工程的禁止行为和注意事项告知装修人和装修人委托的装饰装修企业。装修人对住宅进行装饰装修前，应当告知邻里"和《物业管理条例》五十三条"业主需要装饰装修房屋的，应当事先告知物业服务企业。物业服务企业应当将房屋装饰装修中的禁止行为和注意事项告知业主"的规定，物业公司在业主进行装修前应当履行相应的职责，如果因物业公司未履行相应的告知义务和禁止行为，由此给其他业主造成损失的，物业公司可能面临违约的风险。

92 物业公司能收取装修管理费吗？

> **焦点问题**
>
> 1. 物业公司收取装修管理费的法律依据
> 2. 装修管理费的性质

专家答疑

《住宅室内装饰装修管理办法》第十六条规定：住宅室内装饰装修管理服务协议应当包括下列内容：……（七）管理服务费用……。法律明确规定装修协议中应当包括装修管理费用。

《物业服务收费管理办法》第二十条规定：物业管理企业根据业主的委托提供物业服务合同约定以外的服务，服务收费由双方约定。

物业公司与业主间是平等的民事主体，他们之间存在着服务合同关系。业主装修时，物业管理人员要对装修工人、装修材料、装修行为进行管理、监督，如果这些开支不能包括在物业服务成本或者物业服务支出中，需要额外单独收费的话，物业公司提供服务，业主就应当支付这部分的物业管理费。此时的管理费就是物业合同之外的额外服务的费用。如果物业公司提供了额外的服务并被业主接受，那么物业公司就有理由要求相应的价值回报。因此，物业公司要收取装修管理费，就应当做出明确的服务承诺。如果物业公司没有遵守承诺，业主有权要求退还装修管理费。

温馨提示

因为国家对于装修管理费等并没有一个明确的规定，所以各家物业管理机构就根据自己的情况来制定标准，相互之间差别很大，随意性也比较大，导致业主对这笔费用的争议也很大。既然装修管理费是物业合同之外的费用，业主和物业公司就可以协商确定，也可以要求业委会与物业公司谈判，最终约定一个双方满意的费用数额。

93 物业公司有权占用小区公共场所、设施，从事经营活动吗？

焦点问题

1. 物业公司是否有权占用小区公共场所、设施从事经营活动
2. 从事经营活动的收益的归属

目前,很多小区都存在物业公司利用小区公用场所和设施、设备牟利的情况,如在电梯间里发布广告,在小区楼顶、外墙设置大型灯箱广告牌,相关企业的宣传活动进入小区时占用小区的公共场地所要交纳的费用、小区里物业服务用房出租等等。对此,有些业主提出质疑,并要求物业公司返还收益,但物业公司却以各种理由拒绝。新出台的《物权法》对此是如何规定的呢?

《物权法》第七十二条规定:"业主对建筑物专有部分以外的共有部分,享有权利,承担义务"。第七十三条规定:"建筑区划内的道路,属于业主共有,但属于城镇公共道路的除外。建筑区划内的绿地,属于业主共有,但属于城镇公共绿地或者明示属于个人的除外。建筑区划内的其他公共场所、公用设施和物业服务用房,属于业主共有"。

同时,《物权法》第三十九条规定:"所有权人对自己的不动产或者动产,依法享有占有、使用、收益和处分的权利"。

因此,物业公司占用小区公共场所、设施从事经营活动,必须经共有权人即相关业主同意,否则,物业公司未经同意擅自占有、使用、收益或处分,属于侵权行为,应承担相应法律责任。我国很多城市的相关规范、文件对此也有规定,如《北京市住宅物业服务检查规范(试行)》就规定:"物业公司要利用公用部位开展有偿服务的,应该持有相关业主、业主大会的同意意见或协议。同时,还要求物业公司对于小区公共设施和设备的数量、位置、使用状况等情况,建立小区公共设施设备管理清册,便于业主清查"。

物业公司占用小区公共场所、设施从事经营活动,其收益属于享有共有权的业主,物业公司的收益用于不当得利范畴,应当予以返还。

由于《物权法》实施细则还没有颁布,最高人民法院关于物业管理方面的司法解释也未出台,所以各地依据自身的实际情况陆续实施了相关规范,如北京的《北京市高级人民法院关于审理物业管理纠纷案件的意见(试行)》第十八条规定:"物业管理企业违约或违规利用物业共用部位、共用设施设备营利,损害业主公共权益的,业主委员会可以要求物业管理企业恢复原

三 物业公司篇

状,赔偿损失,并返还收益",而目前北京市住宅区的物业管理收费标准都是十年前或刚入住时制定的,一直没有上涨,随着人工成本和物料成本的上升,能利用公共部位进行收益的物业公司基本上都是用于弥补亏损,以保证园区的物业服务品质及园区的物业管理工作正常进行。

温馨提示

物业公司占用小区公共场所、公共设施从事经营活动,并获取利益应当与业主协商后,得到享有共有权利的业主同意才能进行经营,并向业主或取得授权的业主委员会返还收益。广大业主作为自己社区的主人,享有建筑区划内的公共场所、公用设施和物业服务用房占有、使用、收益、处分的权利。物业公司在经共有权业主同意后、取得的公共收益,作为园区的物业服务资金或双方约定的合法用途,是法律允许的。

94 物业公司有权强制停水、停电吗?

焦点问题

1. 在前期物业服务关系中,开发商因业主未交清相关费用,物业公司对业主停水、停电,物业公司该如何处理
2. 业主欠交物业服务费用,物业公司是否有权强制停水、停电
3. 业主无正当理由不交纳水、电费,物业公司是否有权强制停水、停电

专家答疑

在房屋买卖法律关系中,买受人承担支付房款的义务,享有取得房屋所有权的权利。一旦买受人支付相应款项,办理了入住手续,即为业主。而在前期物业管理法律关系中,业主承担支付物业管理费的义务,享有接受物业管理企业服务的权利。业主未按期交纳购房款,说明他没有履行房屋买卖

关系中按时付款的义务,那么他就应该承担相应的民事责任,开发商可以按照购房合同的规定,要求该业主承担违约金、利息等责任甚至可以要求解除合同等。但如果业主已经按照物业管理合同的规定交纳了物业管理费等,这就意味着他在物业管理法律关系中已经履行了自己的义务,那么他就应该得到完善的物业管理服务,包括水、电、气、暖等设施设备的良好使用等。如物业管理公司按照其要求对住户停水、停电,则违背了其法定义务与职责,更是不对的。如果业主未按照合同的约定交纳物业管理费用,物业公司也不能强行进行停水、停电,一旦因此给业主造成了损失,会存在相应的法律风险,承担相应的责任。

从业主和物业管理企业的关系看,水、电、气、热的管理和维护不属于物业服务合同的内容。物业管理企业一般是依据与水、电、气、热等专业服务单位之间的协议代为管理,也有物业管理企业与业主之间达成供水、电、气、热合同。无论哪种形式,物业公司在当业主不按时交纳物业服务费时,物业管理企业无权也不应采取断水、断电的做法,而应选择合法手段解决问题,或要求业主委员会督促业主交纳物业管理费,或通过法律途径解决。

温馨提示

根据《物业管理条例》第四十五条规定"物业管理区域内,供水、供电、供气、供热、通信、有线电视等单位应当向最终用户收取有关费用。物业服务企业接受委托代收前款费用的,不得向业主收取手续费等额外费用",因此,物业公司和业主之间就水、电费的交纳没有直接的法律关系,物业公司如果受供水、供电供水的委托而收取水电费的,一般情况下,不能因为业主不交纳水、电费而进行停水、停电。如果物业公司对未交纳水、电费的业主强制进行停水、停电的,根据我国《侵权责任法》第二十一条"侵权行为危及他人人身、财产安全的,被侵权人可以请求侵权人承担停止侵害、排除妨碍、消除危险等侵权责任"的规定,物业公司可能会承担相应的赔偿责任。

95　物业公司有权张贴胜诉判决书吗？

焦点问题

1. 物业公司对恶意欠费的业主应当如何处理
2. 物业公司是否可以张贴胜诉的判决书来警示欠费业主
3. 物业公司张贴胜诉判决书的行为是否合法

专家答疑

近年来，物业公司与业主之间的矛盾进一步加深，越来越多的小区业主拖欠物业费，导致物业公司无法开展正常的经营。那么，物业公司在日常的服务过程中，如何更好的行使自己的权利，保障全体业主的权益是值得每个物业公司深思的问题。长期以来，业主欠费的理由各式各样，最终想达到的目的就是少交、免交物业费，那么在此过程中，物业公司应当如何妥善处理这些问题，既让业主满意又能收回拖欠已久的物业费就显得尤为重要。

因此，物业公司在提供日常物业服务、管理过程中，一定要尽职尽责，多站在业主的立场考虑，在物业服务合同约定的责任范围内，尽量做到最好，毕竟园区不是一个业主所有，当物业服务做到足够好的前提下，大多数业主是会认可的。

那么对于恶意欠交物业费的业主，物业公司尽量通过协商的方式解决，如果业主根本不给协商的机会或者不予理睬，物业公司可以通过司法途径予以解决，一般不要等业主欠费太长，这样也不利于物业费的回收，同时也加大了收费的成本，更不利于双方矛盾的化解。

物业公司通常采用的催费方式为：电话、邮件或快递的形式，有的园区在物业成本足够的情况下，还会采用上门收费的方式等等。

对于最终通过诉讼途径解决物业费纠纷的情况，一般都是极少数。那么物业公司在该业主诉讼后交纳了物业费，是否可以张贴胜诉判决书，以此来督促其他业主交纳物业费呢？我们认为，该业主虽然是法院通过判决方式让其交纳了物业费，但是我国不是实行判例法的国家，单个业主的欠费金额、欠费原因不能涉及其他业主的责任，也不能成为物业公司要求其他业主交纳物业费的理由。在这种情况下，物业公司的行为还可能因侵犯业主名誉而承担侵权责任，这样的做法会得不偿失。

因此，物业公司在日常服务过程中，一定要清楚自身的权利是哪些，该如何行使，这样就可以避免因自身的疏忽而承担不必要的法律风险，否则既影响自身的社会声誉，又给公司增加不必要的法律风险成本。

温馨提示

根据《中华人民共和国民法通则》第一百零一条规定："公民、法人享有名誉权，公民的人格尊严受法律保护，禁止用侮辱、诽谤等方式损害公民、法人的名誉"，所谓名誉，就公民来说，是指人们根据该公民的工作、生活、言论以及其他表现所形成的有关该公民品德、才干、声望、信用。在物业公司诉业主拖欠物业费的判决书里面，有业主的姓名、年龄、家庭住址，还有一些事实的情况以及审判的情况，这些情况在小区里面并不适于公开。如果物业公司没有此方面的意识，就会承担相应的法律责任，给经营带来不必要的风险。

96 物业公司有权改变共用部位、共用设施设备的用途吗？

焦点问题

1. 小区共用部位含共用设施设备的所有权属于谁所有
2. 物业公司对共用部位及共用设施设备享有什么权利
3. 物业公司是否有权单方改变共用部位及共用设施设备的用途

专家答疑

小区的公用部位含共用设施设备是指住宅小区或单幢住宅内，共用的上下水管道、落水管、水箱、加压水泵、电梯、天线、供电线路、照明、锅炉、暖气线路、煤气线路、消防设施、绿地、道路、路灯、沟渠、池、井、非经营性车库、公益性文体设施和共用设施设备使用的房屋等。物业公司根据其与开发商或业主大会签订的合同约定，对小区的共用部位、共用设施设备进行维护和管理，不能改变其用途。开发商在小区配建公共场所或共用设施设备的目的是更好地服务于整个物业管理区域的全体业主，如果物业公司单方改变其用途是法律禁止的行为。

如果物业公司在提供物业服务过程中想更好的服务全体业主，进而改变共用部位、共用设施设备用途的，应当履行相应的手续，物业公司应当将需要改变的共用部位、共用设施设备名称及改变所需要花费、改变后的优势以报告的形式提交业主大会，且有物业管理区域内专有部分占建筑总面积2/3的业主且占总人数2/3的业主投票表决同意，此外，还应当按照我国《城乡规划法》的规定，完成规划变更登记手续。

如果物业公司未按照规定履行相应的手续，那么根据《物业管理条例》第六十五、六十六条规定，未经业主大会同意，物业公司擅自改变物业管理用房的用途的，由县级以上地方人民政府房地产行政主管部门责令限期改正，给予警告，并处1万元以上10万元以下的罚款；有收益的，所得收益用于物业管理区域内物业共用部位、共用设施设备的维修、养护，剩余部分按照业主大会的决定使用。业主或物业公司擅自改变物业管理区域内按照规划建设的公共建筑和共用设施用途的，由县级以上地方人民政府房地产行政主管部门责令限期改正，给予警告，并对个人处1000元以上1万元以下的罚款，对单位处5万元以上20万元以下的罚款；所得收益，用于物业管理区域内物业共用部位、共用设施设备的维修、养护，剩余部分按照业主大会的决定使用。

温馨提示

根据《物业管理条例》第五十条规定："物业管理区域内按照规划建设的公共建筑和共用设施，不得改变用途。业主依法确需改变公共建筑和共用设施用途的，应当在依法办理有关手续后告知物业公司；物业公司确需改变公共建筑和共用设施用途的，应当提请业主大会讨论决定同意后，由业主依法办理有关手续"，物业公司确需改变公共建筑和共用设施用途的，应当提请业主大会讨论决定同意后，由业主委员会依法办理有关手续。物业公司如果出于公共利益或小区发展需要，也可以改变公共建筑和共用设施的用途，但必须经业主大会同意。根据《物业管理条例》第二十七条，业主依法享有物业共用部位、共用设施设备的所有权或使用权，因此，只有全体业主才可以决定共用部位、共用设施设用途的改变。全体业主表决通过后，业主还须到规划部门办理规划变更登记手续。

所以，物业公司在使用、改变共用部位、共用设施设备的用途时，一定要注意自身的责任和应当履行相应的流程，这样才能更好更合法的为小区全体业主服务。

97　物业公司应当设置哪些突发事件处置预案

焦点问题

1. 物业公司设置突发事件处置预案的法律根据
2. 物业公司为什么要设置突发事件处置预案
3. 物业公司设置突发事件预案中，主要的有哪些

专家答疑

《中华人民共和国突发事件应对法》第二十四条规定："公共交通工具、公共场所和其他人员密集场所的经营单位或者管理单位应当制定具体应急预案"。

《北京市实施〈中华人民共和国突发事件应对法〉办法》第二十条规定："车站、机场、体育场（馆）、影剧院、歌舞厅、医院、商（市）场、宾馆、饭店、旅游区（点）、互联网上网服务营业场所等公共场所和其他人员密集场所的经营、管理单位，应当遵守下列安全管理规定：（一）制定有效的安全管理措施和突发事件应急救援预案，配备应急救援人员；（二）设置符合要求并且标志明显的安全出口和疏散通道，配备应急广播、应急照明设施、消防设备和器材；（三）有关人员掌握应急救援预案的内容，熟练使用应急广播、消防设备和器材，了解安全出口和疏散通道的位置以及本岗位的应急救援职责；（四）根据需要设置相应的安全技术防范设施，建立安全检查制度；（五）对本

单位可能发生的突发事件和采取安全措施的情况,及时向所在地人民政府或者人民政府有关部门报告"。

突发事件是指突然发生的,造成或者可能造成严重社会危害,需要采取应急处置措施予以应对的自然灾害、事故灾难、公共卫生事件和社会安全事件。物业公司作为居住区、写字楼或其他人员密集场所的经营、管理单位,为了应对、防范突发事件的发生,减少、杜绝突发事件带来的人身、财产损失,必须设置突发事件处置预案。

物业公司应当设置突发事件处置预案,而没有设置预案,即对突发事件中的发生或损失的扩大,应当承担法律责任,情节严重的,责任人还应承担刑事责任。

突发事件处置预案主要包括:(1)消防应急处理预案;(2)抢劫、盗窃、凶杀、绑架等刑事案件应急处理预案;(3)对自然灾害事故的应急处理预案;(4)对业主失窃处理预案;(5)对业主遗失物品招领的处理预;(6)对突然死亡事件的应急处理预案;(7)对自杀或企图自杀事件的应急处理预案;(8)对精神病、闹事人员的防范预案;(9)对打架斗殴、流氓滋扰的防范及处理预案;(10)对爆炸及可疑爆炸物品的紧急处理预案;(11)对暴力事件的紧急处理预案;(12)对传染病及疫情的防控预案;(13)对突发性水管破裂和停水事件的处理预案;(14)对发生交通意外事故的处理预案;(15)对大范围停电的处理预案;(16)对发现有人触电的处理预案;(17)对液化石油气等可燃气体泄漏的处理预案等等。

温馨提示

物业公司应成立以企业法定代表人或物业服务负责人为责任人的领导小组,负责领导突发事件处置工作。同时,物业公司应当建立和完善本公司突发事件管理制度,并就公司突发事件体系、制度对所有物业人员进行经常性培训,以提高员工处理突发事件的水平和能力。

此外,物业公司应结合具体情况可开展对物业管理区域内业主、使用人进行应急基础知识、逃生技能、如何防范突发公共事件技能等方面的培训活动,定期在建筑区划内开展公共突发事件的模拟演练,并尽量动员业主、使用人参加,以提高应对突发公共事件的能力。

98 出现紧急情况时，物业公司人员能采取破门而入的措施吗？

焦点问题

1. 法律关于紧急避险的规定
2. 物业公司对出现的紧急情况，破门而入时应采取的措施
3. 物业公司在此过程中应注意的问题

专家答疑

　　物业公司作为小区的物业服务、管理者，当出现管道爆裂、火灾等紧急情况，业主或公共利益遭受损害时，物业公司有义务采取必要措施。

　　但我国《宪法》第39条规定："公民的住宅不受侵犯，禁止非法搜查或者非法侵入公民的住宅"，为了使住宅内业主的合法权益得到保护，法律同时又规定了紧急避险权。紧急避险指为了使国家、公共利益、本人或他人的人身、财产和其他权利免受正在发生的危险，不得已而采取损害另一较小的合法利益，以保护较大合法利益的行为。紧急避险必须具备3个条件：（1）必须是确实存在严重危险并且别无他法解救的情况下采取的；（2）所损害的利益必须小于被保全的利益；（3）采取措施必须得当，不得超过必要的限度。

　　住宅内发生了紧急情况时，采取其他途径无法解决时，物业管理人员可以依据紧急避险权进入业主住宅内。但物业公司应注意以下问题：（1）接到此类信息后，首先应设法确认事态局势，比如及时察看现场或联系当事业主。当确认危害正在发生时，在经得当事业主同意的情况下，可以协助业主采取紧急破门的方式以控制事态蔓延；如果一时无法联系到业主，而又必须采取破门措施时，应邀请第三者（如业委会委员、派出所、居委会等）到场，或向政府职能部门求助，做到既维护了业主利益，同时也合理规避了法律风险；（2）如果确有紧急情况，需要采取行动时还需注意：紧急避险行为实施的要件之一是为了免受正在发生的危险，而不是潜在的可能发生的危险。行为实施时应该尽可能邀请相关部门（如派出所、居委会）或者相邻业主、业委会委员等相关人员在场证明。紧急避险行为应该是在确保员工安全

三 物业公司篇

的情况下实施，否则应该向相关专业部门求助，而不应该鼓励"个人英雄"。

> **温馨提示**
>
> 《物业管理条例》第四十七条规定：物业服务企业应当协助做好物业管理区域内的安全防范工作。发生安全事故时，物业服务企业在采取应急措施的同时，应当及时向有关行政管理部门报告，协助做好救助工作。物业公司采取应急措施应适当，采取紧急避险行为要根据谨慎原则，正确地认识和理解自己应承担的职责和义务，及时报告、协助公安机关处理，避免错位、越位，构成侵权。

99 相邻关系引发纠纷，物业公司承担责任吗？

焦点问题

1. 什么是相邻关系
2. 相邻关系引发纠纷如何处理
3. 物业公司在相邻关系纠纷中是否承担责任

专家答疑

我国《物权法》第七章对相邻关系有详细的规定。其中第八十四条规定："不动产的相邻权利人应当按照有利生产、方便生活、团结互助、公平合理的原则，正确处理相邻关系；"第八十七条规定："不动产权利人对相邻权利人因通行等必须利用其土地的，应当提供必要的便利；"第八十八条规定："不动产权利人因建造、修缮建筑物以及铺设电线、电缆、水管、暖气和燃气管线等必须利用相邻土地、建筑物的，该土地、建筑物的权利人应当提供必要的便利"。

所谓相邻关系则是指不动产的相邻各方因行使所有权或使用权而发生的权利义务关系。相邻关系具有以下特征：（1）相邻关系的客体并非不动产本

· 181 ·

身，而是毗邻各方在行使权利时发生的权利义务关系；（2）相邻关系的主体是两个或者两个以上不动产权利人；（3）相邻关系依附于不动产，但不因不动产权利人的变更而变更；（4）相邻权利人的不动产是相互毗邻的；（5）相邻不动产权利人行使权利以取得必要的便利为限度，不得以此为借口损害相邻权利人的合法利益。

由于相邻关系引发纠纷，物业公司应当区分不同情况予以对待，如楼下业主墙面大范围出现水渍，需要检查楼上业主家中是否出现管线漏水，楼上业主却不予配合；又如某户业主每天早上都会通过收音机听京剧唱段，声音较大，经邻居多次提出仍不改正，严重影响了邻居的休息等等，这些均构成了相邻关系纠纷，而物业公司面对诸如此类的情况应当根据业主的反映及时地和相关业主沟通，做好调解工作、安抚工作，以免邻里之间矛盾的激化，或者相邻关系双方协商解决，如果相邻各方无法协商解决，可以通过向法院提起诉讼去解决该纠纷。

物业公司作为物业管理区域的服务、管理单位，应当按照法律、法规、规章规定以及物业服务合同的约定，进行服务、管理。根据《最高人民法院关于审理物业服务纠纷案件具体应用法律若干问题的解释》第四条规定："业主违反物业服务合同或者法律、法规、管理规约，实施妨害物业服务与管理的行为，物业服务企业请求业主承担恢复原状、停止侵害、排除妨害等相应民事责任的，人民法院应予支持"。如果业主的侵权行为违反物业服务合同或者法律、法规、管理规约，物业公司应当进行制止，并要求侵权业主予以恢复原状、停止侵害、排除妨害。如果相邻关系纠纷，并未违反物业服务合同或者法律、法规、管理规约，物业公司应当予以协调，协调不成的，由相邻关系双方通过诉讼途径解决。

> **温馨提示**
>
> 相邻关系纠纷主要包括：（1）相邻用水、排水纠纷；（2）相邻通行纠纷；（3）相邻土地、建筑物利用关系纠纷；（4）相邻通风纠纷；（5）相邻采光、日照纠纷；（6）相邻污染侵害纠纷；（7）相邻损害防免关系纠纷。这些纠纷如果无法协商一致的，可由相邻关系双方通过诉讼途径解决。

三 物业公司篇

100 物业公司代收、代缴费用的规定有哪些？

焦点问题

1. 什么是代收代缴
2. 哪些费用属于代收代缴费用
3. 物业公司代收代缴费用是否缴纳税费

根据我国财税法的相关规定，代收代缴是指按照税法规定，负有收缴税款的法定义务人，负责对纳税人应纳的税款进行代收代缴。而我国《物业管理条例》的相关规定，物业公司代收代缴的费用一般包括：水费、电费、有线电视费、电话费、燃气费及供暖费等等，根据小区的不同情况而进行约定。关于物业管理公司代收费用申报所得税问题，物业公司只就其代收上述费用取得的手续费收入申报企业所得税，而根据《物业管理条例》的规定，物业公司不得就代收代缴服务加收服务费用。

需要强调的是，业主拖欠公共性服务或特约服务等物业服务费用，物业公司应当通过合法途径进行追索。物业公司不得采取停止供应电、水、气、热等方式催交费用，由此给业主造成损失的，物业公司应当承担赔偿责任。

此外，物业公司与电、水、气、热等供应部门如签订了服务合同，双方因代收代缴费用等问题发生争议，致使供应部门停止电、水、气、热等供应给业主造成损失的，单个业主有权选择要求物业公司履行合同义务，并赔偿损失。物业公司承担赔偿责任后，认为自己没有过错的，有权向有关责任人追偿。

温馨提示

物业公司应当与供应电、水、气、热等公司之间签订委托合同，如签订后，物业公司就代收代缴费用本身与业主之间不存在任何合同关系，那么物业公司在日常的服务过程中，处理好和业主之间的关系，以免给自身的服务带来不必要的法律风险。

101 物业公司在什么情况下能使用专项维修资金?

焦点问题

1. 北京市住宅专项维修资金使用审核、使用备案的具体部门
2. 哪些应急维修项目特殊情况下可以由政府组织代修
3. 使用住宅专项维修资金一定要小区全体业主大会通过吗
4. 北京市在交存标准方面做出了哪些调整
5. 物业公司应该如何申请专项维修资金

专家答疑

专项维修资金是指住宅楼房的公共部位和共用设施、设备的维修养护资金。其本金由售房单位和购房人共同筹集，所有权归交纳人，其利息用于售出住宅楼房公共部位和共用设施、设备的维修、养护，利息不足时由产权人分摊。

住宅专项维修资金的资金属性和用途表明，住宅专项维修资金主要用于保障房屋使用安全。当房屋及共用设施设备保修期满后，其日常状况应当纳入房屋使用安全监管范畴，是否应当维修和更新、改造，也应由房屋安全和设备管理部门组织鉴定后决定。因此，从房屋安全管理工作的总体格局考虑，住宅专项维修资金使用审批交由房屋安全和设备管理部门办理更为合理。《北京市住宅专项维修资金管理办法》（以下简称"办法"）第二十六条、第二十七条对住宅专项维修资金使用审核、使用备案事项交由区县房屋安全和设备管理部门办理，并规定了具体程序。

《办法》第二十九条明确了危及房屋安全等的五种紧急情况："（1）屋面防水损坏造成渗漏的；（2）电梯故障危及人身安全的；（3）高层住宅水泵损坏导致供水中断的；（4）楼体单侧外立面五分之一有脱落危险危及公共安全的；（5）消防系统出现功能障碍，消防管理部门要求对消防设施设备维修及更新、改造的"，在发生以上情况时，可由房屋管理单位申请，经房屋安全及设备鉴定部门出具鉴定报告后，不经业主表决直接维修，相关费用由住宅专项维修资金列支。如果房屋管理单位或业主委员会未按规定实施维修和更

新、改造，区、县建委（房管局）房屋安全和设备管理部门可以组织代修，费用从相关业主住宅专项维修资金账户中列支；其中涉及已售公有住房的，应当从售后公有住房住宅专项维修资金中列支。《办法》在第三十条明确了组织代修的工作流程。一般情况下，住宅楼本体的维修由该栋楼内专有部分占整幢楼总建筑面积2/3以上的业主且占总人数2/3以上的业主表决通过；住宅小区内全体业主的共用设施、设备的维修须由小区全体业主按照以上比例表决通过。

《办法》对独立式住宅及住宅区域内独立式非住宅的专项维修资金交存标准做了新的规定。考虑到独立式住宅、非住宅内部无异产毗连、外部无共用部位，及其共用设施设备维修和更新、改造的具体情况，《办法》第七条在此基础上将独立式住宅、非住宅的首期交存标准调整为50元/平方米。其他仍为多层（六层及六层以下）为100元/建筑平方米；高层（六层以上）为200元/建筑平方米。此外，第七条第二款对多层和高层的含义做了明确的界定；考虑到本市的建筑安装工程造价的变化情况对首期交存标准合理性的影响，第七条第三款明确授权市住房与城乡建设委员会适时调整住宅专项维修资金的首期交存标准。此外，《办法》第十八条规定：（1）成立业主大会的，住宅专项维修资金的续交方案包括续交条件、续交工作流程、额度等内容应当在《管理规约》中予以明确；未成立业主大会的，业主续交后的分户账面余额不得低于首期交存的额度；（2）补建和续交住宅专项维修资金工作，由专户银行或业委会开户银行启动，当业主分户余额不足30%时，由银行向业主发出续交通知，业主应当在接到续交通知之日起30日内，将续交的住宅专项维修资金存储到专户管理银行或开户银行。为保证住宅专项维修资金补建和续交到位，《办法》第十九条第二款规定，业主未按规定补建、续交住宅专项维修资金的，业主委员会应当督促其交纳，也可以依据管理规约向人民法院提起诉讼。

温馨提示

根据《北京市专项维修资金使用管理办法（试行）》第八条"物业管理企业应当根据对物业共用部位共用设施设备检查的结果，在每年年底制定下一年度物业共用部位共用设施设备维修计划、编制费用预算和分摊明细";第九条"物业管理企业应当在每年年底将物业共用部位共用设施设备维修计划、编制费用预算和分摊明细提交给业委会。业委会应当在物业管理区域内的适当位置向业主公示。涉及物业管理区域内全体业主的维修工程,业委会应当组织召开业主大会会议,经全体业主所持投票权三分之二以上表决通过后实施;涉及部分楼宇、单元、楼层的共用部位、共用设施设备的维修工程,业委会应当组织召开所涉及范围内业主会议,经所涉及范围内业主所持投票权三分之二以上表决通过后实施"。物业公司在使用公共维修资金时,应当按照北京市的相关规定程序进行申请,方可进行合法、有效的使用。

102 物业公司在专项维修资金使用过程中的作用与义务是什么?

焦点问题

1. 物业公司可以随便使用专项维修资金吗
2. 物业公司在专项维修资金使用过程中的作用与义务

专家答疑

《物业管理条例》第五十四条规定:住宅物业、住宅小区内的非住宅物业或者与单幢住宅楼结构相连的非住宅物业的业主,应当按照国家有关规定交纳专项维修资金。

专项维修资金属于业主所有,专用于物业保修期满后物业共用部位、共用设施设备的维修和更新、改造,不得挪作他用。

为了使物业能够处于良好的运行状态,为业主创造良好的生活环境,提升业主的生活质量,《物业管理条例》对挪用专项维修资金的行为规定了严格的法律责任。

专项维修资金的设立可以保障住宅房屋共用部位和共用设施设备的正常

维修、养护与更新。专项维修资金可以说是房屋物业的"养老金"。专项维修资金属于全体业主共同所有。物业公司使用专项维修资金应当经专有部分占建筑物总面积过半数且占总人数过半数的业主同意。

专项维修资金应该在指定的商业银行开设专项维修资金专户。物业公司需要使用专项维修资金应该根据《住宅专项维修资金管理办法》规定的程序提出申请，并经业主大会专有部分占建筑物总面积过半数且占总人数过半数的业主同意，然后根据专项维修资金申请的用途来使用。

物业公司应该建立专项维修资金管理制度，并自觉接受财政主管部门的监督，并且按照《物业服务合同》规定的公示时间内向业主公示专项维修资金的使用情况。

温馨提示

业主应该根据法律规定及时缴纳专项维修资金，并且在业主分户账面住宅专项维修资金余额不足首期交存额30%的时候及时续交。

103　物业公司如何控制试用期内的用工风险？

焦点问题

1. 新员工入职时的注意事项
2. 试用期的期限、工资标准
3. 合法辞退试用期内员工的条件

专家答疑

根据我国《劳动合同法》第十九条规定"劳动合同期限三个月以上不满一年的，试用期不得超过一个月；劳动合同期限一年以上不满三年的，试用期不得超过二个月；三年以上固定期限和无固定期限的劳动合同，试用期不得超过六个月。同一用人单位与同一劳动者只能约定一次试用期。以完成一定工作任务为期限的劳动合同或者劳动合同期限不满三个月的，不得约定试用期"和第二十条规定"劳动者在试用期的工资不得低于本单位相同岗位最低档工资或者劳动合同约定工资的百分之八十,并不得低于用人单位所在地的最低工资标准",物业公司在招聘员工时,应根据相应的岗位要求,制定出完整的、具体的录用条件;在新员工入职时,应当按照上述法律规定的适用期限和工资标准与劳动者签订劳动合同、员工手册及岗位责任书等相关的文件,同时要求新入职员工按照公司的相关规定提供相关证件原件及复印件,对各种保险转让情况,年假休假情况作详细的约定,并按照公司的相关规定妥善保存上述材料;对试用期内的员工按照录用时的标准进行考核;留存有效的考核依据;解除劳动合同一定要在试用期内完成。

根据我国《劳动合同法》第二十一条规定"在试用期中,除劳动者有本法第三十九条和第四十条第一项、第二项规定的情形外,用人单位不得解除劳动合同。用人单位在试用期解除劳动合同的,应当向劳动者说明理由",用人单位在试用期内不能无故解除劳动合同,否则要承担经济补偿金、继续履行劳动合同的风险。

温馨提示

物业公司要做到合法解除试用期的员工,应当在劳动合同或员工手册中列明"不符合录用条件的标准"。对于"不符合录用条件的标准"一定要具体、详尽并具有可操作行,一般重点包括物业公司对特殊岗位员工应聘时提供材料真实性的规定、员工的工作内容的考核标准、员工在试用期内出勤天数、员工在试用期犯病或非因公负伤的处理等,试用期解除情形的明细规定等等,以防出现在试用期出现违法解除合同的法律风险。

104 物业公司对社会保险纠纷的注意事项有哪些?

焦点问题

1. 员工要求物业公司将社会保险费以现金形式支付给本人,是否合法
2. 社会保险通常包括哪些
3. 因社会保险发生的争议有哪些

根据我国《劳动合同法》第三十八条、第四十六条的规定，用人单位不依法为劳动者缴纳社会保险费的，劳动者可以随时解除劳动合同，并要求用人单位支付经济赔偿金。实际上，物业公司在招聘基层员工时，如保安、保洁，由于工资本身比较低，出现劳动者不愿意、不配合参加社会保险的情况，在离开物业公司之际，仲裁要求物业公司支付经济补偿金等。一些物业公司表示不理解，感觉不公平。因此，物业公司在新员工入职时就应当在劳动合同中明确规定其在一个月或半个月内将社会保险关系转入本公司，并且对不能按时转入的，物业公司有权解除劳动合同并不承担任何经济赔偿金等。

根据我国《劳动法》的规定，物业公司应当承担的社会保险一般包括：基本养老保险、基本医疗保险、失业保险、工伤保险及生育保险。按照国务院的《社会保险费征缴暂行条例》、《关于建立统一的企业中国基本养老保险的决定》、《关于建立城镇职工医疗保险制定的决定》、《失业保险条例》及劳动和社会保障部《生育保险试行办法》的相关规定，基本养老保险、基本医疗保险、失业保险是物业公司的法定义务，不能因为员工的约定而免除相应的法律责任。

根据目前的法律实践，物业公司因社会保险而发生的争议主要包括：（1）物业公司未为劳动者缴纳社会保险，劳动者要求解除劳动合同的；（2）物业公司未为劳动者缴纳社会保险，劳动者要求支付社会保险待遇的；（3）物业公司未为劳动者缴纳社会保险或未足额为劳动者缴纳保险的，劳动者要求补缴的；（4）物业公司未为劳动者缴纳社会保险或未足额为劳动者缴纳保险的，劳动者要求赔偿损失的。无论是哪种争议，作为物业公司都应该在实际的工作中尽量避免，依照法律法规的规定给员工按时足额缴纳社会保险，以免给公司带来不必要的法律风险。

> **温馨提示**
>
> 根据《最高人民法院关于审理劳动争议案件适用法律若干问题的解释（三）》第一条规定"劳动者以用人单位未为其办理社会保险手续，且社会保险经办机构不能补办导致其无法享受社会保险待遇为由，要求用人单位赔偿损失而发生争议的，人民法院应予受理"，因此物业公司在招聘员工、新员工入职时，一定要注意员工的社会保险状况，只有清楚这些状况，才决定与员工签订合同的性质，在员工正常入职后，才不至于因员工方面的因素无法缴纳社会保险承担相关的法律责任及行政处罚。

105 物业公司地下空间、有限空间作业的注意事项有哪些？

焦点问题

1. 有限空间的概念及分类
2. 有限空间作业安全事项
3. 有限空间作业的管理要求

专家答疑

有限空间指封闭或部分封闭，进出口较为狭窄有限，未被设计为固定工作场所，自然通风不良，易造成有毒有害、易燃易爆物质积聚或氧含量不足的空间。涉及物业公司的有限空间一般分为三类：密闭设备，包括冷藏箱、压力容器、管道、烟道、锅炉等；地下有限空间，包括地下管道、地下室、地下仓库、地下工程、废井、地坑、地窖、污水井、沼气池、化粪池、下水道等；地上有限空间，包括储藏室、酒糟池、垃圾站等。物业公司相关作业人员在进入有限空间作业时，一般要检测氧浓度值、易燃易爆物质（可燃性气体、爆炸性粉尘）浓度值、有毒气体浓度值等。未经检测，严禁作业人员进入有限空间。在作业环境条件可能发生变化时，物业公司应当对作业场所中危害因素进行持续或定时检查，确保作业人员处于安全环境。同时做好相应的检测记录，包括检测时间、地点、气体种类和检测浓度等。物业公司在有限空间作业前和作业过程中，可采取强制性持续通风措施降低危险，保持空气流通，严禁用纯氧进行通风换气。物业公司在有限空间作业时，应当配备全面罩正压式空气呼吸器或长管面具等隔离式呼吸保护器具，应急通讯报警器材，现场快速检测设备，大功率强制通风设备，应急照明设备，安全绳，救生索，安全梯等。凡是进入有限空间施工、检修、清理作业的，应实施作业审批，未经作业负责人审批的，任何人不得进入。

> 温馨提示
>
> 根据《北京市有限空间作业安全生产规范（试行）》第十七条规定"生产经营单位应对有限空间作业负责人员、作业者和监护者开展安全教育培训，培训内容包括：有限空间存在的危险特性和安全作业的要求；进入有限空间的程序；检测仪器、个人防护用品等设备的正确使用；事故应急救援措施与应急救援预案等"，因此，物业公司应当做好相关有限空间作业负责人的培训工作，并做好记录，在进行有限空间作业时，一定按照规定的程序进行检测、作业等相关工作，避免出现重大责任事故。

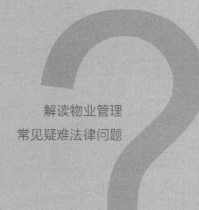

解读物业管理
常见疑难法律问题

四　人身财产安全篇

　　物业公司是园区的服务、管理单位，在收取物业管理费后，到底应当提供哪些服务？承担哪些责任，如何规避在日常管理过程中人员伤亡、财产损失是每个物业公司关心的话题。特别是住宅区，一般属于人员密集性场所，在园区中，人员往来的过程中的安全、有序，决定物业公司的风险承担及支出成本。本章根据物业公司提供在园区提供物业服务质量及日常风险规避的方式，帮助物业公司梳理风险点，并帮助广大物业公司如何解决园区中遇到的人身、财产损害的问题。

106 业主在小区内遭受侵害，谁应承担责任？

焦点问题

1. 业主在小区内遭受侵害，是否与物业公司有关
2. 物业公司、侵害人中谁应承担法律责任
3. 业主未交物业费，物业公司是否可以不提供安全防范职责

专家答疑

根据《物业管理条例》第四十七条规定："物业管理企业应当协助做好物业管理区域内的安全防范工作。发生安全事故时，物业管理企业在采取应急措施的同时，应当及时向有关行政管理部门报告，协助做好救助工作"。

物业公司的安全防范义务主要是依据其签订的物业管理合同，具有预防性、辅助性等特点，如果物业公司没有按照物业管理合同约定提供相应安全防范设施、设备或没有履行值勤、巡逻等合同义务，就可以认定物业公司安全防范义务不合格，业主在此期间遭受侵害，物业公司就应当承担责任。但物业公司无法也不可能保障业主在任何小区内任何情况下的人身、财产免受损害，换言之，物业公司只能在物业管理合同约定职责范围内的物业管理区域，对业主的人身、财产采取防范措施，防止业主人身、财产受到侵害。

需要强调的是，合法进入小区的人员，在小区内遭到人为殴打，物业公司保安人员仍有义务制止，并进行救助。这主要是为了小区行人的人身、财产安全，谁也无法想象，如果有业主途经此处安全无法保障，或者出现大范

围的殴打事件，小区根本无法做到安全、安宁，物业公司的管理、服务义务就无从谈起。如果没有物业公司工作人员的制止、救助，外来人员有权要求物业公司承担赔偿责任。

当然，物业公司存在过错，其赔偿也应是在其未尽到安全防范职责范围内，承担与其过错相当的责任。此赔偿后果与侵权人实施的侵权行为造成的赔偿责任不同。

通常情况下，根据物业管理合同约定，均为业主先行交纳物业管理费后，物业公司以物业管理按照标准提供物业管理、服务，我国现在通行的制度就是业主预付物业管理费制度。于是很多物业公司的观点是，业主没有交费，如何能够享受到服务呢？

根据《物业管理条例》规定，物业公司对小区进行管理就应当按照法律、法规、规章和物业管理合同的约定履行安全防范义务，是为整个小区的安全服务，而不是针对小区每户交费业主的管理服务。物业公司不能因为个别业主不交费就降低物业管理、服务品质，同时，也不能因为此业主没有交费，即对其不履行物业管理、服务职责。物业公司首先对小区作为一个整体的物业管理、服务，如果对个别业主管理、服务质量降低，那么小区的整体管理、服务品质就无法保障，物业公司对个别业主不交费可以依据物业管理合同或物业管理事实，采取合法途径催要。因此，未交物业管理费的受损害业主，对存在过错的物业公司仍有权追究其赔偿责任。

温馨提示

在物业管理区域范围内，业主或其他合法进入小区人员遭受侵害，物业公司保安人员明知发生殴打行为，而不主动制止并进行救助，应当承担赔偿责任。如在物业管理区域外，属于物业公司保安人员能够控制的合理范围内，出于物业管理区域安全防范的需要，也应当予以制止，并进行救助。否则，物业公司仍应当承担相应的责任。

107 业主小区内遇害，物业公司该不该担责任？

焦点问题

1. 业主在小区内遇害，物业公司是否承担责任
2. 物业公司是否承担责任的依据是什么
3. 若物业公司承担责任，责任比例是多少

专家答疑

物业公司在小区内实施管理服务，业主在其管理服务范围内遇害是否承担责任呢？根据双方的权利义务分两种情况：一是根据双方签订的《物业服务合同》中对业主人身安全保护条款的约定中，物业公司对业主人身安全负有安全保护义务，那么，物业公司应当履行其对业主人身保护方面的义务。若因物业公司的过失行为给业主造成的人身伤害，那么，物业公司对此应当承担相应的责任。另一种情况是在《物业服务合同》中没有关于业主人身保护方面的约定，物业公司在积极履行完其对公安机关等有关部门的协助义务后，对业主自身的损失不承担任何责任。

根据《物业管理条例》第三十六条规定："物业服务企业应当按照物业服务合同的约定，提供相应的服务"，物业服务企业未能履行物业服务合同的约定，导致业主人身、财产安全受到损害的，应当依法承担相应的法律责任。

根据上述条款的规定，物业公司承担责任的前提是根据《物业服务合同》（以下简称《合同》）的约定提供相应物业服务，根据权利和责任相一致的原则，物业公司承担责任的范围也在合同约定之范围内。

业主小区内遇害，物业公司承担责任的依据首先就是看合同的约定，合同中约定物业公司对业主的服务包括哪些？是否包括了保护业主自身人身安全在内的义务？

合同中物业双方约定有此义务，则按照合同约定，物业公司应在其提供服务的范围内依约履行相应的义务。若没有做到相应的注意防范义务，将会承担相应责任，法条依据就是《物业管理条例》及《合同法》的规定。

根据我国《合同法》第一百一十二条规定："当事人一方不履行合同义务或者履行合同义务不符合约定的，在履行义务或者采取补救措施后，对方还有其他损失的，应当赔偿损失"、第一百一十三条规定："当事人一方不履行合同义务或者履行合同义务不符合约定，给对方造成损失的，损失赔偿额应当相当于因违约所造成的损失，包括合同履行后可以获得的利益，但不得超过违反合同一方订立合同时预见到或者应当预见到的因违反合同可能造成的损失。"

反之，若物业双方未约定此义务，责物业公司不应承担由此造成的损失。

由此可见，物业公司是否承担责任的关键就在与合同是否进行了约定。

根据《物业管理条例》第三十六条和《合同法》的规定："物业公司对在小区内发生的业主人身伤害事件负有责任的，应当承担与其过失行为相当的赔偿责任。"

温馨提示

作为物业公司的安保人员，应当做到以下几点：

（1）严格掌握本区域的各种管理规定，遵纪守法，服从领导，关心集体，爱护公物。

（2）为防止或尽可能避免本小区内各类治安事件的发生，确保业主工作、生活的正常秩序，全面负责本小区的治安防范工作，保证小区安全，必须加强治安巡回检查工作。

（3）认真做好门卫日常工作，基本熟悉并掌握小区业主情况，不准与本小区无关的车辆、人员进入小区。做好相关范围内的清洁卫生工作。

（4）巡回检查时，必须携带一定的防卫器具，检查小区内各楼道（道路口），四周围墙和较隐蔽黑暗的角落，发现疑点及违章行为，必须及时劝说制止和处理，特别出现斗殴、凶杀、火警等严重民事或刑事案件时，应及时报警，同时告知公司领导。

（5）每班必须按时上下岗，严禁离岗、脱岗。当班时如因玩忽职守，给业主和公司造成不良影响和损失或人为造成事故的，安保人员应承担相应的责任，并视情节的严重给予相应的处罚。

（6）巡回检查认真负责，发扬正气，敢于同坏人坏事做斗争。

（7）白天不定时流动巡视，夜间巡回检查三次以上，并逐次做好记录，在交接班时将处理结果告知接班者。

（8）监控员必须严格按照规定时间、范围，集中精力严密观察，对异常可疑情况作好记录并录像。

（9）礼貌用语，规范服务，不徇私情，严肃执纪。

（10）对工作中成绩显著或由于不负责任造成不良后果的，将给予适当的奖励和处罚。

108 业主小区遭殴打，保安人员未救助，物业公司承担责任吗？

焦点问题

1. 业主在小区内遭殴打，保安人员是否有救助的义务
2. 若保安人员未救助，物业公司是否承担责任

专家答疑

《北京市高级人民法院关于审理物业管理纠纷案件的意见（试行）》第三十九条规定："第三人侵权造成业主人身或财产损害，受害人起诉要求物业管理企业赔偿损失的，可根据物业管理企业是否履行保安职责或履行保安职责是否存在过错确定物业管理企业应否承担相应的赔偿责任。"

业主在物业管理区域内遭到殴打，物业公司保安人员应对业主实施救助行为，比如，进行劝阻，报警等及时采取其他合法的行为措施，根据具体情况实施小区事故处理预案，因此，物业公司保安人员在发现业主在物业管理区域内受他人不法侵害之时，应尽力防止或者控制侵害，亦应对业主给予积极救助，否则即违反了相应的安全保障义务。

若保安人员未救助，物业公司是否承担责任？保安人员在其职责范围内，应予救助而未实施的，由物业公司承担责任。保安人员属于工作期间的

四 人身财产安全篇

职务行为，责任应当由物业公司承担，依据《最高人民法院关于审理人身损害赔偿案件适用法律若干问题的解释》第六条的规定，物业公司应对业主因他人不法侵害所受损失承担一定的补充赔偿责任。此项补充赔偿责任应以物业公司能够防止或制止损害的范围为限。

温馨提示

受害人提起诉讼要求赔偿时，一定应把直接侵权人作为诉诉主体，物业公司维护秩序存在过错的，应当作为共同被告。物业公司承担赔偿责任后，可以向直接侵权人追偿。需要说明的是，物业公司承担的责任不是全部的赔偿责任，承担的是在其能够防止或者制止损害的范围内相应的补充责任。

109　业主家中遇害，谁有权起诉物业公司？

焦点问题

1. 业主被害后，谁有权利作为诉讼主体起诉物业公司
2. 适格权利人不同意诉讼，其他人是否可以起诉

专家答疑

业主家中遇害，谁有权作为原告向法院提起对物业公司的诉讼？"谁有权作为原告"？涉及诉讼中诉讼主体适格这一法律问题。诉讼主体是否适格是诉讼中很重要的一个程序问题，将直接影响到法院是否受理案件或审理案件。

《民事诉讼法》第一百零八条规定："起诉必须符合下列条件：（一）原告是与本案有直接利害关系的公民、法人或其他组织；（二）有明确的被告；（三）有具体的诉讼请求和事实、理由；（四）属于人民法院受理民事诉讼的范围和受诉人民法院管辖"。

根据该项条文，民事诉讼原告主体资格条件有二：一是实质要件，即与所诉案件有直接利害关系；二是形式要件，有诉讼主体资格的公民、法人或其他组织。

所谓有"直接利害关系"是指请求法院保护的民事权益属于自己或者受自己的管理支配。

依据我们的生活经验，直接利害关系的范围很广，至亲好友都有直接利害关系。但是具体到法律，具体到诉讼，根据我国法律规定，与业主遇害"有直接利害关系的人"仅指遇害业主的近亲属，而对于近亲属的范围，我国法律有明确规定。

《民法通则司法解释》第十二条规定："民法通则中规定的近亲属包括配偶、父母、子女、兄弟姐妹、祖父母、外祖父母、孙子女、外孙子女。"根据以上条文，业主家中遇害，作为业主的近亲属都有权利提起诉讼。

假如这些近亲属当中有一部分人不同意诉讼，其他人还可以继续到法院起诉吗？

答案是肯定的。遇害业主的近亲属都有权利要求通过法律手段来维护自己的合法权益，即使有一部分人不同意，另外一部分人也可以诉讼。

> **温馨提示**
>
> 物业公司要时刻提高警惕，谨慎履行其安全保障业务，避免"业主遇害"这类事件发生，影响自己公司的声誉，从而影响公司的发展。同时业主也要做好安全防范工作，维护好自身的安全，避免悲剧的发生。

110 保安人员打伤业主，如何承担责任？

焦点问题

1. 保安人员打伤业主，要承担哪些责任
2. 保安个人是否承担赔偿责任
3. 物业公司是否承担赔偿责任

专家答疑

保安人员以物业公司履行管理职责的身份在小区内进行管理和工作,在工作过程中,出现打伤业主的行为,要承担哪些责任?由谁来承担责任?一般情况下,受害者根据伤情程度,分两种不同情况处理:

第一种情况是:经司法鉴定结果,被打业主伤情被鉴定为轻微伤以下,不构成犯罪的,业主要求民事赔偿的,根据《最高人民法院关于审理人身损害赔偿案件适用法律若干问题的解释》第八条:"法人或者其他组织的法定代表人、负责人以及工作人员,在执行职务中致人损害的,依照民法通则第一百二十一条的规定,由该法人或者其他组织承担民事责任。上述人员实施与职务无关的行为致人损害的,应当由行为人承担赔偿责任,"同时根据(《民法通则》第一百二十一条"国家机关或者国家机关工作人员在执行职务中,侵犯公民、法人的合法权益造成损害的,应当承担民事责任"的相关规定,只有在保安人员在工作期间,代表物业公司履行职责的过程中,侵害业主人身造成的民事损害赔偿责任由物业公司承担。

第二种情况是:如果因为保安人员在工作过程中,造成业主身体伤害,业主进行报案的,由公安机关进行调查,当事人应当申请公安机关出具委托鉴定手续,到法医门诊部鉴定。鉴定结果分为两种情况:第一种情况是:经法医鉴定,业主伤害部位构成轻微伤,此时属民事侵权的一种,在当事人协商、调解不成的情况下受害者可直接向法院民庭提起人身损害赔偿诉讼。赔偿范围包括:医疗费、护理费、误工费、住院伙食补助费、交通费、残疾者生活补助费及精神损失费等费用。轻微伤发生后,当事人也可向当地公安机关报案,该公安机关可以给予过错方治安管理处罚。第二种情况为:经法医鉴定,业主伤害部位构成轻伤,根据《关于刑诉法实施中若干问题的规定》第四条:对于故意伤害(轻伤)被害人向公安机关控告的,公安机关应当受理,对公安机关立案、侦察、取证的案件应当由公诉机关提起公诉。对于公安机关不立案的被害人有两条渠道:(1)可以向人民检察院提出。人民检察院应当要求公安机关说明不立案的理由,人民检察院认为不立案的理由不能成立的应当通知公安机关立案,公安机关接到通知后应当立案。(2)被害人可以直接向法院提起刑事附带民事自诉并由法院向公安机关调取案卷。对检察机关支持公诉的轻伤害案件,由受害者本人提起附带民事赔偿之诉,赔偿的诉讼请求项目和轻微伤相同。那么这种情况下,赔偿主体是保安人员个人还是物业公司呢?我们说当然还应当是物业公司作为赔偿主体。因为保安人员是在执行工作过程中,给业主造成的伤害,而不是因个人原因引起。反之,若是个人之间的纠纷所致的损害发生,则由保安人员本人承担刑事和民事责任,甚至其他的责任全部由保安个人来承担。

温馨提示

(1)保安人员作为物业服务人员,是以维护小区安定秩序为己任的,殴打业主的行为本不应发生,在此事故发生后,第一种情况下,双方首先本着友好协商的态度调解解决,化事为小,解决纠纷。(2)若不能调解,诉至法院,业主作为原告首先要明确诉讼主体是谁?由谁作为被告主体?否则,被告抗辩被告主体错误,原告将会被法院驳回起诉。(3)在第二种情况下,业主最好在法院审理刑事案件的同时提起附带民事诉讼,这样可以减少单独再提起民事赔偿的诉讼费用。

如果被害人的伤情认定为轻伤,那么就构成故意伤害罪,依据《中华人民共和国刑法》第234条之规定对被告应当判处三年以下有期徒刑、拘役或管制。

111 业主家中被盗,物业公司承担责任吗?

焦点问题

1. 业主家中被盗,物业公司是否应承担责任
2. 物业公司承担责任的范围是什么

专家答疑

责任以义务的存在为前提。业主家中被盗,物业公司是否应承担责任的

前提是物业公司对此事件的发生是否违反相关义务。

根据国务院《物业管理条例》第三十六条规定："物业服务企业应当按照物业服务合同的约定，提供相应的服务。物业服务企业未能履行物业服务合同的约定，导致业主人身、财产安全受到损害的，应当依法承担相应的法律责任"。据此规定，物业公司和业主的权利义务主要根据双方签订的物业服务合同的明确约定而确定。

业主家中被盗，物业公司是否承担责任？首先要看物业服务合同中就这一项有无明确约定，或者物业公司与业主是否就这一项单独签订了书面合同或者有口头约定，或者在对此约定了相应条款。如有约定，则根据物业公司和业主之间的这项特别约定来确定物业公司的责任。

如果物业服务合同中对此项没有明确约定，则要根据案件发生的实际情况来确定。

根据《最高人民法院关于审理人身损害赔偿纠纷案件适用法律若干问题的解释》第六条规定："从事住宿、餐饮、娱乐等经营活动或者其他社会活动的自然人、法人、其他组织，未尽合理限度范围内的安全保障义务致使他人遭受人身损害，赔偿权利人请求其承担相应赔偿责任的，人民法院应予支持。因第三人侵权导致损害结果发生的，由实施侵权行为的第三人承担赔偿责任。安全保障义务人有过错的，应当在其能够防止或者制止损害的范围内承担相应的补充责任。安全保障义务人承担责任后，可以向第三人追偿；"《物业管理条例》第二条规定："物业管理是指业主通过选聘物业服务企业，由业主和物业服务企业按照物业服务合同约定，对房屋及配套的设施设备和相关场地进行维修、养护、管理、维护物业管理区域内的环境卫生和相关秩序的活动；"第四十七条规定："物业服务企业应当协助做好物业管理区域内的安全防范工作，"物业公司应承担物业管理区域内的秩序维护和安全保障义务。如果物业公司在履行安全保障义务时不尽职，从而导致业主家中财产被盗，或者物业公司不能证明自身已尽到管理义务的情况下，物业公司需要根据其过错程度承担相应的赔偿责任，赔偿数额按违约行为与损害结果之间的因果关系比例来确定。需要明确的是物业公司的安全保障义务不是无限度范围内的，而应该是合理的限度内的补偿责任。

另外业主房间属于业主的私人空间，在与物业公司没有就家中财物有特别约定的情形下，物业公司并不具有保管业主家中物品安全的义务。

> **温馨提示**
>
> 物业公司在日常管理工作中，要提高警惕，及时张贴关于本小区的"警情提示"，为广大业主营造一个安乐祥和的生活环境。广大业主要提高自身的安全防盗意识，随时关好门窗，尽量不要在家里存放大量现金等贵重物品。

112 物业公司禁止业主自封阳台，罪犯入室盗窃，谁来承担责任？

焦点问题

1. 物业公司是否有权利禁止业主自封阳台
2. 物业公司禁止自封阳台的行为与罪犯入室盗窃之间有没有因果关系
3. 物业公司对因其禁止业主自封阳台后，业主家被盗是否要承担责任

专家答疑

物业公司是否有权利禁止业主自封阳台，分不同情况结论是不同的。根据《物业管理条例》第二条的规定，物业管理是指业主通过选聘物业服务企业，由业主和物业服务企业按照物业服务合同的约定，对房屋及配套的设施设备和相关场地进行维修、养护、管理、维护物业管理区域内的环境卫生和相关秩序的活动。也就是说，物业公司的职责是以物业服务合同为准，所以，是否有权就要看合同是否对此有约定了。物业公司的职责也可以说是维护小区业主的合法权益，业主自封阳台的行为是否侵害了其他业主的合法权益呢？要根据不同情况，例如：业主购买房屋时的外观是怎么的，现在业主自封阳台的行为，把建筑物整体的美观性和设计风格的统一性给破坏了等因素。这种情况下，物业公司有权阻止。若没有对其他业主的权益造成侵害，物业公司没有权利干涉自封阳台的行为。

进一步说"如果业主封闭阳台没有牵涉房屋墙体的变动,可以自行封闭阳台。因为《临时业主公约》属于格式合同,合同的主体应属于全体业主,违反《临时业主公约》,就是违反全体业主的权益。物业公司做为第三者,无权告业主。并且《临时业主公约》有效期应在小区成立业主大会为止。业主委员会成立之后,有权对《临时业主公约》中不合理的条款进行修改。业主大会还有权利决定是否聘请新的物业公司,也可以制定新的规约"。

物业公司禁止业主自封阳台的行为与罪犯入室盗窃之间是没有因果关系的。物业公司禁止业主自封阳台,后小偷伺机从阳台进入业主家里盗窃的行为属于偶然性,物业公司禁止业主自封阳台的行为,与小偷入室行窃之间不存在必然的因果关系,为此,物业公司不应对此承担责任。

温馨提示

阳台属于建筑中的专有部分,是业主建筑区分所有权的一部分,在不影响其他业主利益的情况下,业主有权自行决定是否封闭阳台。物业公司只能在业主或业主委员会的授权之下管理小区物业的公共部位,对于业主专有部位的私搭乱建,物业公司有监督的权利,但不符合起诉的主体资格。如果认为个别业主滥用权利,损害其他业主的权利,应当由利益受损的业主提起诉讼;如果是占用了公共部位,损害了全体业主的共同利益,应当由业委会或物业公司起诉。若小区业主自封阳台的行业侵犯了其他业主的合法权益,同是这种行为也妨碍了物业公司的管理权,物业公司可以做为原告对业主自封阳台的行为提起诉讼。

《物业管理条例》第二十二条:建设单位应当在销售物业之前,制定业主临时公约,对有关物业的使用、维护、管理,业主的共同利益,业主应当履行的义务,违反公约应当承担的责任等事项依法作出约定。第二十三条还提到,建设单位应当在物业销售前将业主临时公约向物业买受人明示,并予以说明。物业买受人在与建设单位签订物业买卖合同时,应当对遵守业主临时公约予以书面承诺。

113 发生刑事案件，保安人员未及时赶到现场，承担责任吗？

焦点问题

1. 保安人员能否及时赶到现场，不能及时赶到的后果是什么
2. 物业公司是否承担责任

专家答疑

刑事案件发生后，保安人员的职责以维护物业管理区域内日常秩序为根本，小区的安全防范工作，由公安机关的人员来行使。

在小区内发生刑事案件，根据《物业服务合同》的约定，小区内是否配备设备有监控设施设备，小区是否为封闭式管理等，这些也成为了保安人员在刑事案件发生后，能否及时到达现场的原因。

若根据《物业服务合同》的约定，小区为封闭式管理，配备有完善的安全监控设施设备（视频监控录像机等），那么，在刑事案件发生时，在物业服务范围内的监控职责应当由保安人员负责，及时赶到现场予以保护，并及时报案，作好现场秩序维护工作。如因工作疏忽而不能及时发现并赶到现场，则物业公司应当承担因其工作疏忽而造成的相应民事责任。物业公司在承担责任后，可以根据责任的原因向责任者追偿。

小区没有安全监控方面的设施设备，发生刑事案件后，保安人员能及时得知的可能性要远远小于配备监控设备情形，此时，若物业公司接到业主电话或得知情况后，也应及时赶到现场，及时报案，作好现场秩序维护工作。而这种到现场的作用也远远小于前者。因此，刑事案件发生后，保安人员作业物业治安维护者，是否能及时赶到，要视不同情况而定。

业主在与物业公司签订《物业服务合同》时，一定要看清合同约定的内容是否有监控等管理措施，维护物业管理区域秩序的范围包括哪些内容，以使业主的权利得到更好的保护。

> **温馨提示**

　　《保安服务管理条例》第二条"本条例所称保安服务是指：（一）保安服务公司根据保安服务合同，派出保安员为客户单位提供的门卫、巡逻、守护、押运、随身护卫、安全检查以及安全技术防范、安全风险评估等服务；（二）机关、团体、企业、事业单位招用人员从事的本单位门卫、巡逻、守护等安全防范工作；（三）物业服务企业招用人员在物业管理区域内开展的门卫、巡逻、秩序维护等服务。前款第（二）项、第（三）项中的机关、团体、企业、事业单位和物业服务企业，统称自行招用保安员的单位"。第四十六条"保安员在保安服务中造成他人人身伤亡、财产损失的，由保安从业单位赔付；保安员有故意或者重大过失的，保安从业单位可以依法向保安员追偿"。

　　《物业管理条例》第四十六条"对物业管理区域内违反有关治安、环保、物业装饰装修和使用等方面法律、法规规定的行为，物业服务企业应当制止，并及时向有关行政管理部门报告。有关行政管理部门在接到物业服务企业的报告后，应当依法对违法行为予以制止或者依法处理"。第四十七条"物业服务企业应当协助做好物业管理区域内的安全防范工作。发生安全事故时，物业服务企业在采取应急措施的同时，应当及时向有关行政管理部门报告，协助做好救助工作。物业服务企业雇请保安人员的，应当遵守国家有关规定。保安人员在维护物业管理区域内的公共秩序时，应当履行职责，不得侵害公民的合法权益"。

114　小区共用设施导致业主受伤，责任谁来承担？

焦点问题

1. 共用设施在哪些情况下可能导致业主受伤
2. 共用设施导致业主受伤后，责任主体可能会有哪些
3. 物业公司是否应承担责任

专家答疑

　　共用设施设备是指共用的上下水管道、落水管、水箱、加压水泵、电梯、天线、照明、锅炉、煤气线路、消防设施、绿地、道路、路灯、沟渠、池、井、非经营性车场车库、公益性文体设施和共用设施设备使用的房屋等。

　　物业公司应当按照法律法规及政府规章、规范性文件以及《物业服务合同》、《业主规约》等规定履行共用设施设备的日常维修、维护、保养义务以及安全隐患的防范义务，如某小区为维护公共道路交通秩序，在道路一侧安装了地锁，防止小区车辆的无序停放，但同时也存在一定的安全隐患。地锁安装于路面上，如行人稍不注意就会被绊倒，造成人身损害结果发生，此时物业公司因未尽到安全隐患的防范义务，而应当承担法律责任。如楼道照明灯具损坏，业主多次向物业公司反映，但始终未予更换，导致业主下楼无法辨别楼梯摔伤的，物业公司未尽到设施设备日常维修、维护义务应当承担责任，类似的情况很多很多。因此，物业公司不仅应当认真履行日常维修、维护、保养义务，还应及时发现安全隐患问题，并采取相应措施杜绝隐患存在。

　　需要说明的是，对于专项维修资金不到位，导致不能及时维修引发的伤害事故以及非物业公司的过错，未验收交接的共用设施发生的事故，物业公司将共用设施情况如实的向开发建设单位或业主委员会进行了告知，物业公司可不承担责任。

　　"亡羊补牢，为时不晚"。物业公司应当保证发生了一次伤害事故后，决不能再发生第二次，但很多物业公司无法做到这看似简单的工作，事后很多园区还是屡次发生相同的伤害事故。

　　物业公司只要平时对业主经常使用的设施涉笔等多加维护和保养，就可以避免意外发生。此外园区如有文体设施，其安装一定要选择安全合适的位置，同时，物业公司应当定期进行维护、保养，从而避免发生人身伤害事故。物业公司承担责任的前提是是否尽到了相应的管理义务，如已尽到管理义务，则无需承担责任。

> **温馨提示**
>
> 　　《住宅共用部位共用设施设备维修基金管理办法》第三条用列举的方法给共用部位和共用设施下了定义"共用部位是指住宅主体承重结构部位（包括基础、内外承重墙体、柱、梁、楼板、屋顶等）、户外墙面、门厅、楼梯间、走廊通道等。共用设施设备是指住宅小区或单幢住宅内，建设费用已分摊进入住房销售价格的共用的上下水管道、落水管、水箱、加压水泵、电梯、天线、供电线路、照明、锅炉、暖气线路、煤气线路、消防设施、绿地、道路、路灯、沟渠、池、井、非经营性车场车库、公益性文体设施和共用设施设备使用的房屋等"。
>
> 　　关于物业管理区域内供水、供电、供气、供热、通讯、有线的相关管线和设施设备的权属问题在学术界还有争议，但无论产权归谁所有，根据《物业管理条例》第五十二条之规定，供水、供电、供气、供热、通讯、有线电视等单位应承担物业管理区域内相关管线和设施设备维修、养护的责任。也就是说，公用事业单位是物业管理区域内相关管线和设施设备的法定管理者，由于这些管线和设施设备发生的伤人事故应由公用事业单位承担相应的责任。
>
> 　　物业管理区域内业主违反行政法规和业主公约违章搭建的构筑物不属于共用部位和共用设施。因为私自建造行为本身就是违法的，建成后又是为了自用，虽然搭建在共用部位之上但这并不能改变其自用部位的性质。物业管理企业对这些违章搭建的行为没有行政处罚权，所以在物业委托合同未明确给物业管理企业设定诉讼义务的情况下，只要物业管理企业已通过劝告的方式加以制止、并将有关情况及时向有关行政部门做了报告，就已经尽到了管理者的义务，不存在合同违约的行为，也不存在侵权的过错，不应对事故承担责任。受害人不能苛求物业管理企业必须采取诉讼方式来制止违章搭建行为或必须实际达到了制止违章搭建的结果。
>
> 　　按照《物业管理条例》的规定，"物业管理企业应当按照物业服务合同的约定，提供相应的服务。物业管理企业未能履行物业服务合同的约定，导致业主人身、财产安全受到损害的，应当依法承担相应的法律责任"，所以双方在物业委托合同中的约定是判断物业管理企业是否履行了

义务，是否应承担违约责任的重要依据。

受害者在侵权之诉中常常依据《民法通则》第一百二十六条和最高人民法院《关于审理人身损害赔偿案件适用法律若干问题的解释》第十六条的规定要求物业管理企业承担损害赔偿责任，但适用这两条法律规定的前提必须是物业管理企业是致害部位或设施的管理人，这也要看物业委托合同的具体约定。由此可见，物业委托合同不仅在合同纠纷中有重要的意义，而且在侵权纠纷中也有非常显著的作用，合同对管理范围和管理内容的约定会直接影响侵权诉讼的成败。

物业服务不同于一般的消费服务，建设单位或业委会与物业管理企业之间是基于相互信任建立的委托合同法律关系，物业管理企业只向特定的业主群体提供服务，小区外的其他人并不是服务的物业对象，其也不能仅以个人意愿就与物业管理企业订立物业委托合同。居民住宅小区是一个相对封闭的环境，小区外的其他人如未经允许或编造理由进入小区后发生事故，其本身就存在过错，物业管理企业在无过错的情况下不应承担责任。

115 业主被车位锁绊倒受伤，物业公司承担责任吗？

焦点问题

1. 物业公司是否应当在小区安装车位锁，装与不装之间的取舍
2. 物业公司承担责任的依据是什么

专家答疑

根据《物业管理条例》第二条的规定："物业管理是指业主通过选聘物业服务企业，由业主和物业服务企业按照物业服务合同的约定，对房屋及配套的设施设备和相关场地进行维修、养护、管理，维护物业管理区域内的环境卫生和相关秩序的活动。"

同时，根据《侵权责任法》第三十七条规定，宾馆、商场、银行、车

站、娱乐场所等公共场所的管理人或者群众性活动的组织者，未尽到安全保障义务，造成他人损害的，应当承担侵权责任。因此，做好物业管理区域内的公共秩序维护和安全防范工作，是物业管理服务中一项重要的基本内容。物业公司作为小区的管理者，应当对小区内存在的安全隐患进行及时的防范和处理。如果业主由于物业公司未能履行该项义务而遭受损害，则可以依据法律的规定，要求物业公司承担损害赔偿责任。

近年来，随着人们生活质量的提高，机动车保有量也在不断攀升。这就造成了不少小区停车位紧张，交通拥堵，甚至因车位产生冲突的现象。许多物业公司为了解决这一问题，在小区安装了车位锁。安装车位锁从某种程度上解决了小区停车不规范、交通堵塞的现象。但行人很容易就会被车位锁绊倒受伤。

安装车位锁在一定程度上缓解了小区内车辆的拥挤堵塞，起到了一定范围内维护小区道路交通秩序的作用，且限制了挤占人行道的行为。但是安装车位锁在解决这些问题的时候，其安装行为带来的后果也存在着很大的安全隐患，业主容易被高高竖在地面的车位锁绊倒受伤。作为小区管理者的物业公司，如果在安装车位锁的同时，不能把车位锁存在的安全隐患消除，就会因违反其安全防范义务而承担责任，并给居住在小区的业主带来不必要的人身伤害。根据《民事诉讼法》第六十四条规定，当事人对自己提出的主张，有责任提供证据。因此，业主对伤害应当承担举证责任。

物业公司可以在禁止停车的位置用黄线标出，标明随意停车的后果，并做好业主的宣传通知工作。小区内的保安员应该在园区随时巡查，发现业主乱停乱放及时予以制止，并告知业主自行承担随意停车带来的后果。

物业公司在小区内安装车位锁，初衷是好的，一定程度内控制了乱停乱放，挤占人行道。但是物业公司在进行安装车位锁之前，应做好安全防范工作，排除存在的安全隐患。

温馨提示

《北京市机动车停车管理办法》第二十七条"任何单位和个人不得擅自在道路上和其他公共区域内设置地桩、地锁等障碍物阻碍机动车停放和通行，不得在未取得所有权的停车位上设置地桩、地锁；物业服务企业应当在物业管理协议和车位租赁协议中予以明示。任何单位和个人发现擅自在道路上设置地桩、地锁等障碍物的,有权予以制止并举报"。第三十八条"对擅自设置的地桩、地锁等障碍物,属于《中华人民共和国行政强制法》第五十二条规定的情形的,相关部门可以决定立即实施代履行"。

116 物业公司的秩序维护的职责范围是什么?

焦点问题

1. 物业公司的秩序维护工作包括哪些内容
2. 公共秩序维护具体体现在哪些方面

专家答疑

物业管理区域内可能时时刻刻存在盗窃、斗殴、火灾、煤气泄漏、水管爆裂、电梯停运、突然断电等潜在风险和安全隐患。作为服务于小区的物业公司,应当时时刻刻保持警惕性,为了维护物业管理区域内的良好秩序和安全,物业公司应积极地通过建立各种突发事件的应急机制、保安人员值班、巡逻等方式向业主提供优质、高效的物业服务。

物业公司的秩序维护服务一般体现在秩序维护、消防管理、车辆管理等方面。物业公司通过这些方面来管理,维持物业服务区域内的公共秩序。

(1)秩序维护。秩序维护在整个物业管理中占有举足轻重的地位,是业主安居乐业的保证,也是整个社区和社会安定的基础。而且良好的秩序维护工作对于提升物业公司的品牌知名度会其很大的促进作用。秩序维护一般表现为门卫值班、定期巡查、电子摄像头监控等方面。物业公司要努力提高秩序维护服务水平,认真做好安全防范工作。

(2)消防管理。消防管理的目的是预防火灾的发生,最大限度的减少损失。物业公司要定期对消防设施设备进行安全检查,确保所有的设施设备处于可以使用的最佳状态,并且建立火警火灾应急机制,确立负责人责任制,定期演习，不断完善，为业主提供一个安全的生活居住环境。

（3）车辆管理。随着人们生活水平的提高，车辆保有量在逐年增加，物业公司必须重视车辆管理工作，建立健全车辆管理制度，完善停车管理制度的建设。物业管理区域内的门卫要坚持验证制度，对外来车辆进行严格检查，发现问题及时上报。

> **温馨提示**
>
> 公共秩序维护作为物业管理的一项重要内容，与业主的生产生活息息相关。物业公司应严格按照物业服务合同的约定来履行其承担的义务，并且在履行义务的过程中，不得侵害业主的利益。

117 小区公共财产发生丢失，物业公司需要赔偿吗？

焦点问题
1. 公共财产是否在物业公司的管理范围内
2. 若在物业管理范围内，物业公司是否承担赔偿的前提则为物业公司是否履行了职责，这是一个较复杂的问题

专家答疑

根据《物业管理条例》第三十五条的规定，物业双方在签订《物业服务合同》时，应当对物业管理事项、服务质量、服务费用、双方的权利义务、专项维修资金的管理与使用、物业管理用房、合同期限、违约责任等内容进行约定，其中，对公共财产是否在物业公司管理范围内，在《物业服务合同》中也会有约定。

若对此没有约定，《物业管理条例》第二十八条规定，物业服务企业承接物业时，应当对物业公用部位、共用设施设备进行查验及第二十九条规定，在办理物业承接手续时，建设单位应向物业服务企业移交设施设备的安

装、使用和维护保养等技术资料等。据此可见，物业公司对小区公共财产是有管理义务的。

物业公司是否履行了职责，是一个较复杂的问题。若物业合同双方在《物业服务合同》中对物业管理事项、服务质量、双方权利义务、违约责任等有约定的，则按照合同约定，参照有关规定和物业公司在服务中的行为等因素来衡量和判断物业公司是否履行了职责。

若在物业服务合同中对此没有约定的情况下，可以从物业公司在此事件中的行为来判断。例如：物业公司是否未尽到安全防范义务，是否疏于管理，是否怠于行使管理职责等职责过失行为。若存在上述职责过失，物业公司则应赔偿由此造成的损失。

小区公共财产丢失后，谁有权向物业公司提出赔偿呢？首先，小区全体业主可以作为原告要求物业公司赔偿；其次，若小区成立了业主委员会，根据《北京市高级人民法院关于审理物业管理纠纷案件的意见（试行）》第七的规定，业主委员会可以代表业主作为原告提起诉讼，以委员会的主要负责人为代表人，同时，这种情况下，业主不能再以此单独提起诉讼，提起的，不予受理。此外，业主也不能作为共同原告参加诉讼。

由于房屋以外的地上建筑物、其他附着物与房屋建立在共同的土地使用权之上，其所有权与房屋的所有权不可分离，必须随房屋的所有权的转移而转移；而且，房屋以外的地上建筑物、其他附着物都是为房屋服务的，是房屋的附属物，是不能由当事人约定而使之与房屋的所有权相分离的。所以，房屋以外的地上建筑物、其他附着物只能为房屋所有人共同所有，都属于小区的公共财产。换言之，房屋以外的全部土地使用权、地上建筑物或其他附属物都属于小区公共财产。

举例来说，小区的公共财产包括：绿地、道路、路灯、地下（上）线路和管道、停车场（库）、配电房（室）及电器设备、锅炉房（室）及锅炉、水泵房（室、井）及水泵、会所、门卫室、人防用房及设备、消防用房及设备、电梯、假山假水、健身娱乐设施、公告牌等等。除此之外，小区的公共财产还包括：购房人交纳的2%的房屋维修基金和小区公共财产的收益。

四　人身财产安全篇

> **温馨提示**

（1）《最高人民法院关于贯彻执行〈民法通则〉若干问题的意见》第89条："有附属物的财产，附属物随财产所有权的转移而转移，但当事人另有约定又不违法的，按约定处理。"

（2）《中华人民共和国城市房地产管理法》第三十一条："房地产转让、抵押时，房屋的所有权和该房屋占用范围内的土地使用权同时转让、抵押。"

（3）《中华人民共和国城镇国有土地使用权出让和转让暂行条例》第二十三条："土地使用权转让时，其地上建筑物、其他附着物所有权随之转让。土地使用者转让地上建筑物、其他附着物所有权时，其使用范围内的土地使用权随之转让，但地上建筑物、其他附着物作为动产转让的除外。"

（4）《中华人民共和国城镇国有土地使用权出让和转让暂行条例》第二十四条："地上建筑物、其他附着物的所有人或者共有人，享有该建筑物、附着物使用范围内的土地使用权。"

118　发生火灾等紧急情况，物业公司如何处理？

焦点问题

1. 发生火灾等紧急情况后，物业公司应如何处理
2. 物业公司在日常工作中，应如何防范此类突发事件

专家答疑

小区内发生火灾，物业公司有义务第一时间赶到火灾事发现场，进行引导疏散，断开电源，启用备用灭火设施，及时拨打火警电话，并通知该物业小区所在居民委员会或街道办事处。

物业公司到达现场后，迅速查明火灾的原因，找到源头。如果起火点位于业主家中，业主正好不在家。物业公司需要进入业主家中，在居民委员会或派出所民警等监督下，进入业主家中，扑灭起火点，尽量减少火灾造成的损失。

在此期间，由物业公司疏散组负责安排人员，为业主和访客指明疏散方向，并在疏散路线上设立岗位进行引导、护送业主和访客向安全区域疏散。如果烟雾较大，要告知大家用湿毛巾捂住口鼻，尽量降低身体姿势有序、快速离开。人员的疏散以就近安全门、消防通道为主，也可根据火场实际情况，灵活机动地引导人员疏散。认真检查起火区域及附近区域的各个单元，并关闭门窗和空调。发现有人员被困在起火区域，应先营救被困人员，确保每一位业主和访客均能安全撤离火场。接待安置好疏散下来的人员，通过良好的服务稳定人们的情绪，并及时清点人员，检查是否还有人没有撤出来。物业公司现场管理人员疏散顺序为：先起火单元及相邻单元，后起火层上面2层和下面1层。疏散一般以向下疏散为原则（底层向外疏散），若向下通道已被烟火封住，则可考虑向屋顶撤离。在火场上救下的受伤业主、访客以及扑救中受伤的员工，由抢救组护送至安全区，对伤员进行处理，然后送医院救治。

根据《物业管理条例》第四十七条："物业服务企业应当协助做好物业管理区域内的安全防范工作。发生安全事故时，物业服务企业在采取应急措施的同时，应当及时向有关行政管理部门报告，协助做好救助工作。"

物业公司工作人员强行进入业主家中，采取的紧急避险措施可能会给业主的门窗或者相关设施造成一定的损害。最高人民法院《关于贯彻执行〈中华人民共和国民法通则〉若干问题的意见（试行）》第156条规定："因紧急避险造成他人损失的，如果险情是由自然原因引起、行为人采取的措施又无不当，则行为人不承担民事在责任。受害人要求补偿的，可以责令受益人适当补偿。"物业公司强行进入业主家中实施的紧急避险行为，如果采取的紧急避险措施没有超过必要的限度，即采取的措施是正当且必要的，则不应承担赔偿责任；若超过了必要限度，则要承担相应的赔偿责任。

此外，物业公司应建立园区内公共突发事件的处理机制和应急预案，应该在制定后组织进行演练，在不断的演练中发现问题并及时解决。定期进行安全隐患的检查和排除，杜绝在小区内出现安全死角。只有如此，才能在险情发生时，采取有效的适当措施，避免业主人身财产的伤害和损失。

物业公司要定期检查消防安全措施，宣传安全防火知识，进行遇到险情时的灭火或逃生演戏，提高广大业主的安全防范意识及逃生技能。另外针对可能突发的意外，物业公司应建立应对机制，而且对业主应做好安全宣传工作。

温馨提示

园区保安人员接到火警通知后，应迅速成立警戒组，布置好小区内部及外围警戒，同时，清除小区外围和内部的路障，疏散一切无关车辆和人员，疏通车道，为消防队灭火创造有利条件，控制起火大楼底层出入口，严禁无关人员进入着火区域，指导疏散人员离开，保护从火场上救出的贵重物资，保安人员应当引导消防队员进入起火层，维持灭火行动的秩序。加强对火灾区域的警戒，保护好火灾现场，配合公安消防部门和调查组对起火原因的勘察。

119　小区存在安全隐患，物业公司的防范责任有哪些？

焦点问题

1. 一般住宅区有哪些常见的安全隐患
2. 对物业管理区域内的安全隐患，物业公司应如何防范
3. 在日常的管理工作中，物业公司应如何避免引发安全事故

专家答疑

目前，我国的住宅区都有相关的公用配建及公共区域。现根据接触到的各自住宅区存在的安全隐患，粗略进行归纳，一般包括如下几类：可燃物存放：可燃物存放量过大，未及时清理；烟头：烟头随意乱扔；电气：电气柜

未经常检查；通道：楼道被杂物堵塞、占用；消火栓系统：消火栓系统不好用或无水；报警系统：自动报警系统不好用，探测器未定期检查、保养；电梯：火灾发生时不能乘坐电梯；消防警示标志：未在一些部位张贴消防警示标志；井盖：市政配件或园区的污水井等井盖未盖好等等。

对上述存在的种种安全隐患，那么要求物业公司在承接物业验收时要注意查验和物业服务企业密切相关的设施和管线完好、功能正常，共用设施设备权属明晰，并对可能存在的安全隐患定期排查，设置明显的警示标志，减少不必要的损害。

物业公司承接物业后，除对物业管理区域内管理项目进行保养、维护、维修外，针对可能引起的突发性事件建立应急机制，确立负责人责任制，并定期进行演练，在演练中不断完善各项应急机制。

在突发事件发生后，物业公司应迅速启动应急机制，按照之前的演练，沉着应对，并通知相应的行政管理部门，将损害减少到在最低程度。

物业管理区域内的物业存在安全隐患的，危及公共利益和他人合法权益时，物业公司要积极协调责任人和相关业主修缮存在安全隐患的设施设备。

一般情况下，物业公司可以组织人员做好日常的管理，具体方式如下，供大家参考：

1. 安全检查的组织形式内容

（1）综合性安全检查是以落实岗位安全责任制以重点，各专业共同参与的全面检查。

①公司级安全检查，由公司总经理负责组织有关人员进行，每月不少于一次。

②班组级安全检查，由仓库负责人组织有关人员进行。检查每周不少于一次，并将检查结果和整改情况上报综合办公室。

（2）专业性安全检查（主要按电气设备、特种设备、安全装置、危险化学品、厂房建筑等以及防火防爆防中毒等专业开展检查）、季节性安全检查（根据各季节特点开展防雷、防静电、防洪防汛、防冻保暖、防火防爆等检查）可与公司级综合性安全检查结合进行。

（3）节日前检查。节日前应组织人员进行一次安全、保卫、消防等针对性检查，以消除隐患，确保节假日期间安全生产。

（4）日常安全检查。操作人员必须严格进行交接班检查和作业过程中的巡回检查，认真执行操作规程，认真填写原始记录，发现问题及时报告公司领导。

（5）各级安全检查均应编制安全检查表，内容应包括检查的项目、标准、结果等，以便于为检查热源提供依据，规范安全检查，减少检查的随意性。

2．隐患整改

（1）各级检查组织和人员，对查出隐患和不安全因素，要逐项分析研究并落实整改措施，下达《隐患整改通知书》，做到"四定"（即定措施、定负责人、定资金来源、定完成期限）。

（2）对所有的隐患问题和不安全因素都必须立即整改，不得拖延。有些限于物质技术条件暂时不能整改的问题，必须采取应急的防范措施或监督使用，并纳入计划，限期解决，做到条条有落实，件件有交代。

（3）对严重威胁安全生产的重大隐患项目应立即安排整改，对暂不具备整改条件的重大隐患，必须采取应急的防范措施，并书面向安监部门报告。

（4）安全隐患及整改情况应由安全管理人员汇总并存档。

温馨提示

物业公司在对小区进行日常管理工作中，要定期检查各项公共设施设备，定期排查消防安全设施，防患于未然，为业主营造一个安全祥和的生活居住环境。

《物业管理条例》第二十八条规定："物业服务企业承接物业时，应当对物业共用部位、共用设施设备进行查验"。

《物业管理条例》第四十七条规定："物业服务企业应当协助做好物业管理区域内的安全防范工作。发生安全事故时，物业服务企业在采取应急措施的同时，应当及时向有关行政管理部门报告，协助做好救助工作"。

120 业主之间打架受伤，要求物业公司赔偿，有依据吗？

焦点问题

1. 物业公司是否有权对业主之间打架行为进行制止
2. 物业公司制止与否的行为属哪个范畴
3. 物业公司是否承担责任的依据是什么

物业公司安保人员主要是在物业管理区域内提供的仅仅是维护公共秩序工作，除非《物业服务合同》另有约定。对于物业管理区域内业主个人在物业管理区域的打架行为，物业公司应以维护公共秩序为依据进行劝阻或制止，但物业公司不应就业主打架所受伤害进行赔偿，而应由责任主体来承担，物业公司仅有维护公共秩序的义务。

根据《民法通则》第一百零六条规定："公民、法人违反合同或者不履行其他义务的，应当承担民事责任。公民、法人由于过错侵害国家的、集体的财产，侵害他人财产、人身的应当承担民事责任"，故受伤害人的赔偿责任应当由侵权人来承担。

国务院《保安服务管理条例》第二十九条第二款规定："保安员应当及时制止发生在服务区域内的违法犯罪行为，对制止无效的违法犯罪行为应当立即报警，同时采取措施保护现场；"《物业管理条例》第四十六条规定："对物业管理区域内违反有关治安、环保、物业装饰装修和使用等方面法律、法规规定的行为，物业服务企业应当制止，并及时向有关行政管理部门报告。"

因此，物业公司如发现业主之间的打架斗殴行为，而未进行制止、劝阻，即未尽到其应尽的维护公共秩序义务，对业主之间的打架斗殴造成的后果显然存在过错，对于双方《物业服务合同》，物业公司已构成违约，故物业公司应当承担与其过错相当的赔偿责任。对此，各地人民法院都已经有了相应判例。

> **温馨提示**
>
> 业主对诉至法院时的诉讼主体是一定要清楚,业主之间的打架行为,被诉主体一定是侵权人,而不应将物业公司也列入被诉主体。在此类纠纷中,物业公司只有在没有尽到维护公共秩序职责时,才可能被列入被告主体,而此时的案由也不同于上述的侵权纠纷,而是一种服务合同纠纷。

121 楼房脱落水泥块伤人,物业公司承担责任吗?

焦点问题
1. 谁是真正的责任主体
2. 业主本人是否有责任
3. 楼房脱落的水泥块属于谁管理的范围

专家答疑

物业管理包括房屋公共部位的安全管理。房屋安全管理是指物业管理公司对受托进行管理的辖区内的房屋进行日常的安全检查和防范,使其保持国家规定和业主要求的安全标准。本案例水泥块的脱落,显然是物业管理公司疏于房屋安全管理造成的,因为屋顶挑檐水泥块脱落非一日所成。而住户的受伤直接原因就是脱落水泥块所致,因此物业管理公司应承担其法律责任。

根据《民法通则》第一百二十六条:"建筑物或者其他设施以及建筑物上的搁置物、悬挂物发生倒塌、脱落、坠落造成他人损害的,它的所有人或者管理人应当承担民事责任,但能够证明自己没有过错的除外",楼房脱落水泥块,属建筑物上发生脱落致人损害,依照《民法通则》的规定,应当由该楼房的所有人或管理人来承担。那么,楼房的所有人是谁呢?是业主,业主是楼房的所有人。业主是否对此承担赔偿责任呢?要根据情况而定,若此楼房交付后,伤人发生时,楼房还在保质期内的,应当由开发商进行赔偿,是一种风险转移的行为。

楼房有脱落水泥块的迹象，造成他人人身损害，物业公司作为管理者，是否尽到了注意义务？是否应对此承担责任？根据《物业管理条例》第五十六条的规定，危及公共利益及他人合法权益时，责任人应当及时维修养护，有关业主应当给予配合。责任人不履行维修养护义务的，经业主大会同意，可以由物业服务企业维修养护，费用由责任人承担。这里的责任人应当是业主或是开发商，物业公司第一步要做的就是尽到告知等义务后，业主和开发商均没有进行维修，致损害发生的，其应当承担赔偿责任。第二步则是，在向业主或开发商多次告知后，其均未及时修复，这时，物业公司作为管理者，经业主大会同意，可先行修复，产生的费用由业主或开发商支付。在此种情况下，物业公司若没能尽到上述义务，就应当承担相应民事责任。

温馨提示

这里还有一个专项维修资金问题，在楼房的保质期到期后，根据建设部、财政部关于《住宅共用部位共用设施设备维修基金管理办法》通知规定，共用部位是指住宅主体承重结构部位（包括基础、内外承重墙体、柱、梁、楼板、屋顶等）、户外墙面、门厅、楼梯间、走廊通道等及《物业管理条例》第五十四条规定，专项维修资金用于保修期满后物业共用部位的维修、更新、改造。明确规定，因此在楼房保修期过后，水泥块伤人是否可以用专项维修资金作为赔偿呢？答案是显而易见的，不可以挪作他用。

业主日常报修流程：

（1）设备使用部门发现设备故障或异常现象后，填写报修送工程部值班室。特别紧急的报修也可直接电话通知，事后再补报修单。

（2）报修单一式三份，由报修部门填写报修项目后一起交工程部。维修完成后，由工程部维修人员填写完整，交报修部门验收签字，"报修部门"联由报修部门留存。"财务联"和"工程部"联由工程部收回。公司内所有维修都应有报修单。电话通知的报修应及时补填报修单。正常情况下，报修单应由报修部门主管签字、维修完成后应有验收人签字，这样才算有效的报修单。

（3）工程部值班人员接到报修单或报修电话后，应标明时间，根据类别通知班组技工前往检修。

（4）检修人员应在接到报修通知后5分钟内赶到现场进行检修。

（5）不能马上修复的故障应立即向上报告。属配件原因马上报告领班申领或申购；属于技术或其他原因的应报告主管。

（6）属于技术或其他原因未能马上修复的故障，主管组织相关班组人员到现场查看，确认工程部暂无法解决的，应立即采取临时措施保证公司正常营业不受影响；并联系外协或厂家支持。

（7）设备故障未能修复，并可能对公司正常营业造成影响的，应报告公司总经理，以便作出适当安排。

（8）设备故障修复后，经报修部门试用验收，维修人详细填写报修单中的维修项目和耗用材料项目，由验收人签字。"报修部门"联由报修部门留存。"财务联"和"工程部"联由工程部收回，其中"财务联"每月汇总后转交财务部。

（9）重大设备故障未处理完毕当班检修人员不得下班，应协同接班的人员共同修复。

122 地面光滑业主摔伤，物业公司承担责任吗？

焦点问题

1. 地面光滑，业主摔伤，物业公司是否有过错
2. 物业公司是否承担责任，依据是什么

专家答疑

依据最高人民法院《关于审理人身损害赔偿案件适用法律若干问题的解释》第六条规定："从事住宿、餐饮、娱乐等经营活动或者其他社会活动的自然人、法人、其他组织，未尽合理限度范围内的安全保障义务致使他人遭受人身损害，赔偿权利人请求其承担相应赔偿责任的，人民法院应予支持。"

根据《物业管理条例》规定："物业管理，是指业主通过选聘物业服务企业，由业主和物业服务企业按照物业服务合同约定，对房屋及配套的设施

设备和相关场地进行维修、养护、管理，维护物业管理区域内的环境卫生和相关秩序的活动"。

根据以上法律规定，物业公司在维护物业管理区域内的环境卫生和相关活动秩序的过程中，应当尽到安全保障义务。

物业公司的保洁人员在清洁地面时，一定要做好安全防范义务。在提供地面和墙体清洁服务前，对楼内的业主提前进行告知。在清洁工作完成后的一定时间内，树立警示标识，提醒业主小心防滑。另外也可以根据情况需要，由物业公司设置防滑措施，以防告知后仍发生危险。

遇到下雨下雪天，特别是在使用了光滑材质的台阶和门厅，物业公司可以采取放置防滑地毯、派人及时清洁地面等措施，尽量避免因地面湿滑而造成业主不必要的损害。

假如物业公司在此工作过程中未履行义务，那么，因地面光滑致业主摔伤的，物业公司应对自己未尽安全保障义务而承担民事赔偿责任。如果物业公司履行了防范义务，采取了无瑕疵的防滑措施，业主仍发生了摔伤，那么，除法律另有规定外，物业公司不承担民事赔偿责任。

物业公司将物业管理区域内的生活环境管理的温馨洁净，可以提升业主对物业公司的满意度，对物业公司的品牌树立也可以起到很大的促进作用。但是物业公司在提供这一服务时，要加强安全防范意识，以免带来不必要的损害。

温馨提示

根据《中华人民共和国民法通则》第一百三十一条的规定"受害人对于损害的发生也有过错的，可以减轻侵害人的民事责任"。因此，业主如未尽到适当的注意义务，存在过错的，应当减轻物业公司的民事责任。

根据《中华人民共和国价格管理条例》是物业公司收费的依据，其中住宅小区公共性服务中包括了小区道路的绿化管理费。

在《民法通则》、《民法细则》中明文规定：凡因个人原因引起的意外伤害其责任自负。

123 高空抛落矿泉水瓶砸伤人,谁应承担责任?

焦点问题

1. 高空抛物的责任主体是谁
2. 物业公司在园区管理过程中,遇见高空抛物是否承担责任
3. 如果不能确定高空抛落矿泉水瓶的人,应当承担赔偿责任

专家答疑

在现实生活中,在园区里如突然出现高空抛物行为,对进出的行人存在很大的安全隐患。由于高空抛落物品的行为不确定性、针对的对象不特定,在损害事实发生以前受害人无法确定,因此,从广义上看,高空抛物的行为其侵害的利益实际上是社会公共安全,如出现重大损失或重大安全事故时可能属于刑法调整的范围。在"高空抛物"造成受害人重伤或者死亡等严重后果的情况下,抛物人有可能承担刑事责任。

物业公司作为大楼的物业管理者,应当按照物业服务合同的约定,对房屋及配套的设施和相关场地进行维修、养护、管理,维护相关区域的环境卫生和秩序。在园区时常发生高空抛物的路段一定要尽到相应的提示义务,并在园区做好相关的宣传教育工作。事实上,当受害人经过园区时,如因为高空抛落的矿泉水瓶砸伤,在无法确认责任人时,一般由该栋楼的全部业主(如房屋出现空置或出租的情况下,由业主承担举证责任)承担举证责任。这样做的目的主要有以下几点:第一,有助于受害人的救济。显然,让一个已经遭受不幸的受害人来承担全部损失是不合理的,况且可能实施抛物行为的人是一个集体,其负担风险的能力更强。第二,有助于发现真正的行为人,在由所有可能实施抛物行为的人共同承担责任的情况下,那些没有实施侵权行为的人为了避免"背黑锅",就会想办法去找出真正的责任人。也许有人本来就知道谁是真正的抛物行为人,如果这个知情人要为真正行为人承担责任,他就会有动力揭发;反之,他更可能选择保持沉默。第三,有助于预防高空抛物的行为,维护公共安全。如果在没有明确的抛物人的情况下,由受害人自己承担责任,那么可能会激励那些真正的行为人继续进行高空抛

物，或者那些原本不高空抛物的人也会加入抛物的行列。

> 💡 **温馨提示**
>
> "高空抛物时间"的常见类型和相应的法律处理方式：（1）抛物人明确的高空抛物案件，由抛物人承担相应的损害赔偿责任；（2）抛物人不明确的高空抛物案件，如果物业公司等管理义务人没有尽到管理义务的，管理义务人应当承担相应的责任；（3）抛物人不明确，但可以确定一个具体范围的，则所有可能实施抛物行为的人应当共同承担被害人的损失。
>
> 目前高空抛物所适用的法律有以下规定：《侵权责任法》第七十三条规定"从事高空、高压、地下挖掘活动或者使用高速轨道运输工具造成他人损害的，经营者应当承担侵权责任，但能够证明损害是因受害人故意或者不可抗力造成的，不承担责任。被侵权人对损害的发生有过失的，可以减轻经营者的责任"。第七十四条"遗失、抛弃高度危险物造成他人损害的，由所有人承担侵权责任。所有人将高度危险物交由他人管理的，由管理人承担侵权责任；所有人有过错的，与管理人承担连带责任"。第八十五条"建筑物、构筑物或者其他设施及其搁置物、悬挂物发生脱落、坠落造成他人损害，所有人、管理人或者使用人不能证明自己没有过错的，应当承担侵权责任。所有人、管理人或者使用人赔偿后，有其他责任人的，有权向其他责任人追偿"。第八十七条"从建筑物中抛掷物品或者从建筑物上坠落的物品造成他人损害，难以确定具体侵权人的，除能够证明自己不是侵权人的外，由可能加害的建筑物使用人给予补偿。高空抛物造成他人人身损害的，赔偿计算标准适用：《最高人民法院关于审理人身损害赔偿案件适用法律若干问题的解释》第19条至29条相关规定（医疗费、误工费、护理费、交通费、住院伙食补助费、营养费、残疾赔偿金、残疾辅助器具费、丧葬费、被扶养人生活费、死亡赔偿金）。《中华人民共和国民法通则》第一百二十六条"建筑物或者其他设施以及建筑物上的搁置物、悬挂物发生倒塌、坠落造成他人损害的，它的所有人或者管理人应当承担民事责任，但能证明自己没有过错的除外"。《中华人民共和国民事诉讼法》第六十四条"当事人对自己提出的主张，有责任提供证据"。

解读物业管理
常见疑难法律问题

五　物业费用篇

　　物业公司在从事物业管理行为中，主要的收入是物业管理费，物业管理费是物业公司从事物业服务、管理的基础。物业公司是否能够足额收取物业管理费是提高物业服务质量的必要条件。本章通过业主应当何时交纳物业管理费、业主交纳物业管理费的法律依据、物业管理费的用途、构成及物业公司在使用物业管理费过程中的权利义务进行梳理，在业主或物业公司违反了法律法规关于物业管理费交纳、使用的相关规定时，面临承担违约责任或赔偿损失。通过本章内容的介绍，能够更加清晰的了解物业服务与物业服务费之间的法律关系。

124 物业管理费的构成包括哪些内容？

焦点问题

1. 物业管理费的分类
2. 包干制物业管理费的构成
3. 酬金制物业管理费的构成

物业服务收费应当区分不同物业的性质和特点分别实行政府指导价和市场调节价。政府指导价一般用于经济适用住房和回迁房，由人民政府价格主管部门会同房地产行政主管部门根据物业管理服务等级标准等因素，制定相应的基准价及其浮动幅度，再由业主与物业管理企业根据规定的基准价和浮动幅度在物业服务合同中约定。

目前许多商品房小区实行的是市场调节价。市场调节价分为包干制的物业费和酬金制的物业费。

包干制是指由业主向物业管理企业支付固定物业服务费用，盈余或者亏损均由物业管理企业享有或者承担的物业服务计费方式。包干制的物业服务费用，物业服务费用的构成包括物业服务成本、法定税费和物业管理企业的利润。

酬金制是指在预收的物业服务资金中按约定比例或者约定数额提取酬金支付给物业管理企业，其余全部用于物业服务合同约定的支出，结余或者不足均由业主享有或者承担的物业服务计费方式。酬金制的物业服务费用，预收的物业服务资金包括物业服务支出和物业管理企业的酬金。预收的物业服务支出属于代管性质，为所交纳的业主所有，物业管理企业不得将其用于物业服务合同约定以外的支出。预收的物业服务资金不能超过一年。

物业服务成本或者物业服务支出构成一般包括以下部分：（1）管理服务人员的工资、社会保险和按规定提取的福利费等；（2）物业共用部位、共用设施设备的日常运行、维护费用；（3）物业管理区域清洁卫生费用；（4）物业管理区域绿化养护费用；（5）物业管理区域秩序维护费用；（6）办公费用；（7）物业管理企业固定资产折旧；（8）物业共用部位、共用设施设备及公众责任保险费用；（9）经业主同意的其他费用。

物业共用部位、共用设施设备的大修、中修和更新、改造费用，应当通过专项维修资金予以列支，不得计入物业服务支出或者物业服务成本。

温馨提示

政府指导价和市场调节价都可由业主与物业服务企业协商确定，只是政府指导价的协商幅度比较小而已。市场调节价完全可由业主与物业企业协商确定，无论高或低，只要业主和物业企业认可就行，此类规定，有助于提高园区的物业服务质量。

125　物业公司的服务、管理标准如何界定？

焦点问题

1. 物业公司的服务、管理内容有哪些
2. 物业公司管理服务标准的划分
3. 物业公司管理服务标准的界定

专家答疑

物业公司关于普通住宅小区服务、管理的标准可划分为三级，由高到低设定为一级、二级、三级三个服务等级，级别越高，表示物业服务标准越高。普通住宅包括普通商品住房、经济适用住房、房改房、集资建房、廉租住房等。

界定物业管理服务，应当从以下几个方面进行：基本要求、房屋管理、共用设施设备维修养护、协助维护公共秩序、保洁服务、绿化养护管理。

物业公司的服务项目具体地可分为三大类别：

（1）公共服务。它是为全体用户提供经常性服务，是所有用户都可以享受到的。

①卫生服务，包括每天清扫公共楼梯、道路、绿化池，上门为单位和用户收集清运垃圾、清洗每天的垃圾桶。

②定期清洗消毒楼宇公共食用蓄水池，保持池内的自来水卫生；在每次清洗水池的同时，清洗楼梯走廊。

③每月派员挨家挨户上门登记计算，交缴水电费；对所管理的楼宇公共水电设施的维护保养、楼梯过道的公共照明维护，随时更换坏了的灯泡。

④维护小区环境，设卫生监督员每天流动检查，制止各种有损市容、市貌的乱搭乱建、乱倒、乱放、乱涂等违章行为，保障全体用户的利益不受侵害。

⑤小区内的治安服务，设立治安岗亭和流动巡逻队伍。

（2）专项服务。它是为某些用户群众提供的服务，有：

①为高层用户24小时开启、维修电梯；

②定期翻新、粉刷楼宇；

③检修各种公用设施，如高层供水水泵、消防设备、配电房等动力设备；专项服务的收费，按各用户的建筑面积合理负担。

（3）特约服务。它是为满足用户特别需要而提供的个别服务，主要有：

①代保管自行车、摩托车、汽车；

②代管房屋；

③预约定期上门清扫室内卫生；

④收洗衣物、被褥、缝制衣服；

⑤代购商品、代送煤气等；

⑥代搬家业务；

⑦代接送小孩上学、入托；

⑧土木工程维修、装饰；

⑨园林绿化的设计、种植保养和出租时花盆栽；

⑩维护室内水电设备、家用电器；

⑪用户委托的其他服务项目。

根据目前物业管理范围的要求，物业管理区的划分标准：以物业的建设用地规划许可证确定的红线图范围为依据结合物业共用设施设备的共用情况划定物业管理区，再辅之其他因素，这样既保持了物业管理区域在城市规划体系中的协调性，又可以保证建筑物区分所有人的共有权利得到保护义务得到承担。

温馨提示

根据《中华人民共和国物权法》第七十条"业主对建筑物内的住宅、经营性用房等专有部分享有所有权，对专有部分以外的共有部分享有共有和共同管理的权利"。

第七十一条"业主对其建筑物专有部分享有占有、使用、收益和处分的权利。业主行使权利不得危及建筑物的安全，不得损害其他业主的合法权益"。

第七十二条"业主对建筑物专有部分以外的共有部分，享有权利，承担义务；不得以放弃权利不履行义务。业主转让建筑物内的住宅、经营性用房，其对共有部分享有的共有和共同管理的权利一并转让"。

第七十三条"建筑区划内的道路，属于业主共有，但属于城镇公共道路的除外。建筑区划内的绿地，属于业主共有，但属于城镇公共绿地或者明示属于个人的除外。建筑区划内的其他公共场所、公用设施和物业服务用房，属于业主共有"。

126 物业管理费从何时开始交纳？

焦点问题

1. 交纳物业管理费主体的划分
2. 物业管理费从何时开始交纳
3. 物业管理费的类别划分

专家答疑

依据《物业服务收费管理办法》第二条"物业服务收费,是指物业管理企业按照物业服务合同的约定,对房屋及配套的设施设备和相关场地进行维修、养护、管理,维护相关区域内的环境卫生和秩序,向业主所收取的费用"的规定,物业管理费应由业主交纳,物业管理企业收取。如果业主与物业使用人约定由物业使用人交纳物业服务费用或者物业服务资金的,从其约定,业主负连带交纳责任。在某些情况下,开发单位是物业费用的交纳人。第十六条这样规定:"纳入物业管理范围的已竣工但尚未出售,或者因开发建设单位原因未按时交给物业买受人的物业,物业服务费用或者物业服务资金由开发建设单位全额交纳"。

《物业服务收费管理办法》第十条规定:"建设单位与物业买受人签订的买卖合同,应当约定物业管理服务内容、服务标准、收费标准、计费方式及计费起始时间等内容,涉及物业买受人共同利益的约定应当一致",物业管理费交纳的起始时间由《物业服务合同》约定。一般把业主办理入住时间作为交纳物业费的起始时间。

物业服务收费应当区分不同物业的性质和特点分别实行政府指导价和市场调节价。实行政府指导价的,由业主与物业管理企业根据规定的基准价和浮动幅度在物业服务合同中约定。由业主与物业管理企业根据规定的基准价和浮动幅度在物业服务合同中约定物业服务收费。一般实行此类价格的是经济适用房和回迁房。市场调节价分为包干制和酬金制。实行物业服务费用包干制的,物业服务费用的构成包括物业服务成本、法定税费和物业管理企业的利润。实行物业服务费用酬金制的,预收的物业服务资金包括物业服务支出和物业管理企业的酬金。无论包干还是酬金,具体的内容由业主与物业企业在物业合同中约定。

五 物业费用篇

> **温馨提示**
>
> 只要物业合同约定了物业服务收费的计算办法或具体数额，业主就应履行交纳该物业费用。如果认为此费用不合理，业主可以通过业主大会或业主委员会与物业公司交涉。但切不可以费用不合理为由拒交物业费。如果有此行为，行为人将承担不利的法律后果。

127 未签订合同是否交纳物业管理费？

焦点问题

1. 未签订物业服务合同是否存在物业服务合同关系
2. 未签订物业服务合同是否交纳物业管理费用
3. 相关的法律依据

专家答疑

任何民事活动，都应当遵守自愿、诚实信用、公平、等价有偿的原则，同时"应当尊重社会公德，不得损害社会公共利益，破坏国家经济计划，扰乱社会经济秩序"。一般情况下，业主以未与物业管理企业签订物业服务合同为由，拒绝交纳物业管理费等相关费用。原因多为业主以双方之间没有形成合同关系，物业公司要求业主交纳、给付垫缴的相关费用没有法律依据，此时物业公司起诉业主不适格，得不到法院的支持等等情况。

按照国务院《物业管理条例》（以下简称《条例》）的规定，物业管理是物业管理企业按照物业服务合同的约定，对房屋及配套设施和相关场地进行维修、养护、管理，维护区域内的环境卫生和秩序的活动，以改善业主的生活和工作环境。物业管理合同与一般的合同不同，因为物业公司提供的物业管理服务是整个园区公共部位，具有整体性，不可分割性，不能因为某一个或少数违反物业管理合同就不提供服务或者只对遵守合同的业主提供物业服务，事实上物业管理公司也做不到。这就会让不同意与物业公司签订合同的少数业主也会在事实上享受到其提供的服务。

而对于业主与物业公司的物业管理纠纷,根据《条例》的规定,按照业主委员会与物业公司签订的协议解决;没有成立业主委员会的,根据《条例》第二十一条"在业主、业主大会选聘物业管理企业之前,建设单位选聘物业管理企业的,应当签订书面的前期物业服务合同"、第二十五条"建设单位与物业买受人签订的买卖合同应当包含前期物业服务合同约定的内容"的规定,按照建设单位与所选聘的物业管理企业签订书面的前期物业服务合同规定处理。因此,在单个业主未与物业公司签订物业服务合同的前提下,按照我国民法和合同法原理,从以下两种情况加以判断:一是当事人间是否有协议(书面或口头协议方式);二是当事人间是否存在事实上的合同关系。

根据我国的相关法律规定,物业公司未与业主签订物业服务合同或物业服务合同到期后,物业公司未进行续签但是实际提供物业管理服务的,那么就存在事实上的物业服务合同关系,物业公司是有权向业主收取物业费的。

温馨提示

根据《最高人民法院关于审理物业服务纠纷案件具体应用法律若干问题的解释》第一条"建设单位依法与物业服务企业签订的前期物业服务合同,以及业主委员会与业主大会依法选聘的物业服务企业签订的物业服务合同,对业主具有约束力。业主以其并非合同当事人为由提出抗辩的,人民法院不予支持"及《北京市高级人民法院关于审理物业管理纠纷案件意见(试行)》第十四条"物业管理企业与业主委员会签订物业服务合同后,违规将物业服务全部转托给其他物业管理企业的,如果该转托行为已经公告且业主接受了物业服务的,应依公平原则确定业主向实际提供物业服务的物业管理企业支付适当的物业服务费用"的规定,在前期物业服务阶段开发商与物业公司签订的物业服务合同对全体业主具有约束力,物业公司按照合同约定提供了相应的服务,业主应当交纳物业服务费;在物业服务合同阶段,业主大会代表全体业主与物业公司签订的物业服务合同对全体业主具有法律约束力,在物业公司履行了合同约定义务时,业主无正当理由也应当交纳物业服务费用。

根据《北京市高级人民法院关于审理物业管理纠纷案件意见(试行)》

第24条"物业管理企业与业主委员会虽未签订书面的物业服务合同，但业主事实上接受了物业服务的，物业管理企业可以要求业主交纳相应的物业服务费用。双方当事人没有约定物业服务收费标准的，法院可参照政府规定收费标准或同类物业服务项目收费标准确定应交纳的物业服务费用"的规定，物业公司按时、按质的提供了物业管理、服务，就有权向业主收取物业服务费用。

128　前期物业管理服务阶段，业主需要交纳物业费吗？

焦点问题

1. 前期物业服务阶段业主的权利、义务有哪些
2. 前期物业服务阶段开发商的权利、义务有哪些
3. 前期物业服务阶段，业主需要交物业费吗

自2010年10月1日《北京市物业管理办法》实施后，前期物业管理的期限是多长？

前期物业管理期限从首户业主入住起至全体业主与建设单位完成物业共用部分交接之日止。《北京市物业管理办法》实施后，申请办理商品房预售许可或现房销售的住宅物业项目，建设单位承担前期物业服务责任，即建设单位承担物业管理费用，业主无需交纳物业管理费。建设单位可以自行提供前期物业服务，也可以将全部专项服务委托给物业服务企业，或者将专项服务委托给专业性服务企业，受托的物业服务企业和专业性服务企业应当符合相关的资质要求。

在前期物业管理阶段，建设单位应当履行什么义务呢？建设单位的主要义务为：

（1）在销售房屋前确定物业服务事项和服务标准；

（2）委托物业服务评估监理机构对服务费用进行测算；

（3）将测算结果在销售场所进行公示；

（4）将测算出的服务费用标准和服务标准写入房屋买卖合同和前期物业服务合同；

（5）按照合同约定的服务事项和服务标准提供服务；

（6）在交付房屋前，向业主发放该套房屋的"业主一卡通"；

（7）向业主收费前应当履行必要的通知义务，并将收费起始时间及前期物业服务合同约定的收费标准在物业管理区域内显著位置公示。

前期物业管理阶段，业主有哪些权利和义务呢？

在前期物业管理阶段，业主应当积极成立业主大会，如业主大会筹备组成立满3个月未召开首次业主大会会议的，业主应当按照前期物业服务合同的约定向建设单位或建设单位委托的物业公司交纳物业费用。

温馨提示

因《北京市物业管理办法》于2010年10月1日起实施，北京市住建委为此发布了《关于〈北京市物业管理办法〉实施中若干问题的通知》（以下简称"通知"），明确了《北京市物业管理办法》中的前期物业管理期间，业主是否交纳物业费等内容。

《通知》规定，前期物业管理期间，建设单位不得向业主收取物业费用。但如果小区迟迟不召开业主大会，根据通知中规定，在四种情况下，业主们也要在前期物业管理期间正常交纳物业费。具体包括：筹备组成立满3个月，还没有召开首次业主大会会议的；首次业主大会会议没有解除前期物业服务合同，也没有确定物业管理方式的；首次业主大会会议结束后，建设单位向全体业主发出书面查验通知之日起30日内未开始查验的；物业共用部分经查验符合相关标准，建设单位向全体业主发出书面交接通知之日起30日内未完成交接的。

129 业主没有实际居住房屋,交纳物业管理费吗?

焦点问题

1. 物业费的构成都包括哪些部分
2. 业主没有实际居住房屋,是否应当交纳物业管理费

实际中,很多业主买完房后,长期不居住,那么像这种情形的业主是否需要交纳物业管理费?如果想解决这个问题,首先需要明确的是,物业管理费的用途是什么?

根据国家发改委、建设部颁布实施的《物业服务收费管理办法》第十一条规定:物业服务成本或者物业服务支出构成一般包括以下部分:

(1)管理服务人员的工资、社会保险和按规定提取的福利费等;

(2)物业共用部位、共用设施设备的日常运行、维护费用;

(3)物业管理区域清洁卫生费用;

(4)物业管理区域绿化养护费用;

(5)物业管理区域秩序维护费用;

(6)办公费用;

(7)物业管理企业固定资产折旧;

(8)物业共用部位、共用设施设备及公众责任保险费用;

(9)经业主同意的其他费用。

因此,业主交纳的物业管理费包括物业公司人工、办公成本、物业管理区域的清洁、绿化、设施设备维护、秩序维护等费用,而物业公司的管理、服务是为了园区整体美观、舒适,提高居住品质,与单个业主是否居住没有直接联系。

业主对共有部分享有共有权和共同管理权,业主不能以放弃权利而不履行义务,基于此,业主在房屋空置的情况下也应足额交纳物业管理费。如果业主不愿交纳物业管理费,物业公司有权通过法律途径进行催收,并且有权要求业主承担相关诉讼费及违约金。

> **温馨提示**

根据《物业管理条例》第七条业主在物业管理活动中，履行"按时交纳物业服务费用"及《北京市高级人民法院关于审理物业管理纠纷案件的意见（试行）》第二十三条"业主因自身原因未居住房屋并以此为由要求减免物业服务费用的，一般不予支持"的规定，业主对其空置的房屋应当交纳物业管理费。

《物权法》第七十二条"业主对建筑物专有部分以外的共有部分，享有权利，承担义务；不得以放弃权利不履行义务"。实践中，物业管理费是物业公司进行物业服务的基础，如果大多数业主以房屋空置为由，不交纳物业管理费，那么物业公司继续提供物业管理的行为将难以为继。

因此，《最高人民法院关于审理物业服务纠纷案件具体应用法律若干问题的解释》第六条"经书面催交，业主无正当理由拒绝交纳或者在催告的合理期限内仍未交纳物业费，物业服务企业请求业主支付物业费的，人民法院应予支持。物业服务企业已经按照合同约定以及相关规定提供服务，业主仅以未享受或者无需接受相关物业服务为抗辩理由的，人民法院不予支持"和《北京市高级人民法院关于审理物业管理纠纷案件的意见（试行）》第二十五条"业主拖欠物业服务费用，物业管理企业依据约定请求一并支付滞纳金的，应予支持。滞纳金数额过高的，可以依据欠费方的请求予以适当调整，调整后的滞纳金一般不应超过欠费金额"，物业公司对无正当理由不按时交纳物业管理费的业主，有权提起诉讼并要求其承担滞纳金或违约金。

130 因开发商的遗留问题，业主能拒付物业管理费吗？

> **焦点问题**
>
> 1. 业主与开发商的法律关系
> 2. 业主为什么交纳物业费
> 3. 业主、开发商、物业企业之间的关系

五　物业费用篇

业主与开发商签订《房屋买卖合同》，并交纳房屋款项后，从开发商那里获得房屋所有权。业主与开发商之间形成的是房屋买卖关系。

业主向物业企业交纳物业服务费，是因为业主委员会代表业主与物业企业签订了《物业服务合同》，业主接受了物业企业提供的物业服务，所以必须交纳物业费。业主与物业服务企业之间形成的是物业服务合同关系。

房屋买卖关系和物业服务合同关系是不同的两个法律关系，在法律上涉及的双方的权利义务也不同。开发商遗留的问题是存在于业主与开发建设单位之间的法律问题，业主应当与开发商协商解决或去人民法院起诉；而物业费是业主与物业企业之间的法律问题，业主交纳物业费是在物业合同中明确约定的，如果业主无故拒绝交纳物业费用，应当承担的是违反物业服务合同的法律责任。

综上所述，业主不应以开发商遗留问题来对抗物业服务企业，拒绝交纳物业服务费用。

温馨提示

虽然现实情况是物业企业一般由开发单位组建，甚至物业企业与开发单位是一个法定代表人，物业企业听命于开发单位，但依据法律规定，物业企业与开发单位是两个不同的法人单位，它们独自承担各自的责任。也即是，业主不能以一方的过错要求另一方承担责任。因此，对于业主来讲，就房屋质量问题，应当向开发商主张权利，要求开发商承担维修、赔偿责任。业主也可以将问题反映给物业企业，由物业企业将房屋质量问题反馈给开发商，督促开发商为业主修复。

131 业主对拆迁安置房屋位置不认可，能拒交物业管理费吗？

焦点问题

1. 业主对拆迁安置房屋的位置不认可，能否拒交物业管理费
2. 哪些情况下，可以减免物业管理费

专家答疑

日常情况下，因物业管理费产生的纠纷类型多种多样，业主不交纳物业管理费的原因也各种各样。哪些情况下，物业公司要对业主的物业管理费进行减免？哪些情况下，业主必须足额交纳物业管理费用？如要区分两种情况，首先要解决的问题是：业主、开发商、物业公司之间的关系。

业主在房屋被拆迁时，与开发商签订了拆迁房屋安置合同，其中对安置房屋的面积、位置、房屋的格局都有相应的约定，业主与开发商之间存在着房屋买卖合同关系。在开发商建成了房屋后，将房屋交给业主的同时，业主应当进行验房、收房，如果该房屋达不到双方当初约定的标准，业主有权要求开发商进行更换或者承担违约责任。

在业主办理完收房手续、入住的同时，业主与物业公司签了物业服务合同，业主和物业公司之间是物业服务合同关系，在物业公司提供了物业服务的同时，业主应当交纳物业管理费用。

因此，业主不能以拆迁安置房屋的位置不合理拒绝交纳物业管理费。

那么，在哪些情况下，业主可以要求物业公司减免或不交纳物业管理费呢？

一般情况下，物业公司未经业主同意时，擅自提高收费标准的，业主有权按照原来的标准交纳物业管理费；物业公司提供的物业服务质量与物业服务合同约定不一致的情况下，业主有权要求物业公司承担违约责任；如果物业公司未经全体业主同意，私自将整个物业管理、服务转包给第三方的，业主有权不交纳物业管理费用。

> **温馨提示**
>
> 根据《物业管理条例》第四十二条"业主应当根据物业服务合同的约定交纳物业服务费用"和《北京市高级人民法院关于审理物业管理纠纷案件的意见（试行）》第十五条"物业服务合同期限内，当事人一方擅自解除合同的，另一方可以要求其承担相应的民事责任"的规定，业主交纳物业管理费是一种合同约定的义务。
>
> 根据《最高人民法院关于审理物业服务纠纷案件具体应用法律若干问题的解释》第五条"物业服务企业违反物业服务合同约定或者法律、法规、部门规章规定，擅自扩大收费范围、提高收费标准或者重复收费，业主以违规收费为由提出抗辩的，人民法院应予支持。业主请求物业服务企业退还其已收取的违规费用的，人民法院应予支持"和《北京市高级人民法院关于审理物业管理纠纷案件的意见（试行）》第二十二条"有下列情形之一的，业主可以要求减收物业服务费用或要求返还多交的物业服务费用：（1）物业管理企业提供的服务项目和质量与合同约定标准差距明显的；（2）物业管理企业擅自扩大收费范围、提高收费标准、重复收费的"，业主有权要求物业公司减免物业管理费，物业公司在提供物业服务过程中，给业主造成损失的，应当承担相应的责任。

132 开发商迟延办理产权证书，业主能拒交物业费吗？

焦点问题

1. 开发商、物业企业、业主之间的合同关系
2. 开发商迟延办理产权证书，业主可要求开发商承担违约责任
3. 哪些情况下，业主可以要求减免物业费

业主在购买商品房时,与开发商签订了《商品房买卖合同》。根据该合同,业主应当按时、足额向开发商支付购房款,而开发商如接受业主委托,为业主代办理产权证书或未按时提供办理产权证书的资料,业主可要求开发商承担违约责任。

由于《商品房买卖合同》的主体是开发商和业主,而物业服务合同中的主体为物业企业、业主,因此,在物业企业与业主没有约定的前提下,所发生的迟延办理产权证书纠纷不属于物业企业的服务、管理范围,业主应当直接向开发商主张权利,或通过业主委员会向开发商主张权利。但是,需要说明的是,由于发生此类纠纷的大多情况,是业主与前期物业企业之间产生的拒交物业费纠纷(由业主委员会选聘、招标产生的此类纠纷会少一些),因为前期物业企业与开发商存在密切的联系,甚至有的物业企业就是开发商的子公司,有的物业企业与开发商的法定代表人由同一人担任等等,所以有的前期物业企业实际也履行了开发商的保修期内的维修义务,此种情况下,广大业主自然将物业企业与开发商视为一家,业主入住后也就自然要求物业企业解决遗留问题,拒绝交纳物业费用。

应当说明的是,物业企业虽并非此类纠纷的主体,但应当积极协助、协调开发商尽快解决此类纠纷,并将协调结果告知业主委员会或以公告形式告知广大业主。物业企业仅以没有义务负责作为理由,使矛盾激化,更不利于今后的物业服务、管理。同时,业主也不能将解决迟延办理产权证书等遗留问题作为交纳物业费的前提,否则不仅可能要交纳物业费,还可能就此而承担相应的违约金。

温馨提示

最高人民法院《关于审理商品房买卖合同纠纷案件适用法律若干问题的解释》第十八条规定:"由于出卖人的原因,买受人在下列期限届满未能取得房屋权属证书的,除当事人有特殊约定外,出卖人应当承担违约责任:(一)商品房买卖合同约定的办理房屋所有权登记的期限;(二)商品房买卖合同的标的物为尚未建成房屋的,自房屋交付使用之日起90日;(三)商品房买卖合同的标的物为已竣工房屋的,自合同订立之日起90日。合同没有约定违约金或者损失数额难以确定的,可以按照已付购房款总额,参照中国人民银行规定的金融机构计收逾期贷款利息的标准计算。"

因此,业主应当首先依据与开发商签订的《商品房买卖合同》的约定,如合同中没有关于办理产权证书时间的约定,那么应当适用上述最高人民法院的上述司法解释的规定。

133 开发商建造瑕疵,物业公司难收物业费怎么办?

焦点问题

1. 开发商建造房屋出现质量问题,由谁承担
2. 此种情况下,物业公司、业主如何去做
3. 业主是否应当交纳物业费

业主购买开发商开发的房屋后,发现房屋室内设施、设备或墙体出现大范围开裂,业主遂要求物业公司维修,并称物业公司如不予维修,将不再交纳物业费用。此种情况,应该是业主目前主张权利的主要方式之一,但是,要说明的是,此种维权方式存在法律障碍。由于业主从开发商处购买房屋,并支付价款,业主与开发商之间存在房屋买卖合同关系,如房屋或设施、设备出现质量问题,在保修期内应由开发商进行维修,换言之,业主应当向开发商主张权利。

业主可以将房屋或设施、设备存在的问题反映给物业公司,再由物业公司报给开发商,业主也可以自行与开发商联系,要求其进行维修。物业公司应配合业主与开发商联系、沟通,尽快将业主房屋或设施、设备予以修缮。

业主作为个体，联系开发商较为困难，所以物业公司应当予以协助，此为物业公司的基本义务之一，物业公司不得推诿、搪塞。业主可以要求物业公司给开发商发函或自行发函，并留存一份函件原件及邮递凭证，以免超过保修期而得不到相应保修服务。需要强调的是，有些开发商出售房屋后，已将相应建设维保单位的联系人、联系方式等，告知物业公司，并由开发商、建设维保单位、物业公司三方达成协议，由物业公司联系维保单位进行维修或自行维修，此种情况下，业主有权要求物业公司进行修缮，但业主需要提交相应证据，证明物业公司负有维修义务，业主可通过开发商提供的协议、业主手册、管理规约的约定进行判断。

通常情况下，业主以房屋质量或设施设备存在瑕疵，而拒绝交纳物业费用，是不成立的。否则，物业公司起诉要求业主交纳物业费用，业主还有可能支付相应违约金，因此，业主应当依据法律关系来维护自己的权益，而不是想当然地任意而为之。

温馨提示

业主房屋出现质量问题，迟迟得不到维修时，可以提起诉讼要求法院判决开发商承担维修责任。但是，业主向开发商主张权利时，必须注意不得超过两个期限，一个是住宅质量保证书中约定的保修期；另一个是法律规定的诉讼时效，从知道或应当知道房屋出现质量问题两年内向法院起诉，否则业主将承担法院判决败诉的风险。

134 开发商未出售的房屋，交纳物业管理费吗？

焦点问题

1. 开发商未出售的房屋，是否交纳物业管理费
2. 如果开发商需要交纳物业管理费，需要从什么时候开始交纳

《物业管理条例》第42条规定:"业主根据物业服务合同的约定交纳物业管理费用;已竣工但尚未出售或者尚未交给物业买受人的物业,物业服务费用由建设单位交纳。"

其中,第一款是指所有业主都应当交纳物业服务费用。第二款是指买受人和开发商之间,依据房屋的交付情况确定物业服务费用的交纳义务人。因此,对物业公司而言,只需向业主收取物业服务费用即可。至于房屋是否交付,那是开发商和买受人的事,和物业公司无关。房屋交付使用后,开发商作为尚未售出或尚未交付的房屋的业主,与购房业主有相同的身份,都是平等的业主。接受物业公司提供的物业管理服务,当然应该交纳物业服务费用。

业主在房屋物业交付时根据《前期物业服务合同》开始交纳物业服务费用,开发商原则上应该在同一时间交纳物业服务费用。因为开发商享有购房业主享有的一切权利,即对房屋占有、使用、收益和处分的所有权。开发商名下的房屋虽然空置,但与其他业主一同享受了物业公司提供的物业管理服务。根据权利义务对等原则,开发商应该向物业公司交纳物业费用。

至于开发商交纳物业服务费用的数额,依据《北京市物业服务收费管理办法》(试行)第十五条规定:"业主按照房屋买卖合同约定的交付期开始交纳物业服务费。纳入物业管理范围的已竣工但尚未出售,或者因开发建设单位原因未按时交给物业买受人的物业,物业服务费用由开发建设单位全额交纳。"

温馨提示

如果开发商未将其房屋全部卖出,那么开发商也是业主,与购房业主一样享有相关的权利,承担相应的义务。开发商接受物业公司提供的物业管理服务,自然有义务交纳物业管理费。

135 开发商要为空置的房屋交纳物业管理费吗？

焦点问题

1. 开发商是否为空置的房屋交纳物业管理费
2. 如果交纳，具体时间从什么时候开始
3. 如果不交纳将会侵害谁的权利

业主应当按照房屋买卖合同等文件约定的交费期开始交纳物业管理费。已经纳入物业管理范围的已竣工但尚未出售，或者因开发商原因未按时交给物业买受人的房屋，物业管理费用应由开发商全额承担。换言之，在物业服务开始后，开发商应该对其空置的、未出售的房屋承担物业管理费用。

需要指出的是，北京在2010年10月1日以后取得预售许可证的所有项目，直到业主大会成立之前，或者在业主大会筹备组成立3个月之内，所有的物业服务责任都必须由开发商承担。这也意味着，业主在这期间不用承担物业费，开发商不仅要支付期间的所有物业管理费，同时也要把设施设备管理、物业资质审核、物业人员管理等都具体承担起来，而且所有的服务承诺事项都要落实在前期物业服务合同之中。购房人在同开发商签订购房合同时，前期物业服务合同也应当作为购房合同附件出现。在实际操作中，一般开发商在销售房屋时，前期物业服务合同应当作为房屋买卖合同的附件。建设单位可以将全部专项服务委托给物业服务企业，也可以将专项服务委托给专业性服务企业。

根据《北京市物业管理办法》的规定，开发商要想把前期物业服务过渡到物业服务阶段，必须经过两道程序：（1）支持业主或者主动申请成立业主大会，第一次业主大会的费用由开发企业承担。只要召集满占总人数5%以上或者专有部分占建筑物总面积5%以上的业主，便可向项目所在地街道办事处、乡镇人民政府提出书面申请成立业主大会。（2）前期物业必须经过业主或者是业主和开发商共同委托的第三方监理机构进行查验，通过评估后，开发商才能把前期物业责任交出，由业主大会承接。此后小区业主再交纳物业管理费用。开发商的前期物业责任到此结束。

> **温馨提示**
>
> 开发商作为空置房屋的业主，开发商当然应当按照物业服务合同的相关约定，按时、足额的交纳物业管理费及其他相关费用，否则就构成违约行为，并承担相应的违约责任。根据《北京市物业管理办法》及相关配套实施细则的规定，开发商在前期物业服务阶段承担整个项目的物业管理费用。在小区正式成立业主大会后，进入正式的物业服务阶段，也就是有业主大会与物业公司签署《物业服务合同》阶段，才由单个业主承担物业管理费用。

136 业主、房屋使用人谁承担物业管理费？

焦点问题

1. 业主与房屋使用人的区别
2. 业主都享有哪些权利
3. 业主与房屋使用人谁承担物业管理费

业主指依法登记取得或者依据生效法律文书、继承或者受遗赠，以及合法建造房屋等事实行为取得专有部分所有权的人，应当认定为业主；基于与建设单位之间的商品房买卖民事法律行为，已经合法占有建筑物专有部分，但尚未依法办理所有权登记的人，可以认定为物权法第六章所称的业主。这是界定业主身份的一般规则，明确业主身份的界定标准。根据，《物业管理条例》第六条第一款规定："房屋的所有权人为业主"及《城市房地产管理法》第六十条规定"国家实行土地使用权和房屋所有权登记发证制度"、《物权法》第十七条规定"不动产权属证书是权利人享有该不动产物权的证明"，因此，房屋所有权证（包括房屋共有权证）是确认业主身份的最重要的客观依据。所以，我国各地方性法规、规章都将"以房地产权证记载的权利人为准"作为业主身份的认定原则。而房屋使用人对该房屋不享有所有权，更不能对该房屋进行处分。

通常情况下，业主除了对房屋享有所有权，对小区的道路、绿化、电梯、楼梯、连廊、走廊或政府规定的其他公用设施享有共有和共同管理的权利。除国家法律法规另有规定以外，业主对于物业采用何种方式进行管理具有选择权。在共有部分的处分中，这个权利是由全体业主来行使，任何一个业主无权单独行使该权利。物业可以由全体业主授权业主委员会来进行管理，也可以再委托物业管理公司实施管理；全体业主，通过业主委员会，有选择物业公司的权利。

一般情况下，由业主与物业公司签订《物业服务合同》，并按照约定交纳物业服务费，如业主和房屋使用人明确约定由"房屋使用人交纳物业服务费"并将该情况告知物业公司的，物业公司可以向该房屋使用人收取物业服务费。如果房屋使用人未按时交纳物业管理费的，物业公司有权向业主进行催要。

温馨提示

关于业主的身份，根据《物权法》第六章、《最高人民法院关于审理建筑物区分所有权纠纷案件具体应用法律若干问题的解释》的规定，可以将业主主要分为以下几种：（1）经过登记成为业主的人；（2）承认因某些事实行为而成为业主；（3）确认将某些法律文书作为业主身份确认的凭证；（4）承认事实业主；（5）基本排除了承租人、借住人成为业主。

业主对专有部分享有所有权，对园区的共有部分享有共有权和共同管理的权利。《物权法》第七十九条规定："建筑物及其附属设施的维修资金，属于业主共有。经业主共同决定，可以用于电梯、水箱等共有部分的维修。维修资金的筹集、使用情况应当公布"，第七十三条规定："建筑区划内的道路，属于业主共有，但属于城镇公共道路的除外。建筑区划内的绿地，属于业主共有，但属于城镇公共绿地或者明示属于个人的除外。建筑区划内的其他公共场所、公用设施和物业服务用房，属于业主共有。"

第七十四条规定:"建筑区划内,规划用于停放汽车的车位、车库应当首先满足业主的需要。建筑区划内,规划用于停放汽车的车位、车库的归属,由当事人通过出售、附赠或者出租等方式约定。占用业主共有的道路或者其他场地用于停放汽车的车位,属于业主共有"。

业主和物业使用人因物权上身份的区别,承担责任也是不同的。根据《最高人民法院关于审理建筑物区分所有权纠纷案件具体应用法律若干问题的解释》第十六条规定"专有部分的承租人、借用人等物业使用人,根据法律、法规、管理规约、业主大会或者业主委员会依法作出的决定,以及其与业主的约定,享有相应权利,承担相应义务"。

根据《最高人民法院关于审理物业服务纠纷案件具体应用法律若干问题的解释》第七条规定"第七条 业主与物业的承租人、借用人或者其他物业使用人约定由物业使用人交纳物业费,物业服务企业请求业主承担连带责任的,人民法院应予支持",因此,在物业使用人不按时交纳物业管理时,业主要承担连带责任。

137　房屋使用人有义务交纳物业费吗?

焦点问题

1. 交纳物业费的法律主体
2. 房屋使用人交纳物业费的理由
3. 业主承担的责任

《物业管理条例》第七条规定,业主履行下列义务:……(五)按时交纳物业服务费用。第六条明确规定了房屋的所有权人为业主。

第四十二条规定:业主应当根据物业服务合同的约定交纳物业服务费用。业主与物业使用人约定由物业使用人交纳物业服务费用的,从其约定,业主负连带交纳责任。

业主是交纳物业服务费用的法律主体。但鉴于实际接受物业服务的是物业使用人。所以，如果业主与物业使用人就交纳物业费用达成协议，约定由物业使用人交纳，使用人就是交纳费用的法律义务人。如其不予交纳，物业公司有权对使用人提起诉讼，并将业主列为共同被告，要求其对交纳物业费承担连带责任。

应当指出的是，有些房屋所有人将房屋出售后，并不到物业公司办理交割手续，此种情况必然导致新房主成为业主后，却与物业公司没有任何书面合同，但是基于其已经享受物业公司提供的物业服务，与物业公司已经形成事实上的物业服务关系，其应当按照收费标准交纳物业费用。

温馨提示

在现实中，与物业公司签订物业合同的是业主。依据合同相对性，物业公司只能起诉业主要求交纳物业费用。如果业主将房屋交付使用人居住，而不通知物业公司，物业公司一般只会起诉业主。所以业主最好将房屋出租事实告知物业公司，以维护自己的合法权益。

138 房屋买卖后，未到物业公司办理变更手续，谁交物业费？

焦点问题

1. 房屋买卖后，新、老业主如何区别
2. 物业公司的向谁催要物业费
3. 相关法律、法规的规定

专家答疑

当事人买卖房屋后，应当前往物业公司办理物业变更手续，由新业主与物业公司签订新的物业服务合同、供暖协议等，领取业主卡，并交纳相应物业费用。实践中，当事人在买卖房屋时对此重视不够，往往在办理完毕房屋过户登记手续后，即视为房屋买卖交易完成，但如果买卖房屋当事人不办理物业变更手续，对双方均有很大的弊端。对于买房人来讲，如果不到物业公司确认业主身份，物业公司的服务很有可能无法享受，原业主的各种欠费，物业公司也会不断向自己催要，对此，买房人甚至面临诉讼的风险；对于卖房人来说，其出卖房屋、收取购房款后，也应当与买房人共同前往物业公司解除相应物业合同，签订新的物业合同。如果卖房人不办理此手续，那么物业服务合同为卖房人签署，物业公司不知道房屋买卖的情况下，仍会要求卖房人承担物业服务合同的义务。通常情况下，物业公司会将新业主、原业主一同作为被告提起诉讼。

根据《最高人民法院关于审理建筑物区分所有权纠纷案件具体应用法律若干问题的解释》第一条规定："依法登记取得或者根据物权法第二章第三节规定取得建筑物专有部分所有权的人，应当认定为物权法第六章所称的业主。"出卖人将房屋出卖后，买受人即为新的业主，应当享受物业服务，并交纳物业费等费用。

买卖双方办理物业变更手续时，原业主将所欠各种费用交清，解除与物业公司签订的物业服务合同，新业主与物业公司签订物业服务合同，交纳相应费用，留存身份信息、联系方式，领取业主身份卡、水卡、电卡等。此种情况下，整个房屋买卖过程才真正完成，双方才能防止今后相关纠纷的发生。

温馨提示

买卖双方当事人通过中介公司洽商买卖事宜，支付了相应佣金，并最终达成买卖房屋合同，应当要求中介公司核实相应信息，包括配合办理物业变更手续。依据《中国房地产经纪执业规则》第二十三条规定："房地产经纪人员应当及时、如实地向委托人报告业务进行过程中的订约机会、市场行情变化及其他有关情况，不得对委托人隐瞒与交易有关的重要事项；"第二十四条规定："房地产经纪人员应当凭借自己的专业知识和经验，向承购人（承租人）提供经过调查、核实的标的房屋信息，如实地向其告知标的房屋的有关情况，协助其对标的房屋进行查验"，因此，中介公司未提供真实信息，应当承担法律责任。

139 新业主应该承担原业主以前拖欠的物业管理费吗？

焦点问题

1. 原业主拖欠的物业管理费，新业主是否承担
2. 新业主承担或者不承担原业主拖欠的物业管理费的理由是什么
3. 假如新业主承担了原业主拖欠的物业管理费，是否可以向原业主追缴

专家答疑

在二手房买卖过程中，会涉及到业主和买家的多项费用，有些人会因为出现部分费用一时间无法确定由谁支付而闹矛盾。因此卖方在交易前应该清楚告诉买方售价是否包含该房屋过往已支付的费用，以及所出售的物业是否尚有欠费。而买方在买房前也应该了解该房屋相关费用的结算状况。

因此，在交易前买家要到该房屋物业管理单位了解房屋的交费情况，同时买卖双方要协商一致，在购房合同中清晰注明相关费用由谁支付。如果出现合同中约定不明确或者没有完全约定的情况，有些物业公司在现实中会要求新业主承担原业主拖欠的物业管理费用，新业主有承担的义务吗？

物业公司与业主大会签订《物业服务合同》，接受全体业主的委托为物业管理区域内的业主提供物业管理服务，业主在享受物业公司提供的管理服务的同时，有义务就物业公司提供的物业管理服务支付《物业服务合同》中约定的物业管理费用。作为购房的新业主，购房之前并非该房屋的所有权人，没有享受物业公司提供的物业管理服务，自然没有支付相关物业管理费用的义务。因此，物业公司要求新业主承担原业主拖欠的物业管理费用是没有法律依据的。

作为入住小区的新业主，由于原业主拖欠物业服务费的行为，会徒增很多不必要的烦恼。在现实中，恰恰有部分新业主会代替原业主交纳拖欠的物业管理费用。那么新业主代替原业主承担缴费义务后，是否可以向原业主追偿呢？

《中华人民共和国民法通则》第九十二条规定：没有合法根据，取得不当利益，造成他人损失的，应当将取得的不当利益返还受损失的人。

根据该条规定，新业主承担了原业主拖欠的物业服务费，遭受了损失，原业主属于不当得利，理应返还。因此，新业主可以根据《民法通则》第九十二条的规定向原业主提出请求，要求偿还。

温馨提示

新业主购买房屋后，从取得房屋所有权证书时才成为业主，才需要交纳物业管理费，取得房屋所有权证书之前的物业管理费由原业主交纳，但是，对于购买的新建商品房，购房人需要从办理入住手续后，交纳物业管理费。

140 部分业主不交费，其他业主怎么办？

焦点问题

1. 部分业主不交费，会给自身带来什么后果
2. 不交费的业主会给交费的业主带来什么影响
3. 针对部分不交费业主，交费业主可以效仿吗

专家答疑

物业管理区域内的部分业主不交纳物业费用，物业公司经过催讨仍不交纳的，可以依据《物业管理条例》的规定和《物业服务合同》的约定通过法律诉讼途径，即通过法院判决要求业主全额交纳物业服务费用和违约金。部分业主不交费，除了给物业公司的日常管理带来不便之外，也会为自己增加一笔完全没有必要的支出。

物业公司收取的物业服务费用，除去物业公司的人工成本外，其余的费用均应当用于物业共用部位、共用设施设备的日常运行和维护、物业管理区

域内的清洁卫生和绿化费用、物业管理区域内的秩序维护等方面。部分业主不交纳物业服务费用，其实损害的是物业管理区域内全体业主的利益，其中当然也包括这些部分不交费的业主。

部分业主不交纳物业服务费用的行为，有些交费业主会效仿，会加入其中，也拒绝交纳物业服务费用。其实这种做法是完全不可取的。

不交纳物业服务费用不仅扰乱了物业公司正常的管理秩序，为物业公司工作开展带来不便，同时也会为广大业主带来隐患。由于业主的欠费行为，物业管理区域内的共用部位和共用设施设备没有办法得到及时的维修养护，加之秩序维护和其他问题出现，将会为业主的生活带来极大的不便。

部分业主的欠费行为，物业公司可以通过法律途径予以解决。欠费业主会由于自己的拖欠行为支付一笔数额不菲但是完全可以避免的违约金和诉讼费用。

温馨提示

业主在享受物业公司提供的物业服务时，应该积极主动交纳物业服务费用。如果业主认为物业费过高，可以通过业主大会降低物业费标准。如果认为物业公司没有将物业费用于物业管理区域的管理、服务，可以通过业主大会或业主委员会提出审计要求，对物业公司的物业服务收支情况进行审计。

141 室内设备维修不及时，业主能拒付物业费吗？

焦点问题

1. 业主室内设施设备维修，由谁负责
2. 物业公司不维修业主室内设备，业主有权拒交物业费吗
3. 业主装修后改动的设备，由谁负责保修

物业公司收取业主物业费用，与业主之间建立了物业服务、管理委托关系。物业公司应当为了小区业主利益，为业主提供相应的物业服务、管理。同时，物业公司在收取室内设施设备小修费后，必须按照《房屋及其设备小修服务标准》，为业主提供室内设施设备小修服务。需要说明的是，如果物业公司与业主之间签订的物业服务协议或其他文件中显示，物业公司收取的物业费用不包含室内设施设备小修费，那么，业主房屋需要进行室内设施设备小修服务，在要求物业公司提供维修服务时，应当向物业公司支付相应维修费用。

物业公司收取室内设施设备小修费，即应当承担业主设施设备的维修义务，以及维修结束后的保修义务。如物业公司为业主房屋卫生间维修马桶后不久，马桶使用便出现异常，此时，物业公司应当在其维修范围内，负责将马桶使用故障修复。

业主没有支付室内设施设备小修费，物业公司进行小修服务时，可以要求业主支付维修费、工时费。如物业公司与业主就业主室内自用设施设备未约定维修时间，业主也无权基于此而拒交物业服务费用。业主购买房屋后，开发建设单位应当对房屋以及设施设备的保修负责，在与业主就保修期限达成一致后，在房屋质量保证书或房屋买卖合同中进行确认。如保修期届满，开发建设单位即不再承担保修责任，由业主自行负责。但是，如果保修期内，业主装修时，将设施设备进行拆改，开发建设单位会就拆改提出异议，并会以此拒绝承担保修义务，对此，广大业主在装修房屋时应当特别注意。

温馨提示

《住宅物业服务等级规范（一级）（试行）》第一条第七项规定："水、电、气等急迫性报修20分钟内、其他报修按双方约定时间到达现场，由专业机构负责的，发现问题应及时通知有关机构"。从上我们可以看出，室内设施设备的小修服务的维修时间以及费用等相关内容，由业主与物业公司进行协商一致后，可以通过物业服务协议等文件予以明确。

142 物业公司有权单方增加物业管理费吗?

焦点问题

1. 变更合同内容的法律规定
2. 增加、减少物业管理费的程序

专家答疑

随着我国城市建设事业的迅速发展和房屋管理体制改革步伐的加快,物业管理行业发展迅速,消费者对物业服务的内容和形式的要求也不断提高,但在物业管理的服务过程中,存在着不少问题,如服务不到位等,由此引发了物业管理公司和业主之间的矛盾,甚至对簿公堂来解决这些因物业服务而导致的纠纷。

目前国内诸多物业纠纷主要表现在3个方面:

(1)开发商遗留问题引发的物业纠纷。在房屋的建筑、开发过程中,无论开发商主观愿望如何良好都会存在一定的质量问题,诚信的开发商发现质量问题后会及时将其解决好,而不讲诚信的开发商会将质量问题遗留给物业管理公司。但在物业公司接管房产后,由于业主直接和开发商沟通房产的问题较难,这样遗留下来的问题变成业主找物业公司承担,而在物业公司收费中又没有包含这部分成本,由此易产生纠纷。

(2)物业管理公司提供的服务不到位而导致的纠纷。物业管理公司属于微利行业,从业人员素质不高,具有大中专以上文化程度的管理人员所占比例很少,大量的物业管理人员,缺乏必要的文化知识和专业技能,绝大多数从业人员未通过物业管理上岗证,专业水平普遍不高。不少物业管理公司的服务没有按照物业管理合同来提供优质、到位的服务。如服务态度不好、乱收费、维修维护不及时,导致业主的不满,发生纠纷。

(3)业主消费观念问题。过去在我国计划经济体制下,职工住房统配统管,维修管理由单位或房管部门负责,而在新的物业管理体制下,业主要交物业管理费,承担维修费用,有些人心理上还难以承受;还有一种情况是业主不清楚物业服务内容,交纳了物业管理费,对可以享受的物业服务标准和档次没有一个理性的认识，而是感性的按照自己的标准来要求物业公司的行为，造成了物业公司如果没有达到自己的要求，就拒绝交纳物业管理费，或者和物业工作人员发生口角，甚至动武，造成不必要的损失。

那么物业管理费从业主入住之日起，一直未进行涨费，而物业公司的其他成本均在上涨，物业公司是否可以上涨物业管理费呢？

根据《合同法》第七十七条规定："当事人协商一致，可以变更合同"。增加或减少物业管理费属改变合同内容，应当由合同当事人共同协商达成合意。物业公司作为合同当事人一方，无权单方变更合同内容。

依据《物业管理条例》，无论是增加或是减少物业管理费，都应当通过业主大会、经专有部分占建筑物总面积过半数的业主且占总人数过半数的业主同意。业主同意后，业主委员会代表业主再次与物业公司签订变更合同协议，增加或减少物业管理费用。

除了变更物业管理费用以外，其他改变《物业服务合同》内容的行为，都要由业主通过业主大会做出决定，然后授权业主委员会与物业公司签订变更合同的协议。除此之外，任何单方面的行为或者单个业主就《物业服务合同》内容的做出变更在法律都是无效的。

温馨提示

依据最高人民法院《关于审理物业服务纠纷案件具体应用法律若干问题的解释》第五条规定："物业服务企业违反物业服务合同约定或者法律、法规、部门规章规定，擅自扩大收费范围、提高收费标准或者重复收费，业主以违规收费为由提出抗辩的，人民法院应予支持。业主请求物业服务企业退还其已收取的违规费用的，人民法院应予支持，"按此规定，对于物业公司违规擅自提高物业管理费的，业主有权拒交，已经交纳的，可以要求退还。

2005年7月5日，北京市发改委和北京市建委举行价格听证会，对两部门制定的《北京市物业收费管理办法》(以下简称《办法》)和《北京市物业服务收费政府指导价收费标准》(以下简称《收费标准》)进行了公开听证。在政府指导价中，普通住宅物业服务收费基准价标准拟为0.90元/建筑平方米/月，最高1.21元/建筑平方米/月。经济适用住房物业服务收费基准价标准：0.55元/建筑平方米/月。

143 公共区域、公共设施的电费、电梯费，由谁来承担？

焦点问题

1. 公共区域和公共设施属于谁所有
2. 怎样分担公共区域和公共设施的费用

业主对专有部分以外的共有部分享有共有和共同管理的权利。公共区域和公共设施属于共有部分，对其的所有权和管理权属于业主共有。也即是，公共区域、公共设施的电费和电梯费应由业主共同承担。

对公共区域、公共设施的电费和电梯费，依照业主各自拥有物业建筑面积的比例分摊。

对于公共区域、公共设施的电费，由受益人，即一幢楼内的业主或几幢楼内的业主依照各自拥有物业建筑面积的比例分摊。

电梯费也应由受益人依照各自拥有物业建筑面积的比例分摊。电梯运营服务属高层住宅内的公共性服务。电梯费用中包括运行费、平日维护费、折旧费、检验费。电梯费用是按部计算的，和电梯的层数、电梯的型号、运行与否有关系。现在许多首层业主以自己不能享用电梯为由拒绝缴纳电梯费用，这是不公平的。因为一项综合性服务只有面对全体公众才能体现相对的公平，这种公平不能具体细分到每个人，所以公众享有服务肯定有多有少，但不能以此否定这项公共服务相对的公平性质。电梯服务即具有公共使用性质，不可能限定使用人的类型和次数，也不会因为首层业主不使用而减少运营费用。同时，首层业主以不乘梯为由拒绝交纳电梯费，二层、三层住户完全可以以同样理由拒绝交纳费用，最终只会导致电梯的停用，损害的还是全体业主的利益。所以，首层业主也应缴纳电梯费。

> **温馨提示**
>
> 如果业主公约或物业合同中已明确写明首层业主可不必交纳电梯费，并获得全体业主同意，那首层业主可以拒绝交纳电梯费。当然小区也可制定详细的电梯分担费用明细，这样业主交纳电梯费也有依据了。

144 公有住房转让，物业费、供暖费由谁承担？

焦点问题

1. 物业费、供暖费的价格有哪几种
2. 公有住房转让时，对转让前的物业费、供暖费由谁来承担
3. 公有住房转让后的物业费、供暖费由谁来承担

专家答疑

改革开放以来，随着我国住房体制改革的进一步深入，国家逐步推行城镇住房制度改革，一方面取消住房的实物分配，鼓励职工到房地产市场购买住房，另一方面，政府和单位将原有住房以优惠的价格向住户出售，并鼓励居民将已购公有住房到房地产市场出售换购新的住房，随之而来的是个人拥有的住房比例日益增加，住房产权多元化格局的形成。特别是2007年，我国《物权法》的实施，对不动产房屋所有权的归属实行登记为主，到目前为止，房屋所有权归属的法律依据到底是什么？这已经成为公众熟悉法律常识。对于大家常说的公有住房，其是在特定的历史条件下产生的，其不可能一直存在下去，而且目前很多城市对公有住房体制进行了改革。

由于房屋性质的多元化，业主的消费水平参差不齐，那么国家对物业费、供暖费的标准也有不同要求。一般会实行政府指导价和市场调节价两种方式。例如经济适用房、回迁房在物业管理收费方面一般应实行政府指导价，那么对高档别墅或商业物业很多都实行市场调节价，这两种收费方式和标准同时受法律保护。

那么对公有住房在转让前、后物业费、供暖费由谁承担呢？

首先，有资格购买公有住房的业主在购房前，公有住房的产权是属于国家或产权单位所有，一般在此期间产生的物业费都是有产权单位予以承担或产权单位约定的使用人、承租人支付；对于供暖费法律规定由使用人承担，若产权单位将报销供暖费作为员工的一种福利时，应有产权单位承担。

其次，在该公有住房符合法定的上市交易条件后，房屋产权人将该房屋转让给买受人时，产权人应当结清在转让前一切供暖费、物业费。在该房屋转让后，由买受人承受物业费、供暖费等相关费用。

温馨提示

根据国家发展改革委、建设部《物业服务收费管理办法》第十一条规定："物业服务成本或者物业服务支出构成一般包括以下部分：（1）管理服务人员的工资、社会保险和按规定提取的福利费等；（2）物业共用部位、共用设施设备的日常运行、维护费用；（3）物业管理区域清洁卫生费用；（4）物业管理区域绿化养护费用；（5）物业管理区域秩序维护费用；（6）办公费用；（7）物业管理企业固定资产折旧；（8）物业共用部位、共用设施设备及公众责任保险费用；（9）经业主同意的其他费用。物业共用部位、共用设施设备的大修、中修和更新、改造费用，应当通过专项维修资金予以列支，不得计入物业服务支出或者物业服务成本"的规定，物业费主要用于园区公共部位的保安、保洁等方面。另外根据第十七条规定"物业管理区域内，供水、供电、供气、供热、通讯、有线电视等单位应当向最终用户收取有关费用。物业管理企业接受委托代收上述费用的，可向委托单位收取手续费，不得向业主收取手续费等额外费用"，供暖费一般由业主、物业使用人来交纳。

根据《物业服务收费管理办法》中的"产权人"指小区内拥有房屋产权的单位和个人。按房改规定出售公有住宅楼房的单位和购买安居楼房的职工所在单位，应按有关规定负担产权人交费项目，公有住房在出售前，其物业费应当由产权人来承担。

145 物业公司起诉业主交纳物业费用，双方如何举证进行责任分配？

焦点问题

1. 一般法律关于举证责任的规定
2. 物业公司承担的举证责任
3. 业主承担的举证责任

《最高人民法院关于民事诉讼证据的若干规定》第二条："当事人对自己提出的诉讼请求所依据的事实或者反驳对方诉讼请求所依据的事实有责任提供证据加以证明"。没有证据或者证据不足以证明当事人的事实主张的，由负有举证责任的当事人承担不利后果。

第五条："在合同纠纷案件中，主张合同关系成立并生效的一方当事人对合同订立和生效的事实承担举证责任；主张合同关系变更、解除、终止、撤销的一方当事人对引起合同关系变动的事实承担举证责任。对合同是否履行发生争议的，由负有履行义务的当事人承担举证责任"。

物业公司起诉业主交纳物业管理费时，在法律上的案由是物业服务合同纠纷。物业公司在起诉时，应当首先证明与业主存有物业服务合同关系，并提供物业合同约定的服务证明，其次证明业主没有按照约定及时交纳物业服务费用，最后证明业主应交纳物业服务费用的数额和支付的违约金金额。

业主在应诉时，也应对自己不交纳物业服务费的理由承担举证责任。《北京市高级人民法院关于审理物业管理纠纷案件的意见（试行）》第22条：有下列情形之一的，业主可以要求减收物业服务费用或要求返还多交的物业服务费用：（1）物业管理企业提供的服务项目和质量与合同约定标准差距明显的；（2）物业管理企业擅自扩大收费范围、提高收费标准、重复收费的。虽然法律规定可以（1）、（2）理由要求减少或返还物业费用，但业主应在法庭上必须举证证明这些事实的存在，以支持自己的观点。否则将承担诉讼中的不利后果。

温馨提示

证据是诉讼的灵魂。诉讼的输赢在于证据的充分与否。诉讼中，法官只会采纳那些合法的、真实的、与本案有关联的、并且彼此之间能够相互印证的证据。所以诉讼当事人应针对自己的诉讼请求和答辩理由准备证据，以获得法律支持。物业公司起诉业主交纳物业费，业主可在同一诉中提起反诉。业主反诉中需要的证据也是以上几种。

146 物业公司起诉业主索要物业管理费的诉讼时效是多久？

焦点问题

1. 我国法律关于诉讼时效的规定
2. 物业管理费案件诉讼时效的特殊性

专家答疑

诉讼时效依据时间的长短和适用范围分为一般诉讼时效和特殊诉讼时效。一般诉讼时效，指在通常情况下普遍适用的时效，如我国《民法通则》第一百三十五条规定的："向人民法院请求保护民事权利的诉讼时效期间为二年，法律另有规定的除外"，我国一般民事诉讼，包括物业管理费纠纷在内的诉讼时效为二年。

特别诉讼时效，指针对某些特定的民事法律关而制定的诉讼时效。我国《民法通则》一百四十一条规定："法律对时效另有规定的，依照法律规定"。因此，特殊诉讼时效优于普通诉讼时效，即凡有特殊诉讼时效规定的，适用特殊诉讼时效规定。特殊诉讼时效主要包括：（1）诉讼时效不满两年的时效。我国《民法通则》第一百三十六条规定："下列时效为一年：（一）身体受到伤害要求赔偿的；（二）出售质量不合规格的商品未声明的；（三）延付或拒付租金的；(四)寄存财物被丢失或被损坏的"等；(2)最长诉讼时效为二十年。我国《民法通则》第一百三十七条规定"从权利被侵害之日起超过二十年，人民法院不予保护"。根据这一规定，最长的诉讼时效的期间是从权利被侵害之日起计算，权利人不知道自己的权利被侵害，时效最长也是二十年，超过二十年，人民法院不予保护。

由于业主拖欠物业公司物业管理费的情况较普遍，物业公司一般采取发催款通知书、上门催收、在小区公告栏张贴公告等形式进行催讨，但是，由于缺乏欠费业主的书面签收，从诉讼的角度考虑，上述做法仍存在举证瑕疵，即无法证明物业公司向某欠费业主进行了催讨行为。然而，物业公司主要收入来源即为物业管理费，很多物业公司还设立了专门部门负责物业管理费的收取工作，对欠费业主通常也会及时发函告知交费情况，另外物业公司对小区的物业管理服务、收取物业管理费具有连续性，物业公司的催交行为也会持续进行，如业主经多次催讨后，只交纳了2007~2008年度的物业管理费，却仍拖欠以前的物业管理费，这种情况下，不能认为物业公司怠于行使权利。

《北京市高级人民法院关于审理物业管理纠纷案件的意见(试行)》第26条规定："审理追索物业服务费案件，应依照现行法律关于诉讼时效的规定。但在适用诉讼时效时不宜过苛，除物业管理企业明显怠于行使权利的，可认定其在持续主张权利"，因此，考虑到实际情况，物业公司追索物业管理费案件的诉讼时效，不能要求过苛。

法院判例

辽宁省沈阳市中级人民法院民事判决书

(2006)沈民(2)房终字第***号

上诉人(原审被告)：李某某，男，1946年10月15日出生，汉族，系沈阳市某区干部。住址：沈阳市某小区。

委托代理人李某，男，1957年12月22日出生，汉族，无职业，住址沈阳某小区。

被上诉人(原审原告)：沈阳某物业管理有限公司。住所地：沈阳市某区。

法定代表人：何某，该公司董事长。

委托代理人：吕某，辽宁某律师事务所律师。

委托代理人：杨某，辽宁某律师事务所律师。

原审被告：李某（上诉人李某某的女儿），1972年4月23日生，汉族，现住美国。

上诉人李某某与被上诉人沈阳某物业管理有限公司（以下简称物业公司）因物业管理合同物业费纠纷一案，不服沈阳市和平区人民法院（2006）和民房初字第***号民事判决，于2006年9月22日向本院提起上诉。和平区人民法院于同年11月20日将该案报送至本院，本院于同日受理后，依法组成由本院审判员董某担任审判长、审判员马某主审、代理审判员李某参加评议的合议庭，于2007年2月15日开庭公开审理了本案，上诉人李某某及其委托代理人李某、被上诉人物业公司的委托代理人吕某均到庭参加诉讼，本案现已审理终结。

原审法院审理查明：2000年6月20日，上诉人李某某的女儿与某房地产开发有限公司（发展商）签订《商品房购销合同》，购买位于沈阳某小区5号楼1-2-1室房屋（销售建筑面积128.6539平方米），并于2000年12月29日办理了入住手续，当日在发展商及本案物业公司盖章确认的《业主公约》上签字。该《业主公约》前言中写明"沈阳某小区全体业主和物业使用人根据国家物业管理的有关规定，一致同意制定本《业主公约》，本公约适用于进住沈阳某小区的全体业主及物业使用人，共同遵守如下约定"。该《业主公约》第七章"小区管理"中写明：各业主同意，由发展商全权选择并委托沈阳某物业管理有限公司从本公约签署之日起负责统一管理土地及小区，直至小区成立业主委员会与物业管理公司签订委托管理合同。如因物业管理公司被解聘或辞职使该职务出现空缺，业主管理委员会应通过决议委托其他专业物业管理公司为小区的管理公司。在此之前由业主管理委员会暂时取代沈阳某物业管理有限公司之职务，直至委任新管理公司为止。

该《业主公约》关于收取物业管理费的特别约定：在业主管理委员会未成立之前或未委托物业管理公司前，小区物业由沈阳某物业管理有限公司进行管理，业主或物业使用人须按首年1.5元/平方米/月计算向沈阳某物业管理有限公司交纳物业管理费，其他权利义务按《委托管理合同》与本公约履行。业主或物业使用人逾期交纳物业管理费的，除应补交物业管理费之外，还应从逾期之日起按应交物业管理费的日千分之三向物业公司交纳滞纳金；业主或物业使用人逾期交纳物业管理费超过三个月的，除应补交物业管理费外，还应自超过三个月之日起按应交物业管理费的日千分之八交纳滞纳金。

上诉人李某某的女儿入住时交纳了2001年当年的物业费1930元，2002年以后至今没有交纳过物业费。

物业公司向法庭提交的2001年2月27日沈阳市物价局文件关于物业费标准的批复内容为物业费收费标准为1.5元/月/平方米，此收费标准每年审核一次；关于某住宅小区的收费许可证载明有效日期为2003年6月至2006年6月，物业费为1.5元，最后一次审核确定的有效期至2004年6月。物业公司于2005年9月6日取得物业管理企业资质证书，资质等级为三级，批准从事物业管理业务时间为2000年12月14日，本证有效期至2008年12月31日。

原审法院另查明，李某某所在小区于2004年6月成立业主委员会，于2004年8月24日在和平区住宅小区管理办公室备案。

原审法院再查明，2003年5月16日、2004年4月20日，物业公司以《通告》的形式向小区业主催缴物业费。2005年12月9日，物业公司向业主委员会及全体业主发出《通告》，载明：将于12月11日上午8时停止对小区的一切服务。物业公司于2005年12月11日开始停止服务，于2006年1月28日恢复服务。

2006年2月6日，物业公司诉至原审法院，请求法院判令李某某、李某某的女儿给付2002年至2005年欠缴的物业管理费8095元及滞纳金43222.97元，共计51317.97元，并由李某某承担本案诉讼费用。

原审法院认为，（一）李某某办理入住手续时在物业公司与发展商沈阳某房地产开发有限公司共同制定的《业主公约》上签字确认，该《业主公约》的内容包含两种法律关系：首先属于在业主、业主大会选聘物业管理企业之前，建设单位与自己选聘的物业管理企业（本案物业公司）之间订立的前期物业服务合同；其次是李某某作为物业买受人对遵守建设单位制定的业主临时公约予以书面承诺。李某某所在的小区于2004年6月成立业主委员会之后至今尚未与物业公司就物业管理服务达成新的协议，故该《业主公约》中关于物业管理、使用、物业费的缴纳等规定仍然具有约束物业公司和李某某的法律效力。物业公司与李某某之间存在物业服务关系，物业公司向李某某提供了物业服务，李某某负有缴纳物业费的义务，逾期缴纳，应承担违约责任。李某某以《业主公约》不能等同于物业管理委托合同、物业公司提供的物业服务有质量问题为由主张自己有权拒交物业费,本院不予支持。

虽然欠物业费的房屋是被告李某某的女儿所有,但一直由被告李某某居住使用,因此被告李某某应当承担给付原告物业费的责任。

(二)关于物业费收费标准:物业公司与李某某于2000年12月26日确认上列《业主公约》时《物业管理条例》尚未施行,该公约确定了首年1.5元/月/平方米的标准,物业公司的收费标准、主要服务内容亦经沈阳市物价局审批,在业主委员会与物业公司签订新的物业管理委托合同之前,该收费标准符合当事人约定及法律规定,李某某的证据材料不能证明物业公司提供的服务项目和质量与该标准有明显差距,故李某某在2002年1月1日至2004年6月30日期间应按照此收费标准缴纳物业费。

关于2004年6月30日以后物业费的收取:《物业服务收费管理办法》自2004年1月1日起执行,该办法第七条规定:"物业服务收费实行政府指导价的,有定价权限的人民政府主管部门应当会同房地产行政主管部门根据物业管理服务等级标准等因素,制定相应的基准价及其浮动幅度,并定期公布。具体收费标准由业主与物业企业根据规定的基准价和浮动幅度在物业服务合同中约定。实行市场调节价的物业服务收费,由业主与物业管理企业在物业服务合同中约定。"《物业服务收费明码标价规定》自2004年10月1日起施行,该规定第二条规定:"物业管理企业向业主提供服务(包括按照物业服务合同约定提供物业服务以及根据业主委托提供物业服务合同约定以外的服务),应当按照本规定实行明码标价,标明服务项目、收费标准等有关情况。"第三条规定:"物业管理企业实行明码标价,应当遵循公开、公平和诚实信用的原则,遵守国家价格法律、法规、规章和政策。"李某某物业所在的小区于2004年6月成立了业主委员会,至今没有与本案物业公司针对物业服务收费项目、标准、违约责任等内容达成一致意见。物业公司、李某某在2001年形成物业管理服务关系之后,国家关于物业管理的相关法律法规在不断完善,当事人既要遵守当时的具体约定,同时亦不能违反相关法律法规。物业公司在取得收费许可证之后应当每年复核一次,2004年6月以后,有关行政机关没有对物业公司的收费许可证进行复核,属于行政管理方面的问题,法院可建议行政机关进行处理,但不影响物业公司在提供物业服务后获取合理报酬。2004年6月以后的物业费标准比照经过审批的标准及《业主公约》约定的标准为宜。

（三）关于诉讼时效及物业服务期间：李某某提出物业公司请求2004年1月19日之前的物业费超过诉讼时效，物业公司为证明自己的请求未超过诉讼时效向法庭提供了进行催缴的相关证据材料，考虑物业费收取的连续性，根据催缴物业费通常的习惯做法，应当认定物业公司没有放弃索要物业费的权利，本案物业公司的起诉没有超过诉讼时效。物业公司在2005年12月11日至2006年1月28日期间停止物业服务，物业公司请求四年的物业费中，已扣除停止服务期间的物业费，并且免收2004年度六个月的物业费，本院应准予。

（四）关于滞纳金标准。物业公司与李某某在2004年6月业主委员会成立之后没有签订物业管理委托合同，对物业费标准、缴费期限、违约责任等没有重新约定，之前《业主公约》中约定的滞纳金标准具有约束双方的效力。李某某对物业费标准提出异议，物业公司系追索四年的物业费，如果按照《业主公约》约定的标准计算滞纳金，数额过高，不符合公平原则，法院应根据实际情况进行调整，可判决李某某承担欠款总额25%的滞纳金即逾期付款违约金。

综上，原审法院依据《最高人民法院关于民事诉讼证据的若干规定》第二条、《中华人民共和国合同法》第一百零七条、第一百零九条、第一百一十四条之规定，判决：（1）本判决生效之日起十日内，李某某给付物业公司2002年1月1日至2005年12月11日期间的物业费8095元；（2）李某某于付款同时给付物业公司滞纳逾期付款违约金2023.75元；（3）驳回物业公司、李某某其他诉讼请求。案件受理费2050元（物业公司已预交），由物业公司负担1640元，李某某负担410元。

宣判后，李某某不服原判，向本院提出上诉，认为一审判决认定事实不清，适用法律错误，请求二审法院撤销一审判决，驳回被上诉人物业公司的诉讼请求。主要理由是：（1）《业主公约》是开发商自行制定并强加给上诉人的权利义务不对等的文件，并不是物业服务合同。而且该公约只约定了首年物业费的收费标准，现上诉人已将首年物业费缴纳完毕，故该《业主公约》并不能约束上诉人，一审法院依据该《业主公约》认定上诉人与被上诉人之间存在物业管理服务关系，并判令上诉人承担责任属于认定事实不清，证据不足；（2）《业主公约》不是物业服务合同，故不能将其作为收缴物业费的参照标准和收费依据，且被上诉人存在物业服务瑕疵，故一审法院在该问题上使用了双重标准，违背了法律的公平公正原则；（3）根据《中华人民共和国民法通则》第一百三十五条"向人民法院请求保护民事权利的诉讼时效期间为2年"的规定，在本案中，被上诉人物业公司主张2004年1月25日之前的物业费已超过法律规定的诉讼时效，一审法院依据被上诉人单方提供的证明及物业收费"连续性、习惯性的做法"认定被上诉人的请求没有超过诉讼时效，不符合法律规定；（4）滞纳金与违约金是两个不同的法律概念，滞纳金也不是民事责任形式，一审法院将滞纳金解释成违约金没有法律依据，而且上诉人与被上诉人之间就物业服务项目、标准及违约责任等从未达成任何约定，故上诉人不存在违约行为；（5）上诉人不同意交纳物业费的理由是与被上诉人之间没有物业服务合同，被上诉人亦没有《收费许可证》，也没有《资质证明》，故被上诉人属于违规收费，上诉人有权拒交物业费。

被上诉人物业公司辩称：一审判决认定事实清楚，适用法律正确，请求二审法院驳回上诉，维持原判。主要理由是：（1）《业主公约》约定了物业服务范围，物业费的交纳以及逾期交纳物业费的滞纳金标准，事实上，答辩人一直依据该《业主公约》的约定提供物业服务，上诉人也依约交纳了首年物业费。而且（2004）沈民（2）房终字第249号生效判决中也已经认定了《业主公约》的实质是物业服务合同。故该公约包含了物业服务合同的内容，具有物业服务合同的性质；（2）本案物业费的收费标准在《业主公约》中有明确的约定，对双方当事人均有约束力；（3）本案中答辩人提供了《新世界花园社区委员会的证明》、《催缴物业费通告》、《催缴单存根》等证据，足以证明答辩人一直在催缴物业费，而事实上答辩人对拖欠高达上百万的物业费亦不可能不讨不要，故答辩人的诉讼请求并未超过诉讼时效；（4）《业主公约》中明确约定了逾期缴纳物业费的滞纳金标准，该约定系当事人的真实意思表示，具有法律效力。一审法院虽将该标准降低为总欠款额的25%，但答辩人考虑到业主的实际情况对该结果予以接受。

本院查明事实与原审法院查明事实一致。

二审期间本院另查明，2003年5月27日，物业公司以某小区13号楼1-1-2号业主曹某为被告诉至原审法院，请求法院判令曹某给付拖欠的物业费2982元及滞纳金5567元，原审法院审理后于2003年11月25日作出（2003）和民合初字第485号民事判决，判令曹某给付物业公司物业费3403.48元，并驳回双方其他诉讼请求。宣判后，物业公司与曹某均提出上诉，本院受理后于2004

年4月13日作出（2004）沈民（2）房终字第249号民事判决，认为"……该公约是……就有关物业的使用、维护、管理及物业公司、业主、物业使用人的权利义务进行的约定。该公约的性质为物业服务合同"，并改判曹某给付物业公司物业费1987.2元及滞纳金1485元。

上述事实，有《商品房购销合同》、《业主公约》、《收费许可证》、《物业管理企业资质证书》、催缴物业费通告，物业公司发出停止服务的《通告》、和平区住宅小区管理办公室下发的关于某小区业主委员会备案回执单、（2004）沈民（2）房终字第249号民事判决书等证据材料及当事人陈述笔录在卷佐证，经庭审质证，本院予以确认，在卷佐证。

本院认为，物业公司和李某某签订的《业主公约》是当事人真实意思表示，且不违反法律规定，故合法有效，双方均应按约定履行各自的义务。关于该《业主公约》的性质，本院于2004年4月13日作出的（2004）沈民（2）房终字第249号生效判决中已经认定了"……该公约的性质为物业服务合同"，且事实上李某某所居住的房屋也一直由物业公司负责物业管理，李某某也实际接受了物业公司的服务并向其缴纳了部分物业费，故物业公司与李某某之间存在物业服务关系。物业公司对李某某的房屋进行了物业管理，享有依据物价部门批准的收费标准收取物业管理费的权利，李某某负有按房屋的建筑面积缴纳物业管理费的义务。因此，上诉人李某某提出的该《业主公约》不是物业管理合同，其与物业公司之间不存在物业服务关系，故不同意缴纳物业费的上诉理由，不能成立。

关于上诉人李某某提出的被上诉人物业公司既没有《收费许可证》也没有《资质证明》，属于违规收费，故上诉人有权拒交物业费的问题，本院认为，在一审法院审理期间，物业公司提供了由沈阳市物价局核发的《收费许可证》和沈阳市房产局核发的《物业管理企业资质证书》，证明其收取物业费的合法性，故不属于违规收费。上诉人李某某提出的该项上诉理由，亦不能成立。

关于上诉人李某某提出的物业公司提出的部分诉讼请求已超过诉讼时效问题，本院认为，物业公司提供的物业管理行为属于一种连续的行为，是债权的一种，故应适用法律关于诉讼时效的规定。在本案中，被上诉人物业公司提供了《催缴物业费通告》、《催缴单存根》等证据拟证明其一直在向上诉人主张要求其缴纳拖欠物业费的事实，考虑到物业公司作为债权人对于业主拖欠物业费的行为大都采取在园区内张贴《通告》的习惯性做法，本院对于物业公司提出的其一直在行使权利的事实予以认定。对于上诉人提出的本案已超过诉讼时效的上诉理由，本院不予采纳。

关于上诉人李某某提出的一审法院将滞纳金解释成违约金没有法律依据，且上诉人不存在违约行为的问题，本院认为，依法成立的合同对当事人具有法律约束力，当事人应当依照约定全面履行自己的义务。在本案中，李某某未按《业主公约》的约定履行支付应缴物业费的义务，已构成违约。由于双方在《业主公约》中明确约定了违约责任，即"业主或物业使用人逾期交纳物业管理费的，除应补交物业管理费之外，还应从逾期之日起按应交物业管理费的日千分之三向物业管理公司交纳滞纳金；业主或物业使用人逾期交纳物业管理费超过三个月的，除应补交物业管理费外，还应自超过三个月之日起按应交物业管理费的日千分之八交纳滞纳金"。物业公司向李某某主张2002年1月1日至2005年12月31日的滞纳金的请求成立，但一审法院考虑"物业公司系追索四年的物业费，如果按照《业主公约》约定的标准计算滞纳金，数额过高，不符合公平原则"，故将滞纳金数额调整为李某某拖欠物业费总额的25%作为付款违约金，进而判令李某某于给付物业公司逾期付款违约金2023.75元，因物业公司表示接受该结果，对此亦未提出上诉，故本院对于该数额不予调整。上诉人李某某提出的该项上诉理由，本院不予采纳。

综上，上诉人李某某提出的上诉请求，本院不予支持。依照《中华人民共和国民事诉讼法》第一百五十三条第一款第一项的规定，判决如下：

驳回上诉，维持原判。

二审案件受理费2050元，由上诉人李某某负担。

本判决为终审判决。

审 判 长 董 某
审 判 员 马 某
代理审判员 李某某
二〇〇七年二月十五日

书 记 员 白某某

> **温馨提示**
>
> 需要提醒广大业主，通常存在下列情况业主可以要求减收物业管理服务费用或要求返还多交的物业管理服务费用：（1）物业公司提供的服务项目和质量与合同约定标准差距明显的；（2）物业公司擅自扩大收费范围、提高收费标准、重复收费的。

147 拖欠物业费的诉讼，业主怎样收集证据？

焦点问题

1. 业主欠交物业费的原因是什么
2. 业主不交纳物业费应当如何和物业公司沟通
3. 业主收集证据的方法有哪些

专家答疑

一般情况下，业主欠交物业费的理由有如下几种：（1）开发商遗留问题迟迟得不到解决，业主便以拒交物业费来对抗；（2）业主认为物业公司巧立名目乱收费，或服务与收费价值不相符，因此拒绝交费；（3）业主与物业公司之间有未解决的纠纷；（4）因为对公摊水电费账目有异议而拒交物业费，或者因为看到有邻居不交物业费，所以以"别人不交我也不交"为理由拒交物业费的情况，也时有出现；（5）欠交的物业管理费已经超过了诉讼时效等等。

根据目前法院审理大量物业管理费纠纷的案件来看，业主上述的理由不足以导致法院判决减免物业管理费。那么，作为业主，若不交纳物业管理费，什么理由才是正当的？换句话说，业主的何种主张是正确的，是可以减免物业管理费的？

在业主欠交物业管理费诉讼中，通常业主会以以上理由要求减免物业管理费，其实在站不住脚的。因为，业主的上述要求，例如开发商的遗留问题不是物业服务管理过程中因为物业公司的原因造成的，业主不能以此不交纳物业管理费；

关于物业公司巧立名目或业主对公摊水电费有异议均与物业服务管理没有直接的关系，因此也不能以此欠交物业管理费。至于诉讼时效的问题，由于物业管理服务的连续性及物业管理费的特殊性，一般情况下，法院很难采信业主的上述理由。

一般情况下，只有在园区物业服务质量不达标，业主家里出现漏水、火灾或偷盗等情况，并造成了相应的损失，在此过程中业主有证据予以证明，法院才有可能判决物业公司管理不当，并减免物业管理费。业主在准备证据的过程中，一定得保证证据的客观性、合法性、正当性，否则法院在证据认定过程中对业主可能不利。

温馨提示

《最高人民法院关于民事诉讼证据的若干规定》第二条："当事人对自己提出的诉讼请求所依据的事实或者反驳对方诉讼请求所依据的事实有责任提供证据加以证明"，没有证据或者证据不足以证明当事人的事实主张的，由负有举证责任的当事人承担不利后果。

提交的证据首先必须是真实的，其次与本案具有关联性，最后证据的取得以及证据本身是合法的。只有达到真实性、关联性、合法性，证据才可能被法官采信，才可能最终支持诉讼请求。

业主主要通过三个途径来收集有效证据：公证机构公证；小区居委会证明；鉴定机构鉴定结果。

通过这三种方式收集证据的证明力大小是：公证机构出具的公证书的证明力大于其他书证，其次是鉴定机构的鉴定结果，然后是居委会的证明。

许多业主也会采取以下方式获得证据：邻居证词、小区照片等。

《最高人民法院关于民事诉讼证据的若干规定》认为，证人提供的对与其有亲属或者其他密切关系的当事人有利的证言，其证明力一般小于其他证人证言。业主提供的邻居证言，肯定是有利于业主本身，依照法律规定，这样的证言证明力是很低的，有时法官根本不会采纳。

照片可以固化动态的现象，但很多业主不是专业摄影师，不能将动态现象拍得清楚、明白，而且也无法将此现象与被诉小区从逻辑上联系起来，也难以认定此现象就是业主的诉求的内容。

总之，从诉讼的角度审查，公证、鉴定结果、居委会证明是比较可信的证据。

148 法院已判决业主向物业公司交纳物业费，业主怎么办？

焦点问题

1. 如果业主对法院判决有异议，应该采取何种方式
2. 法院判决业主交费与业主主动交费有何区别
3. 法院判决交费对业主是否有影响

专家答疑

物业公司为物业管理区域内的业主提供物业服务，业主在享受物业公司服务为自己带来品质生活的同时，有义务按时全额交纳物业服务费用。但是在现实生活中，部分业主未按时交付物业费用，物业公司会提起诉讼，要求法院判决业主交纳物业费用。

人民法院已判决物业公司交纳物业费，业主对法院判决有异议，对于尚未生效的判决，业主可以通过上诉，启动一个新的审判程序来维护自己的权益。如果法院判决已经生效，业主仍有异议，可以通过申请再审来提出自己的主张。但是只要法院判决已经生效，业主必须根据法院判决中记载的数额全额交纳物业费用，否则物业公司可以申请法院启动执行程序，要求法院强制执行业主欠付的物业费用。

由于业主拖欠物业费用，物业公司在向法院起诉时可以要求业主支付违约金。当法院判决生效业主仍未向物业公司按照判决数额交纳各项费用的时候，会承担迟延履行判决的迟延履行金。如果物业公司启动执行程序，申请执行的费用仍会由业主承担。

业主拖欠物业费用，法院判决后仍未交纳，会承担比物业费更多的法定或约定费用，而该笔费用是完全可以避免的。因此，业主为了自己的利益，应该主动交纳物业费用，以免为自己带来更多不是必要但是依据法定或约定必须支付的费用。

业主如果对物业公司提供的物业管理服务不满意或有其他意见，可以通过正常的途径来解决，而不能一概以拒付物业费用来表达自己的不满。业主

应该及时足额交纳物业服务费用,以免为自己带来不必要的经济损失,同时也为物业公司的物业管理服务带来不便。

> **温馨提示**
>
> 业主对物业公司的物业管理服务可以提出自己的建议和意见,物业公司要注意保持和业主的沟通交流,重视业主的意见和建议,并及时向业主反馈。

149 物业公司起诉业主交纳物业费,业主可以反诉吗?

焦点问题

1. 物业公司起诉业主交纳物业费,业主是否可以反诉
2. 业主反诉的理由是什么

专家答疑

反诉是指在一个已经开始的民事诉讼(诉讼法上称为本诉)程序中,本诉的被告以本诉原告为被告,向受诉法院提出的与本诉有牵连的独立的反请求。该权利亦是当事人法律地位平等原则的重要体现,是本诉被告所享有的重要权利,是保障本诉被告民事权益的一项重要制度。

物业公司起诉业主交纳物业费,业主可以提起反诉。但是业主提起的反诉必须与物业公司的本诉有关联。

物业公司起诉业主交纳物业费的依据是物业公司依据与业主签订的《物业服务合同》的约定。物业公司履行了《物业服务合同》中约定的物业公司的义务,作为签订《物业服务合同》的相对方的业主,在享受了物业公司提供的服务后,有义务根据《物业服务合同》的约定交纳物业费。作为业主来

讲，可以针对物业公司提供服务、管理过程中的过错，给业主造成的损失，而向物业公司提起反诉。

业主提起反诉，必须符合法定的提起反诉的条件，有独立的诉讼请求，且该请求必须与本诉的诉讼请求有事实或法律上的牵连。也就是业主提起反诉必须是与物业公司起诉要求业主交纳物业费相关的，且根据《物业服务合同》有依据支持的。

业主可以依据《物业服务合同》中约定的物业公司的义务条款，就物业公司在履行《物业服务合同》义务过程中存在的瑕疵或者违约情形提起反诉。

温馨提示

物业公司在平时的管理服务过程中应提高服务质量，保持与业主沟通，对业主的意见和建议要及时反馈并落到实处。业主在享受物业服务后应该积极交纳物业费，配合物业公司的服务，尽量不要对簿公堂之上。

150 法院能判决欠费业主交纳违约金吗？

焦点问题

1. 一般合同关于违约金的规定
2. 欠交物业费交纳违约金的依据
3. 判决交纳违约金的实际困难

专家答疑

《合同法》第一百一十四条规定："当事人可以约定一方违约时应当根据违约情况向对方支付一定数额的违约金，也可以约定因违约产生的损失赔偿额的计算方法"，《物业服务合同》是当事人意思自治的结果，对其条款法律归于最大的信任，亦即只要合同条款是当事人真实意思的表示，并且不违背法律法规禁止性的规定，就可认为有效，对当事人有约束力，包括违约金条款。

如果物业合同约定有违约金,当一方违约时,另一方有权请求法院判决违约方承担违约责任。《北京市高级人民法院关于审理物业管理纠纷案件的意见(试行)》第25条规定:"业主拖欠物业服务费用,物业管理企业依据约定请求一并支付滞纳金的,应予支持"。

但在实际诉讼程序中,很多法院却难以支持物业公司请求的滞纳金、违约金。依据理由是:虽然业主交物业费是义务,但欠费也是有很多种原因造成的。笼统判决支付滞纳金、违约金,对业主来说不合适,要分具体情况。在实际中,业主欠交物业费往往有很多理由,而物业公司提供的服务未达到标准又很难取得证据,也没有第三方来评判。所以,法院一般只判决欠费业主交纳本金,驳回物业公司滞纳金、违约金的请求。

> **温馨提示**
>
> 双方约定的违约金低于造成损失的,当事人可以请求人民法院或者仲裁机构予以增加;约定的违约金过分高于造成的损失的,当事人可以请求人民法院或者仲裁机构予以适当减少。如果法院支持了违约金条款,业主认为过高,可以请求法院酌情减少。目前,通常情况下,违约金的数额不能超过欠费本金,否则,法院不会支持,对此,物业公司应当注意,为此多交诉讼费用,法院亦不会退还。

151 什么情况下,法院判决业主可以减免物业费?

焦点问题

1. 法律规定的合同一方可以减免履行义务的情况
2. 业主可以减免物业费用的情况
3. 业主无理减免物业费用的情况

《合同法》第六十七条："当事人互负债务，有先后履行顺序，先履行一方未履行的，后履行一方有权拒绝其履行要求。先履行一方履行债务不符合约定的，后履行一方有权拒绝其相应的履行要求"。

在实践中，业主交纳物业费用与物业公司提供物业服务的顺序可以有不同。如果先由物业公司提供物业服务，年底再由业主缴纳物业费，则物业公司提供物业服务不符合物业合同约定的，业主可要求法院减免物业服务费。

即使业主首先履行缴费义务，同样可以请求法院减免物业费。因为《合同法》第六十条规定："当事人应当按照约定全面履行自己的义务"，物业公司没有依据物业合同全面履行义务，业主也可要求法院减免费用。《北京市高级人民法院关于审理物业管理纠纷案件的意见（试行）》底22条："有下列情形之一的，业主可以要求减收物业服务费用或要求返还多交的物业服务费用：（1）物业管理企业提供的服务项目和质量与合同约定标准差距明显的；（2）物业管理企业擅自扩大收费范围、提高收费标准、重复收费的"。

有些业主以未签订物业合同或未实际居住房屋为由拒绝缴纳物业服务费用，此种行为是错误的。即使未签订书面的物业合同，但物业企业提供的物业服务业主已接受，法律可以认为业主与物业企业形成了事实上的合同关系，业主应当缴纳物业服务费用，除非业主能证明自己没有接受服务。未实际居住房屋似乎可以证明没有接受物业企业提供的服务，但此时法律要查明未居住的原因。如因业主个人原因未居住，法律一般认为业主仍需缴纳物业费。如因开发商原因致使业主未能办理入住手续，则应由开发单位缴纳全额物业费用。

温馨提示

我国法律规定，当事人应当对自己提出的诉讼请求提供相应的证据支持。业主如想成功地获得物业费的减免，就应减免的理由提供证据。业主获取物业公司没有依照物业合同履行义务的证据是很难的，需要有技巧，当然取证过程也应合法、有效。

解读物业管理
常见疑难法律问题

六　停车服务管理篇

　　园区的车位管理、停车费用的收取一直是困扰广大物业公司及业主的头等大事，也是物业公司和业主矛盾的关键点。由于停车管理过程涉及法律知识的多面性，作者根据广大物业公司的要求，对地下车位、地上车位、人防工程改造的停车位是否收取费用，应当如何为收取的费用定义进行了详细的分类。对物业公司在从事停车管理过程中经常出现的法律风险，如车辆丢失、剐蹭、损害等情况出现时，物业公司是否承担法律责任进行着重分析，并分享了规避法律风险的法律依据。

152 购买地下停车位，业主拒交停车费怎么办？

> **焦点问题**
>
> 1. 地下停车位的所有权
> 2. 物业公司是否有权收取停车管理费，收取费用的性质
> 3. 业主交纳停车管理费后的法律后果

专家答疑

依据《物业管理条例》第七十四条规定："建筑区划内，规划用于停放汽车的车位、车库的归属，由当事人通过出售、附赠或者出租等方式约定"，地下停车位的所有权归开发建设单位所有。业主购买的车位，其所有权属于业主，业主有权在自己的车位上停车。

物业公司是否有权收取停车费，主要依据《物业服务合同》的规定。如果物业合同的服务收费内容不包括对业主车辆的存放管理，依据《物业服务收费管理办法》第二十条规定："物业管理企业根据业主的委托提供物业服务合同约定以外的服务，服务收费由双方约定的规定，物业公司有权对其管理的车辆收取费用，费用的多少由物业公司和业主协商确定"。

业主拒交停车费的一大理由是认为将车停放在自己的停车位上，就不应该交纳任何费用，但就如上所述，此时的收费是对车辆存放、管理提供有偿服务的收费，此笔费用主要用于管理人员的报酬、交通设施设备的维修、更新等。业主交纳此笔费用后，和物业服务公司形成了停车管理合同的关系。

如果业主不交纳停车管理费，物业公司有权依据合同要求业主交纳。

业主交纳的停车费不同于保管费，业主不能要求物业公司承担保管合同的责任、后果。如果业主对车辆有特殊看护、保管要求的，应当与物业公司协商，由业主、物业公司另行签订合同予以确认，并交纳费用。

温馨提示

北京市高级人民法院《关于审理物业管理纠纷案件的意见（试行）》第三十三条规定："物业管理企业在其物业管理区域内设有车辆泊位，并对停放的车辆收取泊位维护费用，在发生车辆丢失或毁损时，按照双方签订的停车管理服务协议确定赔偿责任。没有签订停车管理服务协议，物业管理企业有过错的，可以根据其过错程度、收费标准等因素合理确定物业管理企业应当承担的赔偿责任"。

因此，业主判断物业公司是否对车辆剐蹭、丢失承担责任，主要看物业公司依据法规、规章或停车协议是否存在过错，如果物业公司有过错，应当承担相应的赔偿责任。

153 利用人防工程的停车位，收益归谁？

焦点问题

1. 人防工程的含义、重要性
2. 人防工程的所有权、使用权
3. 法律关于人防工程收益的规定

专家答疑

根据《人民防空法》的规定，城市新建民用建筑，必须按照国家有关规定修建战时可用于防空的地下室。由于当前我国对于人防工程的权属问题并没有专门的立法，因此，实践当中对于结建人防工程的所有权、管理权和收益权发生很多争议。随着我国房地产市场的发展，我国的人防工程建设也有了一个突破性的发展，人防工程投资建设主体已由国家作为单一投资建设主体发展成为多元的投资建设主体。由于我国立法没有对人防地下工程的所有权进行明确规定，因此，相关利害关系人往往为了自身利益各执一词。2004年以来，各地法院已经受理了多起结建人防工程权属纠纷的民事案件，不同的法院、不同的案情，各法院的判决也是各有千秋，这严重影响了房地产业的健康发展。人防工程（地下室）全称为人民防空工程，包括为保障战时人员与物资掩蔽、人民防空指挥、医疗救护等单独修建的地下防护建筑，以及结合地面建筑修建的战时可用于防空的地下室。人民防空是国防的组成部分。此工程涉及到战时国家、人民的安危，所以人防工程的所有权属于国家、个人或人防管理部门或集体？目前均存在争议。

国家鼓励、支持企业、事业组织、社会团体和个人，通过多种途径，投资进行人民防空工程建设，收益归投资者所有。平时使用人防工程实行有偿使用的原则。虽说人防工程所有权存在争议，但国家鼓励个人、单位、组织自筹经费修建人防工程。为了补偿修建者的付出，允许修建者对人防工程享有使用权、收益权。

依据"谁投资，谁收益"的原则，开发建设单位作为投资人，享有使用权、收益权。

如果在一个小区内，出现有人防工程的车位，那么根据我国目前的法律规定，作为人防工程的投资建设单位，有权进行出租、使用及享有收益权。

就目前我国对人防工程的使用、处理方式存在很多纠纷。建议国家立法机构或者其他有权解释机关，有必要在适当的时候，以适当的形式和方法，对结建人防工程和单独建设的人防工程的所有权归属进行规定，以解除纷争、消除不必要误解。以使我国的房地产市场得到更好的发展，推动人民防空工作的开展。

温馨提示

根据《人民防空法》第二条规定：人民防空是国防的组成部分。《物权法》第五十二条规定：国防资产属于国家所有。《人民防空法》第二条中的"人民防空"和"国防"，都是广义上的概念。而《物权法》第五十二条中的"国防资产"则是狭义上的概念,其外延并不包含《人民防空法》中的"人民防空"和"国防"。人民防空工作是国防工作的组成部分,人民防空设施、资产是国防设施、资产的组成部分。但是,在投资主体多元化的今天,如果不考虑投资主体的特性而将所有人防工程都认定为国有资产,是不符合物权原始取得特性的,也是与《人民防空法》第五条中国家鼓励、支持社会各界投资人民防空建设的主旨精神相违背的。

根据《民法通则》第七十二条规定:"财产所有权的取得,不得违反法律规定",《物权法》第七条规定:"物权的取得和行使,应当遵守法律,尊重社会公德,不得损害公共利益和他人合法权益",《物权法》第一百三十五条规定:"建设用地使用权人依法对国家所有的土地享有占有、使用和收益的权利,有权利用该土地建造建筑物、构筑物及其附属设施",第一百四十二条规定:"建设用地使用权人建造的建筑物、构筑物及其附属设施的所有权属于建设用地使用权人,但有相反证据证明的除外"。

《人民防空法》第五条规定:"人民防空工程平时由投资者使用管理,收益归投资者所有",第二十六条规定:"平时利用人民防空工程,不得影响其 防空效能",建设部《城市地下空间开发利用管理规定》第二十九条规定:"平战结合的地下工程,平时由建设或使用单位进行管理,并应保证战时能迅速提供有关 部门和单位使用",我国已有的法律条文没有明确表述结建人防工程的所有权归属,但是,对结建人防工程的使用管理作出了明确的规定。那就是,平时由建设单位进行管理,但在战时必须由人民防空指挥机构统一调度、无偿使用,任何单位和个人必须无条件服从,不得阻挠和干涉。

154 地上车位所占土地产权归谁?

> **焦点问题**
>
> 1. 地上车位的产权归属
> 2. 地上车位所占土地的产权归属

专家答疑

所谓地面停车位是指直接设置在小区地表,以画线分割方式标明的停车设施。《物权法》第七十四条规定:"建筑区划内,规划用于停放汽车的车位、车库的归属,由当事人通过出售、附赠或者出租等方式约定",占用业主共有的道路或者其他场地用于停放汽车的车位,属于业主共有。

在小区开发建设规划图中已明确划定小区某区域用于停放汽车的车位,并且得到政府颁发的《建设规划许可证》的,车位所有权属于开发建设者,或由开发建设者与购房人协商确定。除此之外,小区其他地方的停车车位属于业主共有,业主具有共同所有权。

《宪法》第十条规定:"城市的土地属于国家所有。农村和城市郊区的土地,除由法律规定属于国家所有的以外,属于集体所有;宅基地和自留地、自留山,也属于集体所有"。

小区车位所占用的土地所有权属于国家。业主购买、租赁车位实质是购买、租赁该车位的所有权,而不是土地的所有权。城市中,任何个人都不能声称自己拥有的是土地所有权。

温馨提示

既然业主购买或租赁的是车位所有权,那么业主仅能在此处停放车辆,不能用于其他用途。北京市国土资源和房屋管理局颁布的《关于室内机动车停车位销售、测绘、产权登记有关问题的通知》第五条规定:"销售的室内机动车停车位可单独核发房屋所有权证",因此,室内机动车停车位进行产权登记后,依法取得该车位的所有权证书。

155 共有道路两侧的停车位,物业公司有权收取费用吗?

焦点问题

1. 共有道路两侧的停车位,所有权属于业主吗
2. 共有道路两侧的停车位,物业公司是否有权收取费用

《物权法》第七十三条条规定:"建筑区划内的道路,属于业主共有,但属于城镇公共道路的除外。建筑区划内的绿地,属于业主共有,但属于城镇公共绿地或者明示属于个人的除外。建筑区划内的其他公共场所、公用设施和物业服务用房,属于业主共有",《物业管理条例》第二十七条规定:"业主依法享有物业共有部位、共用设施设备的所有权或者使用权,建设单位不得擅自处分"。

小区建筑区规划内的道路,属于全体业主共有,因此共有道路两侧停车位的所有权,当然也是全体业主共有。物业公司对共有道路两侧的停车位收取业主的停车管理费用,是基于物业公司向业主提供停车管理服务,业主在享受该项服务的同时,也有义务向物业公司交纳停车管理费。业主交纳停车管理费用针对的是物业公司的停车管理服务,与道路两侧的停车位的产权没有关系。

因此,虽然共有道路两侧车位的所有权属于全体业主,但是车位的保洁、设施维护、照明等等仍需进行管理、服务,因此业主有义务为享受的该项服务交纳停车管理费用。需要指出的是,居住区的车位应当优先满足业主的停车需要,且在停车场显著位置明示停车场名称、服务项目、车位数量及监督电话。物业公司提供停车管理服务的,应当与长期停放车辆的业主或车位使用人签订停车管理协议,制定停车管理制度。

> **温馨提示**
>
> 物业公司收取停车费用，应当向停车人出具正规发票，并办理应当办理停车场备案，收费标准应当与广大业主协商一致，否则，不得收取任何停车费用，同时，业主或停车人有权拒绝支付停车费用。

156 物业公司有权缩小小区花坛，改建为停车场吗？

焦点问题

1. 小区花坛的权属问题
2. 物业公司改建为停车场后，是否有权转让、出租
3. 个别业主是否有权改建停车场

专家答疑

《物权法》第七十条："业主对建筑物内的住宅、经营性用房等专有部分享有所有权，对专有部分以外的共有部分享有共有和共同管理的权利"。

第七十三条："建筑区划内的绿地，属于业主共有，但属于城镇公共绿地或者明示属于个人的除外"。

小区内的花坛，除了在小区开发建设规划中指明是城镇公共绿地的以外，应属于小区全体业主的共有财产，除非明示属于个人的。如果物业没有证据表明小区花坛属于其所有，则无权对花坛做任何变动，包括不能将其改建为停车场，更不能转让、出租。如果花坛属于业主共有，经过业主大会合法表决通过，依法变更规划后，可改变花坛的用途。

如果花坛属于个别业主所有，其能否改变用途呢？属于业主所有的花坛可以认为是业主享有的专有部分，似乎可以任意处置。但依据《物权法》第七十一条：业主对其建筑物专有部分享有占有、使用、收益和处分的权利。业主行使权利不得危及建筑物的安全，不得损害其他业主的合法权益。如果花坛在小区的中心，其功能是为了美化小区环境，为小区居民提供休闲、娱

乐的场所。如果改变花坛用途，如会降低小区居民生活质量，则个别业主就不能随意变动。因为这样将损害其他业主的合法权益。正确做法是应该征询有利害关系业主的意见，获得其他业主的同意。

> **温馨提示**
>
> 《城乡规划法》第四十条规定："在城市、镇规划区内进行建筑物、构筑物、道路、管线和其他工程建设的，建设单位或者个人应当向城市、县人民政府城乡规划主管部门或者省、自治区、直辖市人民政府确定的镇人民政府申请办理建设工程规划许可证"，因此，如物业公司变更规划用途，扩建停车场，应当向城市规划管理部门审批同意，取得建设工程规划许可证。

157 物业公司与业主签订的停车合同，如何定性？

焦点问题
1. 停车合同因内容不同而作的分类
2. 物业公司签订停车合同的必要性
3. 业主签订停车合同的意义

专家答疑

目前，无论是开发商与物业管理公司签订的前期物业服务合同，或是业主委员会与新选聘物业管理公司签订的物业服务合同，在合同中都缺乏车辆停放责任条款，导致发生车辆失窃时在物业服务合同约定中无法明确责任。开发商与物业管理公司，或业主与物业管理公司一般也未单独订立停车合同，双方是基于收费、交费形成了一种事实上的合同关系。因物业管理公司管理权是依据物业服务合同的约定而产生，停车位管理不属于物业管理的范畴，故停车合同是有别于物业服务合同的一种法律关系。

物业公司与业主签订的停车合同可以由以下几种类别：车辆保管协议；

车辆泊位租赁协议；车辆占地费用协议。每种协议因其内容不同，法律性质也是不同的。

业主购买了车位，则与物业公司签订保管协议，物业承担看管车辆的义务。业主租赁业主共有的车位，与物业公司签订租赁协议，物业公司承担提供适合泊车的车位义务；业主只是占用小区公用部位泊车，且该车位无人看管，也无人负责，与物业公司签订占地费协议，这是对占用公有部分的有偿使用。

物业公司签订不同的协议，其法律责任也是不同的。保管合同中物业公司的责任最大，占地费协议中物业公司责任最小，其次是租赁合同。无论哪种合同、协议类型，都可以明确物业公司的权利和义务，避免日后因责任划分不清，而产生的纠纷。

业主签订合同后，只要物业公司没有依照合同履行，业主就可主张权利，而不必证明物业公司主观有过错。同时，合同的存在，也可以对赔偿数额有个清晰的计算，避免赔偿数额的不确定。

如果物业公司在与业主签订停车位管理协议中明确约定"物业管理公司仅依据《物业服务合同》对小区停车位提供车位画线、维护秩序等方面的服务，车辆丢失、损毁不赔"或者在车辆驶入时发放的停车卡上载明同样的内容，那么，收费票据上单方声明："车位场地服务费"，因符合《合同法》第三十九条，应当有效。若在收费票据上载明同样告示，在停车收费开始时交付给车主，而不是在停车结束时才交付，那么即使没有在入口张贴告示或在停车卡上载明告示；由于相当于在订立合同时提请了车主注意，也应有效。同样，物业管理公司与业主委员会签订的物业管理合同中或业主单独与物业管理公司签订的有关停车的合同中，约定了告示内容，也应有效。

对于停车合同性质认定，目前法律、法规、规章、最高院司法解释尚未对其做出明确界定，加之业主与物业管理企业在签订物业服务合同时对停车责任条款未做出约定，导致争论颇大。为避免此类矛盾，这就需要业主与物业管理公司在签订《物业服务合同》时明确约定双方的权利义务责任。

温馨提示

业主在签订合同之时，应详细了解合同的性质，明确车辆收费的内容，以便更好的行使自己的权利，监督物业公司的服务。

如果物业公司和业主签订的停车管理协议被法院认定为保管合同，那么根据《中华人民共和国合同法》第三百六十七条规定："保管合同自保管物交付时成立，但当事人另有约定的除外"的规定，物业公司将承担相应的赔偿责任。

另外，由于目前实践部门和理论界停车场协议的性质、收费缺乏统一认识，一些地方存在着以是否交停车费作为判断车主与停车场法律关系性质的做法，这种做法欠妥。（1）保管合同可以有偿，也可无偿，是否需交费仅表明停车行为是否具有有偿性，与保管合同的性质不相矛盾。（2）如无偿停车不以保管关系对待，而停放的车辆又确在停车场管理之中，那么车主与停车场的法律关系将很难定位，因为它明显不属于有偿的车位租赁关系。（3）免费停车作保管关系对待，既符合民法原理，也能促使停车场加强管理，减少纠纷的发生。免费停车期间，车辆被盗、受损的，停车场应负责赔偿，只是可适当减轻停车场的赔偿责任。当然，如果停车场能够证明自己没有重大过失，比如是因为车主遗失了停车卡和车钥匙，而停车场经形式审查又不可能发现，致使车辆被盗开的，则可免除停车场的赔偿责任。可见，在此类案件审理时，实行过错推定原则。车主只要向法院证明在停车场停放的车辆被盗或受损即可，并不需要举证证明停车场有管理过错。相反，停车场要想免责，必须举证证明自己无过错。否则，将会承担不利的法律后果。

158 停车协议期限届满业主未再续签，车辆在小区内出现问题如何解决？

焦点问题

1. 停车协议最长的时间是多少
2. 停车协议到期后对物业公司是否有约束力
3. 车辆在小区内出现问题，物业公司是否有责任
4. 小区内车辆出现问题，应当如何解决
5. 停车协议到期后，业主还使用停车位是否交费

作为物业公司在提供停车服务管理时，为了规范管理，方便业主的出行，同时确定双方的法律责任，都会在业主正式使用车位前与业主签订停车协议。双方签订停车协议后，均会约定停车位的使用期限、停车管理费的收取方式、停车管理费的标准。那么在协议中，物业公司最关心的是停车费的标准及业主应当承担义务和自己应当承担的法律责任。通常情况下，停车管理协议的期限最多不能超过20年。根据我国《合同法》第214条规定：租赁期限不得超过二十年。超过二十年的，超过部分无效。租赁期间届满，当事人可以续订租赁合同，但约定的租赁期限自续订之日起不得超过二十年。

在停车管理协议签订时，物业公司应当注意双方在车辆停放过程中的权利、义务，并进行明确的约定，以免双方在停车过程中出现问题，无法确定双方的责任。如果物业公司和业主签订的是短期的停车管理协议，在协议中未约定到期后"本协议自动顺延"或"本协议继续有效"等字眼，那么在协议到期后，业主和物业公司就停车协议的权利义务关系终止，停车管理协议对双方均不具有法律约束力。如果业主的车辆在停车位上出现问题或业主的车辆在车库其他位置非因物业公司的原因出现问题等等一切情况，所引发的一切法律风险均由业主自行承担，和物业公司没有法律关系，换句话说物业公司对业主的损失不承担任何法律责任。

现实生活中除上述情况外，如业主和物业公司停车协议到期，业主因为各种原因未到物业公司办理停车协议签订手续，但按时向物业公司交纳停车管理费的，一般情况下视为业主和物业公司之间的停车协议关系存在，那么业主的车辆在车位上出现问题，或因物业公司的原因导致业主的车辆受损等等情况，物业公司应当按照协议的约定或法律的规定承担相应的法律责任。

> 温馨提示

根据《中华人民共和国合同法》第十二条合同的内容由当事人约定，一般包括以下条款：

（一）当事人的名称或者姓名和住所；

（二）标的；

（三）数量；

（四）质量；

（五）价款或者报酬；

（六）履行期限、地点和方式；

（七）违约责任；

（八）解决争议的方法的规定，物业公司和业主签订合同时，一定要载明合同法约定的内容，以保障双方的权利，明确双方的义务。

根据《合同法》第九十二条"合同的权利义务终止后，当事人应当遵循诚实信用原则，根据交易习惯履行通知、协助、保密等义务"的规定，在物业公司和业主的停车协议到期后，物业公司应当提前通知业主，并告知业主是否续签合同及不续签合同、不交纳费用，仍然停放车辆可能承担的法律风险等等，尽到相应的告知义务。

我国《合同法》第91条规定，有下列情形之一的，合同的权利义务终止：（一）债务已经按照约定履行；（二）合同解除；（三）债务相互抵销；（四）债务人依法将标的物提存；（五）债权人免除债务；（六）债权债务同归于一人；（七）法律规定或者当事人约定终止的其他情形。上述合同终止的原因可以分为两类：一类是基于当事人的意思终止，包括解除、抵销、提存、免除等情形；另一类是基于法律规定而终止，包括履行、混同等情形。

合同终止的基本后果在于当事人之间的合同权利义务关系消灭，合同各方当事人不再受合同关系的束缚。另外，合同终止还具有以下法律效果：

（一）依附于主合同的从合同消灭。如担保合同关系应于主合同终止后消灭。

（二）当事人应依法承担后合同义务。所谓后合同义务，是指在合同终止后，当事人依诚实信用原则，根据交易习惯应履行的通知、协助、保密等义务。

（三）在因一方当事人违约而引起合同终止的情况下，对方当事人仍有权追究其违约责任。

159 停车协议签订一年,但业主却不按时交费,物业公司怎么办?

焦点问题

1. 停车协议的效力
2. 业主不按时交费,物业公司的举措

业主与物业公司签订了停车协议,并且使用了停车位,也接受了物业公司提供的服务,那么可以看出停车协议是双方当事人真实意思的表示,应当自成立时起就生效。业主或物业公司中任何一方不完全履行合同内容,就将承担违约责任。

业主签订停车协议后受协议约束,其主要义务就是交纳协议约定的车辆费用。不及时足额交纳费用将会被认为是违反协议的表现。对此种行为,物业公司有追讨的权利。

根据《北京市高级人民法院关于审理物业管理纠纷案件的意见(试行)》第二十七条规定:"业主拖欠物业服务费用的,物业管理企业可以向有管辖权的基层人民法院申请支付令。除了申请支付令外,物业公司也可以向法院提起要求业主支付停车费的诉讼"的规定,对于业主拖欠因停车而产生的费用,物业公司也可以向法院申请支付令。同时,根据第二十五条规定:"业主拖欠物业服务费用,物业管理企业依据约定请求一并支付滞纳金的,应予支持。滞纳金数额过高的,可以依据欠费方的请求予以适当调整,调整后的滞纳金一般不应超过欠费金额"的规定,如果停车协议有关于违约金的条款,物业公司可一并要求。

物业公司应注意此类诉讼的时效问题。根据《民事诉讼法》的规定,停车协议属于合同关系,在法律处理的层面上讲,此类诉讼在司法机关处理时,其属于债权纠纷,其时效是二年,从物业公司知道或应当知道自己权益受到侵害时起计算。

如果停车协议签订的有效期超过一年,物业公司可依据合同内容要求解除该协议并追讨欠费。

物业公司虽然可以通过法律途径追讨业主的关于停车的欠费问题，但这样只能解决一时的问题，从长远角度看，此种方法并不是最优的，甚至是会导致物业公司与业主关系的僵化。物业公司遇到此类问题，最好是通过与业主沟通，与业委会交流，动之以情、晓之以理，让他们知晓其中的利害关系，并且采取提高物业服务质量等积极的方式来解决。

> **温馨提示**
>
> 根据《合同法》第三十二条规定："当事人采用合同形式订立合同的，自双方当事人签字或者盖章时合同成立"的规定，停车管理协议自业主、物业公司签订之日起生效。
>
> 根据《合同法》第五十二条规定："有下列期限之一的，合同无效（1）一方以欺诈、胁迫的手段订立合同，损害国家利益；（2）恶意串通，损害国家、集体或者第三人利益；（3）以合法形式掩盖非法目的；（4）损害社会公共利益；（5）违反法律、行政法规的强制性规定。以上合同法第五十二条规定的五种情形是判断合同无效的法定理由"的规定，只有当事人一方有证据证明存在上述情况的，停车管理协议无效。

160 针对停车服务，物业公司收取的是管理费、租赁费还是占地费？

焦点问题

1. 物业公司到底应该收取停车管理费、租赁费或占地费
2. 物业公司收取以上费用的依据是什么
3. 物业公司在管理过程中到底应该收取哪种费用

专家答疑

关于停车管理费、停车租赁费、停车占地费在法律上属于不同的概念，同时物业公司在运用上述概念时，将承担不同的法律责任。

物业公司向业主收取的是停车管理费时，物业公司一定要与业主签订停车管理协议，约定管理费的用途，如果约定不明，可能会导致物业公司与业主形成的是保管合同法律关系。依据《合同法》第十九章规定："保管合同自保管物交付时成立，保管人应当妥善保管保管物。保管期间，因保管人保管不善造成保管物毁损、灭失的，保管人应当承担损害赔偿责任，但保管是无偿的，保管人证明自己没有重大过失的，不承担损害赔偿责任"。

物业公司向业主收取的如果是租赁费，意味着物业公司与业主形成的是租赁合同法律关系。租赁的标的物是停车位。物业公司主要义务就是提供适合的车位给予其签订合同的业主，而业主的主要义务就是按时支付车位租赁费用和妥善使用租赁车位。

物业公司向业主收取的是占地费时，则意味着物业公司对车辆占地、停放所收取的费用，该地方有可能是园区的公共部位，该笔占地费物业公司是否有权处置将面临更多更复杂的法律关系。在业主既没有购买，也没有租赁车位时，物业公司提供车位供业主占用、使用时收取的费用。

依据《物权法》第七十四条规定："建筑区划内，规划用于停放汽车的车位、车库的归属，由当事人通过出售、附赠或者出租等方式约定。占用业主共有的道路或者其他场地用于停放汽车的车位，属于业主共有"。

如果业主将车停放在拥有所有权的车位上，则物业公司针对提供的车辆管理服务，可以收取管理费；如果业主没有自己的车位，承租开发建设单位的车位，此时物业公司代建设单位收取租赁费，尽到出租人的责任；业主既没有自己的车位，也没有租赁小区车位，只是将车停放在建设单位提供的临时车位上，或根本就是在建设单位所有的地方随便一停，那物业公司只收取少量的占地费用。

小区内的规划区域除了业主专有部分和建设单位所有的车位部分以外，绝大部分都是属于业主共有的。那就是说，业主可以将车停在业主共有部分之上，比如绿地、公共道路上。此时，业主占用的是自己所有的地方，物业公司无权对此行为收取占地费。

> 温馨提示

（1）《北京市人民政府关于进一步推进首都交通科学发展加大力度缓解交通拥堵工作的意见》（京政发〔2010〕42号）

（2）北京市发展和改革委员会《关于调整本市非居住区停车场白天收费标准的函》（京发改〔2010〕2222号）。自2011年4月1日起调整本市非居住区停车场白天（7:00~21:00）收费标准。一类地区为三环路（含）以内区域及中央商务区（CBD）、燕莎地区、中关村西区、翠微商业区等4个重点区域；二类地区为五环路（含）以内除一类地区以外的其他区域；三类地区为五环路以外区域。本市非居住区白天临时停车收费计时单位调整为以15分钟为1个计时单位，不足15分钟按15分钟计算。停车场类型分为：占道停车场、路外露天停车场、非露天停车场（公建配建停车楼和地下停车场）。

（3）北京市发展和改革委员会《关于调整本市非居住区停车占道收费标准的通知》（京发改〔2010〕2291号），一类地区为三环路（含）以内区域及中央商务区（CBD）、燕莎地区、中关村西区、翠微商业区等4个重点区域（具体范围详见附件），停车占道收费标准为每个车位每天35元。二类地区为五环路（含）以内除一类地区以外的其他区域，停车占道收费标准为每个车位每天15元。三类地区为五环路以外区域，停车占道收费标准为每个车位每天3.6元。

（4）北京市物价局《关于调整我市机动车停车场收费标准的通知》（京价收〔2002〕194号），停车场不分地区类型夜间收费标准（21:00~7:00）一律执行小型车每两小时1元，大型车每两小时2元。

（5）2013年11月5日出台的《北京市机动车停车管理办法》。

161 物业公司收取停车费用，能认为物业公司对车辆具有保管责任吗？

焦点问题

1. 物业公司收取的停车费用，属于什么性质
2. 物业公司收取停车费，是否可以认为物业公司对车辆具有保管责任

专家答疑

为了有一个良好的生活环境，物业公司接受业主的委托对物业管理区域进行管理，提供服务。就停车管理费的性质而言，物业管理区域内的道路属于业主共有，道路两侧的停车位也属于全体业主共有。《中华人民共和国物权法》第七十三条规定：小区内的道路、绿地、公用设施和物业服务用房，属于业主共有。第七十四条规定第三款规定：占用业主共有的道路或者其他场地用于停放汽车的车位，属于业主共有。除对停车管理费用有特别约定外，停车管理费用于停车管理成本的支出，比如停车设施设备的维修、更换、停车管理人员的报酬等。停车管理费是物业公司为业主提供车辆管理服务而收取的费用，并非车辆保管费。

具体到停车问题，业主和物业公司构成车辆保管关系，需要业主与物业公司之间就对车辆的保管达成意思表示一致。通常做法一般为，业主和物业公司通过单独书面签订车辆保管合同或在物业服务合同中约定关于车辆保管的条款。近几年，像因小区居民车辆被盗而引起车主与小区物业公司纠纷的案件屡有发生。一些车主认为物业公司收取物业费，有责任保护小区的安全。而物业公司则认为物业费不包括对小区车辆安全保护的责任，除非物业公司与车主有车辆保护的协议。对于这个问题，不能一概而论，要视具体情况而定。依据《物权法》及《物业管理条例》规定，业主委员会应当与业主大会选聘的物业服务企业订立书面的物业服务合同。物业服务企业应当按照物业服务合同的约定，提供相应的服务。物业服务企业没有履行物业服务合同的约定，导致业主人身、财产安全受到损害的，应当依法承担相应的法律责任。鉴于此，判断小区车辆丢失物业公司是否担责，主要看业主与物业公司签订的物业管理合同中的约定，看物业管理公司在合同中提供怎样的服务或承诺，如果物业公司未履行或未完全履行合同义务、不当履行合同义务与车辆丢失有因果关系，物业公司应该承担相应责任；若物业公司按合同履行了职责，则物业公司不承担责任。

物业公司收取停车管理费用，是为了保障物业管理区域空间的合理利用，更好的维护车辆管理和生活秩序。不能单纯的依据业主向物业公司交纳停车管理费用就认定保管关系成立，要求物业公司承担车辆的保管责任，这样显然是显失公平的。

> **温馨提示**
>
> 对于物业公司在司法实践中的如何应对：首先，要看双方在物业管理合同中的约定。如果物业公司和业主对车辆保管没有特别的约定，而只是按照法律规定进行管理，那么物业公司对车辆的管理属于管理车辆的行驶和停放，车辆的使用仍是车主自己控制而不需要征得物管的同意，这实为一种场地的管理，而不是保管关系，因此物管单位不应当承担车辆损坏或失窃的责任。但如果物管单位在物业管理合同中约定对业主的车辆负有保管义务，那么物管公司应承担相应的赔偿责任。其次，要看双方是否存在保管关系。停车是否存在物权移交的问题，是法院在审判中区分双方是否形成保管关系的关键。因此，如果物管公司与业主就车辆的管理另有约定，并就车辆管理事项如收费、停车牌的管理、进出卡的管理进行详细约定，一般认定为双方形成保管关系，车辆失窃物管应承担相应的赔偿责任。最后，要看物业公司是否尽到相应的管理义务。根据《物业管理条例》第四十六条、第四十七条之规定，物管公司对小区负有一定的安全防范义务。在双方未明确约定保管关系的情况下，当小区发生车辆失窃时，业主往往以物业公司未尽保安或安全防范职责为由，要求物业公司承担责任。
>
> 为避免因小区车辆受损或失窃而产生纠纷，业主与物管公司双方应及时明确"停车管理"的性质。业主应加强安全意识，如及时投保财产保险，转嫁和降低风险。就物业公司而言，可从完善内部管理制度出发，避免一些不必要的赔偿。

162 业主车胎被扎，物业公司担责任吗？

焦点问题

1. 物业公司对业主车辆的义务
2. 物业公司在小区车辆管理中应注意的问题

专家答疑

物业公司对车辆的管理责任包括两个方面，一个是法定义务，即各地的法规、规章的规定，如《北京市机动车停车管理办法》、《北京市居住小区机动车停车管理办法》、《上海市停车场（库）管理办法》、《青岛市停车场管理条例》等；另一个是约定义务，即停车管理协议、物业公司停车管理制度的约定。因此，判断业主车辆轮胎被扎，作为停车管理单位的物业公司是否有责任，关键是看物业公司是否尽到了管理职责，而判断标准即为法定义务和约定义务是否完成。如物业公司已尽到停车管理职责，则无需承担责任。

对于业主而言，需要证明轮胎确实在园区停放时被扎，如物业公司收取了停车费，却未完成应尽义务，则应承担相应过错责任。

如《北京市居住小区机动车停车管理办法》第三条第二款规定："应制定切实可行的停车管理方案，方案应包括停车管理方的职责、停车位的管理分配方案、发生紧急情况的处置预案等"，第三条第三款规定：有专人对进出停车场的车辆进行登记，进门发放停车凭证，出门查验停车凭证后放行；第四条第四款规定："维护小区停车秩序，指定停车区域，保证车辆停放整齐，行使通畅；"第五款规定："24小时专人看管停车场或采用电子监控手段进行不间断监视，劝阻、制止损害停放车辆的行为，采取防范措施，防止车辆丢失"。

因此，物业公司作为提出管理单位，应按照上述规定，进行停车管理服务。

温馨提示

园区机动车停车管理服务（包括地面停车场、路边画线停车位、地下停车库、立体停车库的机动车停车服务等），应由物业工商负责提供或由开发建设单位或物业公司委托专业停车管理单位负责。未实行物业管理的园区，由房屋管理单位或委托专业停车管理单位负责。此外，除临时进出小区停放车辆外，其他机动车停放人应与停车管理单位签订停车管理服务协议，协议一般应包括双方当事人、机动车基本情况、双方的权利义务、收费价格、管理责任、管理期限以及违约责任等内容。

163 物业公司对停车卡、停车证如何管理?

> **焦点问题**
> 1. 停车卡、停车证的重要性
> 2. 物业公司如何高效地管理

许多物业公司都会要求小区车业主办理小区停车卡和停车证,作为进出小区的凭证。小小的一张卡、证,却对业主和物业公司具有重要的意义。

这张停车卡、停车证,是业主与物业公司签订的关于车辆的合同。如任何一方违反合同内容,将承担法律责任。

如果卡、证的内容是保管,对业主来说可证明:业主将车停放在小区内,物业公司从此刻起应依照合同的约定对车辆承担起保管责任,如有任何毁损,将赔偿。对物业公司来说,小区业主将车已驶离小区,物业公司不承担保管责任。

如果卡、证内容是租赁,对业主来说可证明,业主已交车位租赁费,可以使用指定的泊位。对物业公司来说,物业应提供适合的车位给业主。

《合同法》第三百六十五条"保管合同是保管人保管寄存人交付的保管物,并返还该物的合同",第三百七十四条"保管期间,因保管人保管不善造成保管物毁损、灭失的,保管人应当承担损害赔偿责任,但保管是无偿的,保管人证明自己没有重大过失的,不承担损害赔偿责任",因此,保管关系中保管人的义务是返还保管物以及在保管物损毁灭失时负责赔偿。《合同法》第二百一十二条"租赁合同是出租人将租赁物交付承租人使用,承租人支付租金的合同",第二百一十六条"出租人应当按照约定将租赁物交付承租人,并在租赁期间保持租赁物符合约定的用途"。车位使用关系实际上是场地租赁关系,出租人按约定提供了车辆停放场地,场地符合停放车辆的用途,作为出租人就完成了自己的合同义务,对车辆丢失、毁损没有法定的赔偿责任。

对其他临时进入小区的车辆,物业交付的卡、证,也具有以上一种或几种的功能。

对物业管理区域内出入及停放的车辆，宜采用出入卡证管理。卡、证根据停车场的性质采用不同的方式。一般对居住在物业区域内的业主（或物业使用人），其车辆多以办理年卡或月卡的方式管理，出入时只需出示年卡或月卡即可。外来车辆或暂时停放的车辆采用发临时卡的方式进行管理，即每次进入时发给一张临时卡，上面记录进入的时间、道口、车牌号、值班人等，此卡在车辆出去时收回。是否收费，应根据相关法规、物业类型、停车场性质和物业服务约定作相应处理。

对于业主来说，车辆出入停车场时，要将停车卡放在车辆挡风玻璃左侧，电子出入卡随身携带，以便检查和车辆出入。业主如更换车辆，需到车场办理停车卡、电子出入卡更换手续。不按时交纳费用的，物业公司有权收回车位使用权。若业主遗失停车卡和电子出入卡，应及时告知车管员，并提供有效证明，到收费处办理旧卡停止使用和新卡补办手续。业主不再租用车位时，将停车卡、电子出入卡交回车场，由车场退回电子出入卡押金。业主停车卡、电子出入卡禁止外借给其他车辆使用。为保证车辆的停放安全，减少被盗的机会，停车卡应随身携带。

车主首次申请办理停车年卡或月卡应提交本人身份证、驾驶证、车辆行驶证原件与复印件，并签订停车位使用协议，建立双方车辆停放服务关系。协议上应对车辆有偿还是无偿停放、是保管关系还是仅仅车位租赁关系、停放过程中的安全责任等法律责任问题予以明确，避免在车辆出现刮损或丢失时引起法律纠纷。

既然停车卡、停车证具有以上重要性，物业公司就应有效地管理。第一，确保小区停车场的入口和出口有专人把守；第二，做到严格刷卡，每次业主进出都要出示证或刷卡；第三，卡号、证号应与车牌号码一致；第四，严格卡、证的发放与收回。

温馨提示

卡、证就是业主与物业公司关于车辆停放的合同。无论内容是什么，物业公司都要承担或多或少的法律责任。所以，物业公司应注重对车辆卡、证的管理。而物业公司规避赔偿风险的第一件事，就是在纠纷发生前的各个环节确定双方形成的是车位使用关系，而不是保管关系，并形成相关证据保留下来，以备将来诉讼时可以呈现在法庭上。而车辆停放票据、卡、证及收费牌上的相关免责提示等则可以提醒车主做好相应的安全防范措施，减少安全事件的发生，并且避免发生安全事件时引发的法律纠纷。

164　停车场应当安装监控设备吗？

焦点问题

1. 安装监控设备的合法性
2. 安装监控设备的必要性
3. 物业公司对安装监控设备应注意的问题

《北京市公共安全图像信息系统管理办法》第五条规定："住宅区、停车场的公共场所应当安装公共安全图像信息系统。小区停车场属于管理办法规定的公共场所，安装监控设备合法"。

许多小区的停车场的规模非常大，物业公司要看管的车辆数量也非常庞大。如果没有辅助设施的帮助，要管理好每部车，保证每部车都完好无损，对物业公司来说是非常困难的。

物业公司设置监控装置，应当要注意以下问题：（1）设置公共安全图像信息系统，不得侵犯公民个人隐私；对涉及公民个人隐私的图像信息，应当采取保密措施。（2）公共安全图像信息系统的使用单位，应当自系统竣工验收合格之日起30日内，将公共安全图像信息系统的建设情况按照保卫隶属关系向市或者区、县公安机关备案；没有保卫隶属关系的，向本单位所在地的区、县公安机关备案。2007年4月1日前已经建成的公共安全图像信息系统的使用单位应当自4月1日之日起30日内，将公共安全图像信息系统的建设情况按照前款规定向公安机关备案。

> **温馨提示**
>
> 应当建设公共安全图像信息系统不建设或者不按照规范和标准建设的，单位设置公共安全图像信息系统擅自采集本单位范围以外的公共区域的图像信息的，擅自在公共场所设置公共安全图像信息系统，不遵守备案制度的，未建立、健全或者违反图像信息安全管理制度，以及擅自查阅、复制、提供、传播图像信息的，都是违反《北京市公共安全图像信息系统管理办法》的行为，会分别受到责令改正、限期整改，以致1万～3万元的罚款的处罚，构成犯罪的，依法追究刑事责任。

165 停车警示标志如何摆放，物业公司可以免责吗？

焦点问题

1. 停车警示标志如何摆放
2. 停车警示标志对物业公司有什么影响
3. 物业公司免责的依据是什么

专家答疑

对于小区的停车警示标志，物业公司应在小区内禁止停车的位置放置"禁止停车"等醒目的提示标志，车辆禁止占用小区消防通道。

完善的交通标识及提示可以确保管理区域车辆交通的有序，又可以减少安全事故的发生。而车辆停放票据、卡、证及收费牌上的相关免责提示等则可以提醒车主做好相应的安全防范措施，减少安全事件的发生，并且避免发生安全事件时引发法律纠纷。《物业服务合同》是业主与物业公司达成的合法有效的协议，对业主和物业公司均有约束力。业主与物业公司都应按照《物业服务合同》的约定履行自己的义务，对于因未尽到义务而给对方造成的损失，未尽到义务一方应向对方承担相应的违约责任；对于因自己的过错给自己造成的损失则应由自己承担责任。

一般来说，在小区内，都有指定的车辆停放场所，物业公司会派专门人员对所停放的车辆进行看管。物业公司这样做既是出于小区环境整洁的考虑，又是为了能够集中管理车辆，这都是物业公司履行管理服务义务的体现。将车辆停放在指定场所，如发生车辆丢失或者毁损的情况，只要能证明物业公司的管理存在缺陷，就可以要求物业公司承担赔偿责任。但若将车辆放在非指定停放场所，既没有尽到配合物业公司对小区进行管理的义务，又很难证明物业公司对车辆的丢失或毁损存在过错，在这种情况下，业主只能因自己的停放过错就车辆丢失或毁损而由自己承担责任。在实际生活中，为了避免此类纠纷的发生，物业公司可以在业主随意停放车辆的场所醒目告示或告示牌，善意地提醒业主以防自己的车辆丢失或毁损。

实践中，很多的物业纠纷涉及小区停车受损谁来承担相应责任的典型案例。某小区的一业主将车停在了小区的大树下，当夜下大雨，树上几段干枯树枝坠落，砸在业主的车上，导致业主车尾玻璃、尾箱盖、顶棚及大灯等部位不同程度地损伤，汽车被砸造成经济损失总共达6500元，业主认为损失是物业公司没有尽责造成的。业主向物业公司提出索赔并要求他们检查和清理小区内的枯死树枝，消除安全隐患。物业公司的给业主的答复却是不赔。物业公司反驳理由是小区居民没有缴纳物业费，没有合约关系，并且损害是刮风下雨天气原因导致的意外事故，管理方不负有责任。而业主停车的位置不是划定的停车位，经查车主没有买交强险，责任完全在车主自己。法院经审理认为，这个案子争议的焦点在于导致车辆损坏的林木是否属于物业方管理及物业是否应对业主的损失承担责任。法院认为物业方作为败损林木的管理人，只有在证明自身没有过错或存在免责事由时才能免责，因物业公司并没有在业主停车的位置放置"禁止停车"等提示标志，下雨天气亦是可以预见的，所以物业方称当天下大雨及业主未在指定位置停车均不能证明其自身没有过错，也不能证明受害人存在过错，不构成免责事由。因此，物业方应对受害人的损失承担赔偿责任。此案中物业管理公司无疑是管理人，如果物业不能证明自己对树木折断没有过错则应当承担侵权责任。根据《侵权责任法》第九十条规定："因林木折断造成他人损害，林木的所有人或者管理人不能证明自己没有过错的，应当承担侵权责任"，因此证明树枝折断的原因是本案的主要争议焦点之一。另外，从介绍的情况看，要分析车主在非划定停车区域停车是否构成过错，若有过错则也应当承担一定的责任。

温馨提示

遇到小区业主车辆受损索赔案件，业主一般都会找物业公司承担责任，这对物业公司来说显然显失公平，具体到实践中，在非停车区域内设置类似"禁止停车"的警示标志，出现纠纷后物业公司可以以此来减轻或免除自己的责任，未设"禁停"警示物业公司不能免责。所以，对于物业公司来说，停车警示标志如何摆放在实践中就显得尤为重要，物业公司要引起格外的重视。

166 物业公司设置停车管理员，却未安排人员在岗，存在隐患吗？

焦点问题

1. 物业公司设置停车管理员，却未安排人员在岗，是否存在隐患
2. 如果该隐患造成损失，被侵害人可否要求赔偿
3. 被侵害人的损失应当由谁来承担赔偿责任

专家答疑

居住小区内机动车停车管理服务（包括地面停车场、路边画线停车位、地下停车库、立体停车库的机动车停车服务等）应由物业公司负责或由物业公司委托专业停车管理单位负责。

对于收取车辆所有人或使用人停车管理费用的，物业公司应当做到以下几点：

（1）遵守本市停车行业经营管理服务的有关政策规定和业主大会的决议、物业管理服务合同及业主（临时）公约等；

（2）应制定切实可行的停车管理方案，方案应包括停车管理方的职责、停车位的管理分配方案、发生紧急情况的处置预案等；

（3）有专人对进出停车场的车辆进行登记，进门发放停车凭证，出门查验停车凭证后放行；

（4）维护小区停车秩序，指定停车区域，保证车辆停放整齐，行使通畅；

（5）24小时专人看管停车场或采用电子监控手段进行不间断监视，劝阻、制止损害停放车辆的行为，采取防范措施，防止车辆丢失；

（6）保证交通设施处于正常使用状态；

设置停车管理员的目的是为了更好的进行车辆管理，维持交通管理秩序，便于业主的生活和出行。物业公司收取停车管理费，即应当配置相应停车管理员，否则，物业公司的停车管理服务工作存在严重瑕疵，也会给停车的业主带来安全隐患。

业主交纳停车管理费用，物业公司应对物业管理区域内车辆承担的保障义务，如果停车管理员擅自脱岗或物业公司没有安排人员在岗，造成车辆丢失、剐蹭，损害了车辆所有人或使用人的利益，物业公司需要在安全保障义务的范围内承担损害赔偿责任。

温馨提示

物业公司收取停车管理费用的，即应当专岗专人设置，否则在给业主造成损害的同时，也会给自己带来不必要的损害赔偿。

167 巡逻保安人员是否可以兼作车辆管理员，出现车辆损害，物业公司可以免责吗？

焦点问题

1. 巡逻保安人员是否可以兼做车辆管理员
2. 如果出现车辆损害，物业公司是否可以免责

巡逻保安人员的职责是为了维护物业管理区域的人身及财产安全以及公共设施设备的安全，保障小区正常的工作和生活秩序。

车辆管理员的设置是为了维护物业管理区域内的车辆行驶和停放，维护道路交通秩序。

巡逻保安人员和车辆管理员肩负不同的职责，从事着不同的物业管理服务。因此这两个岗位应该是专职专人负责。可是在现实中，部分物业公司却将巡逻保安人员兼做车辆管理员。虽然我国法律没有就该项有明确的禁止性规定，但一般是不提倡物业公司将两者的工作兼职合并在一个岗位上。

如果物业公司将巡逻保安人员兼做车辆管理员，出现车辆损害，物业公司是否可以免责？

业主根据《物业服务合同》或《停车管理协议》，业主将车辆停在指定的停车位置，业主的车辆出现剐蹭或其他损害，如果是第三人侵权，且可以确定侵权第三人，物业公司只在防范制止侵权行为未尽安全保障义务的范围内承担补充责任。如果无法确定侵权人，且物业公司在履行防范制止安全保障义务过程中有故意或重大过失，则物业公司应当承担赔偿责任；如果只是履行瑕疵，物业公司根据其过错程度承担责任。

如果业主将车停在物业公司明确禁止停车的位置，业主的车出现剐蹭、碰撞或其他损害，物业公司不承担责任。

温馨提示

通常情况下，物业公司均将保安人员和车辆管理人员混用，但是在物业公司收取停车管理费用的情况下，停车管理成本和物业管理成本应当分开列支，但公示物业管理收支情况时，就开发商产权，并委托物业公司经营管理的车位收支情况可以不予公开。

168 业主要求物业公司返还停车收益，有法律依据吗？

焦点问题

1. 停车车位的性质
2. 停车收益的性质
3. 停车收益的归属

小区内的泊车车位只有两种性质：专有和共有。如果业主已购买了某个车位，该车位就是业主的专有财产，物业公司无权处分。依据《物权法》，专有部分以外的，就是全体业主的共有部分。对此部分财产，业主共同享有权利，共同承担义务。

小区停车费的性质有两种，一种是土地使用费，一种是管理费。两种费用的收费依据与收费主体是不同的。在收取小区停车费之前，需区分车位产权归谁所有。根据《物权法》第74条规定："建筑区划内，规划用于停放汽车的车位、车库应当首先满足业主的需要。建筑区划内，规划用于停放汽车的车位、车库的归属，由当事人通过出售、附赠或者出租等方式约定。占用业主共有的道路或者其他场地用于停放汽车的车位，属于业主共有"。据此，一般而言，地面车位属于业主共有，土地使用费收费的法律依据是物权法，收费主体是业主。业主可以因车辆占用土地而收取土地使用费。而管理费的收费依据是合同法及国务院颁布的《物业管理条例》。合同法第365条及第366条规定，保管合同是保管人保管寄存人交付的保管物，并返还该物的合同。寄存人应当按照约定向保管人支付保管费。例如单独停车楼、地下停车库的产权属于开发商，如果卖给了业主，就应当归业主所有，由于业主拥有土地使用权，业主不再交费。但如果涉及车辆管理，业主需交纳车辆管理费。这就意味着，地上车位的停车费包括土地使用权费及管理费，而拥有产权的车位停车费只包括管理费。由此，物业在征得业主同意后是可以利用小区的土地进行经营的。车主向物业交纳的其实是车辆保管费。小区物业可以收取停车费。物业收取的停车费性质是保管费，业主拥有所有权和物业收取保管费并不矛盾。因此，总体而言，物业收取停车费不违法。

《物业管理条例》第五十五条："利用物业共用部位、共用设施设备进行经营的，应当在征得相关业主、业主大会、物业服务企业的同意后，按照规定办理有关手续。业主所得收益应当主要用于补充专项维修资金，也可以按照业主大会的决定使用"。

利用小区物业所有的共有部分的财产经营，获得的收益当然也应属于业主共有，即业主对这部分收益拥有所有权。所得的收益主要补充专项维修资金，除非业主大会另有安排。物业虽然有权收取停车费，但业主并不认为其收费行为合法，业主与物业常为此发生冲突。这是因为物业收费的程序可能违反了相关规定。《物业管理条例》规定，利用小区土地经营应当征得全体业主或经业主大会同意。但一般情况下，物业不会向业主征求意见，因为挨个向全体业主征求意见是不现实的，而有的小区可能没有业主大会。而怎样收费、收取多少费用，根据《物业管理条例》规定，应由物业在符合物价部门的基础上和业主大会商定。但同样显而易见的是，没有几个小区物业会遵循这种程序。正因为物业收取停车费的程序违法，其收取费用的行为就不可能得到业主支持。从公平的角度讲，一个物业管理区域内的业主不会都有车辆，如果有车的业主和没有车的业主一样承担小区公共设施的维修显失公平。只有让全体业主共同分享停车利益，才能彰显公平。因此，无论开发商还是物业都无权擅自在小区的地面设立停车位，他们事先应取得业主大会的许可，并与业主委员会签订协议，对有关收益分配作出具体约定，比如可约定租金所得用于弥补小区内的物业维修及管理等费用开支后，才能向相关主管部门申请设立和运营小区地面停车场。否则，将构成无权处分的侵权行为。

温馨提示

《物业服务收费管理办法》第十八条也有此规定："利用物业共用部位、共用设施设备进行经营的，应当在征得相关业主、业主大会、物业管理企业的同意后，按照规定办理有关手续。业主所得收益应当主要用于补充专项维修资金，也可以按照业主大会的决定使用"，利用业主共有财产进行经营，所得收益当然应由业主支配，因此，物业公司不能再次向有关业主收取，否则视为重复收取相关费用，业主可以依据物业服务合同索回重交的相关物业费。